国際通貨と国際資金循環

山本栄治
西村閑也 編集

日本経済評論社

はしがき

　いまここに故・山本栄治君の『国際通貨と国際資金循環』の労作をお届けする．山本君がひたすら追跡しているのは「ドル本位制」の課題である．この労作では，「ドル本位制」とは一体何であり，どのような特徴をもっているのかが明らかにされる．さらにレーガン政権による「ドル本位制」の構築，1995年以降のこのシステムによる米国の経済成長，そしてこのシステムの不安定性と破綻が歴史的に追跡されている．

　かつてわたくしは，研究者の皆さんと科学研究費による協同研究を進めていた．山本君はその一人であった．日本経済評論社から1993年に出版した『ドル本位制の研究』はその成果であった．この書ではわたくしは「ドル本位制」をかぎ括弧なしで使用している．山本君が執筆したのは「基軸通貨の交替―ポンドからドルへ―」である．山本君は翌年の94年には日本経済評論社から『「ドル本位制」下のマルクと円』を世に問うている．

　1971年8月の金・ドル交換停止以降，「基軸通貨ドルの制度的な存在根拠が否定されたにもかかわらず，ドルは民間の国際決済においては依然として国際通貨の地位を維持しただけでなくかえって強化さえしたと思われるような事態が出現した」．この事態は「変動相場下の「ドル本位制」」である．山本君は第1章「「ドル本位制」の基礎構造―為替媒介通貨―」の劈頭にこの一節を掲げている．彼にとっては，ドルは基軸通貨としては「制度的な存在根拠が否定された」という思いがあり，それにもかかわらず，この「ドル本位制」の基本構造，つまり「不換のドルの国際通貨としての概念及びその流通根拠」を追跡するという新たな研究への課題を提出することになったのである．さきの『「ドル本位制」下のマルクと円』でも，本労作の表題でもドル本位制にかぎ括弧をつけていたことが，彼の思いを如実にあらわしている．

そこで第1章では，新しい課題を述べる．「本章の課題は変動相場下の「ドル本位制」の基本構造を明らかにし，国際通貨ドルの地位について統一的な説明を与えることである．その際，われわれは国際通貨の諸機能の中でも特に媒介通貨（vehicle currency）に着目して，ドルが貿易媒介通貨だけでなく為替媒介通貨機能を独占していることが「ドル本位制」の基礎となっていることを明らかにする．そのために，まず国際通貨概念を規定するなかで国際通貨の諸機能とそれらの相互関連を理論的に整理し，次に金本位制停止後，為替媒介通貨機能が銀行間外国為替市場で有用な概念となり，「ドル本位制」の基礎となったことを明らかにする」．

ここでは，「変動相場下の「ドル本位制」の基本構造」を明らかにする要である国際通貨機能は「為替媒介通貨機能」であり，そして金本位制停止ののち，ドルが銀行間外国為替市場で為替媒介通貨機能を独占していることが述べられている．国際通貨の諸機能とこの為替媒介通貨機能との相互関連を示すため，国際通貨ポンドから基軸通貨ドルへの歴史をみることにしよう．

金本位制度のもとでポンドは国際通貨となった．このときには貿易取引での外国為替契約は，ポンド建であり，その国際決済はポンドで行われた．このポンド建で貿易取引の契約が行われることを契約通貨（invoice currency）の機能と呼ぶ．ポンドによる国際決済は，日本とインドとのあいだの取引であっても，ロンドンにおける国内の手形交換制度を用いて国際決済が行われていたのである．海外の銀行は，ロンドンの銀行とのあいだにコルレス契約を結んでいるか，あるいはロンドンに支店を開いている．そしてそれらの銀行には，海外の銀行は当座預金勘定を開設している．これは海外の銀行の当方勘定（nostro a/c）である．これはロンドン・バランスである．第三国間の国際貿易であっても，世界各国では国際決済のためにはポンド建のロンドン向けの為替手形が取り組まれ，その決済はロンドンの手形交換制度を用いて行われていたのである．ここでの当座預金・小切手は銀行の債務であり，したがって信用貨幣である．この銀行間の国際決済を行うことを決済通貨機能と言う．契約通貨と決済通貨の両機能は民間レベルの私的国際通貨機能である．

こうした2つの私的国際通貨機能のほかに，山本君は基軸通貨の機能を次のように述べている．周辺国の通貨当局が中心国の国民通貨を平価表示に採用した基準通貨機能，その平価を固定するために外国為替市場に介入して平行操作を行うのに用いる介入通貨機能，そしてこの平行操作がいつでも実施できるよう国際準備として保有する準備通貨機能である．これらの基準通貨，介入通貨，準備通貨の機能は，通貨当局レベルの公的国際通貨機能である．

　ブレトンウッズ体制は，国内では銀行券は不換であるが，対外的には固定相場制をとっていた．IMF加盟国の通貨当局は，平価維持のため外国為替市場に自国通貨売り・ドル買いの市場介入を行い，米国の通貨当局は，ほかの国の通貨当局が買い上げて準備通貨として保有しているドルにたいして1オンス35ドルで金を売却していたのである．

　媒介通貨機能は私的国際通貨である．その機能はどのように展開したのであろうか．こうした中心国通貨の機能としては，現在でも発展途上国と先進国とのあいだ，また途上国相互のあいだでは，中心国通貨のドルが貿易媒介通貨として選ばれる傾向がある．アジアの発展途上国のあいだではドルが貿易媒介通貨とされている．為替媒介通貨は貿易媒介通貨と対比される．1982年にはドルが世界貿易で契約通貨として選択されたのは，54.8％である．80年頃，米国の輸出入の世界貿易に占める割合は25％前後であったから，ドルが三国間貿易の貿易媒介通貨として用いられたのは25～30％の水準であったと考えられる．

　民間の外国為替取引では，対顧客企業レベルと対銀行取引レベルとがある．外国為替銀行は顧客の企業と外国為替の売買をすることによって，企業の外貨建債権債務を肩代わりする．したがって，為替銀行は，企業の為替リスクをも肩代わりする．そこで為替銀行はリスク回避のための為替操作が必要となる．この為替操作は，相場変動リスクを回避するための持高操作と為替資金の過不足を調整する資金操作である．変動相場のもとでは，今日すべての外国為替取引に占める対顧客取引の割合は主要な各国市場で20％前後であり，残りの80％前後は銀行間取引である．為替銀行のリスク回避のための為替操作，さら

に自己勘定による為替投機の展開は，小売業務である対顧客取引から相対的に自立した銀行間為替市場を肥大化させた．為替銀行は単なるブローカーではなく，自己勘定で投機を行う「投機志向型」ディーラーとして行動している．

　第5章「「ドル本位制」と金」において，対顧客の為替取引と対銀行の為替取引と国際決済が二分化し，為替媒介通貨の概念が自立化し，国際通貨の諸機能のうちで最も重要な役割を果たすようになった．山本君はリスク回避に関連させて述べている．デンマークの為替銀行で貿易会社がスウェーデン・クローネと交換にフランス・フランを求めた場合，クローネの買持とフランの売持をスクェアにする時，必ずドルの為替持高に転換して，ドルの債権債務のスクェアにする．これは銀行間外国為替市場ではクローネとフランでは出会いがとりにくいので，直接交換することはない．出会いがとりやすいドルを媒介にした二重取引にした方がかえって取引コストも安い．あらゆる通貨の売持あるいは買持を一旦ドルの為替持高に転換しておけば，いつでも容易に必要な通貨に交換することができる．

　このように山本君は，変動相場のもとで為替媒介通貨が展開すると言う．国際金本位制下では，銀行間外国為替市場は金市場（または中央銀行の金兌換）と裁定取引で結びついていたので，「為替媒介通貨の役割は金現送点内の狭い範囲内に限定されており，自立していなかった」．またブレトンウッズ体制のもとでは，通貨当局は金・ドル交換が可能であったが，民間の為替銀行は金裁定取引を禁止されていた．この段階では，国内の銀行間外国為替市場で為替持高のカバーがとれなくて，為替相場がドル平価の1％を超え，為替リスクが発生すると，「為替銀行は金裁定取引ではなく中央銀行を相手に為替媒介通貨を売買すること（為替並行操作）によってカバーを取ることができた」．だがここではまだ為替媒介通貨は自立していない．こうして山本君は為替媒介通貨機能の自立的展開を変動相場下に特有のものとされたのである．

　「ドル本位制」は，先進資本主義諸国の国際通貨協力のもとで構築された．1985年のG5によるプラザ合意では，米国のドル相場高を引き下げるためのドル売り介入と米国の金利を西ドイツ，日本の金利以下に維持していくための金

利協力が行われた．87年のG7によるルーブル合意ではドル相場の下落を阻止するためのドル買い介入が行われた．

　山本君の分析では，1983～90年の国際資金循環は，①日本と欧州諸国の経常黒字が対米証券投資として米国に還流，②途上国からの資本逃避がユーロ預金や対米証券投資として米国へ還流，③ユーロ市場から長短金利差を求めて，短期ドル借入→長期ドル投資であった．この長期ドル投資は対米証券投資と対米プロジェクト・ファイナンスであった．この弱いドルの時代には，米国経常赤字は民間資本収支だけでは補塡することができず，G7の国際通貨協力による公的ドル準備の増加に依存した．

　1990年以降では，①日本，欧州諸国の対米証券投資の急増．②米国経常赤字を上回る「過剰な」資本輸入．③「過剰な」資本輸入を利用して株高，社債ブームを創り出し，IT（情報技術）革命を成功させ，高い経済成長を実現した．さらに④ドルの強いメリットを利用し世界に証券投資や直接投資を実現した．通貨危機の分析が「ドル本位制」と関連させて展開されている．

　山本君の「ドル本位制」の歴史とリンクした体系の叙述はまことに興味深い．「ドル本位制」の基本構造，つまり「不換のドルの国際通貨としての概念及びその流通根拠」は歴史の該博な知識に支えられた体系として提示されている．この点には深く敬意を表したい．しかしわたくしは国際通貨が，例えばロンドンの銀行のポンド建当方勘定と呼ばれる当座預金勘定であることを指摘しておいた．この当座預金勘定・小切手は信用貨幣にほかならない．したがって金本位制下でも，変動相場のもとでも，当座預金勘定は銀行にとっては借り入れた債務である．信用貨幣というのはそのためである．「不換のドル」の「流通根拠」という言葉にはまだ不換銀行券を国際通貨とみる思考の残渣が残されているといえないであろうか．

　山本君は，福岡大学におられた14年のあいだに，わたくしの大学にみえて研究会や大学院のセミナーに出席されていた．山本君は，金融論，国際金融論を専攻する大学院生，助手の諸君，また他大学の教師の皆さんと活発に議論されていた．指導いただいた院生の諸君も多い．いまは帰らぬ想い出である．つ

たない「はしがき」を献じて故・山本栄治君に哀惜の想いを申しあげたい．

2002 年 3 月 30 日

深 町 郁 彌

（九州大学名誉教授）

目　次

はしがき　　　　　　　　　　　　　　　　　　深町郁彌　iii

第1章　「ドル本位制」の基本構造 …………………………………… 1
　　　——為替媒介通貨論——

　　Ⅰ　問題の所在　　　　　　　　　　　　　　　　　　　　　1
　　Ⅱ　国際通貨と国際的信用制度　　　　　　　　　　　　　　2
　　Ⅲ　基軸通貨と国際通貨システム　　　　　　　　　　　　　4
　　　1　基軸通貨の非対称性　4
　　　2　国際通貨システムの歴史　7
　　Ⅳ　貿易媒介通貨と為替媒介通貨　　　　　　　　　　　　　10
　　　1　第三国間貿易と貿易媒介通貨　10
　　　2　銀行間外国為替市場と為替媒介通貨　19
　　Ⅴ　むすび　　　　　　　　　　　　　　　　　　　　　　　25

第2章　「ドル本位制」と国際資金循環の不安定性 ………………… 33

　　Ⅰ　はじめに　　　　　　　　　　　　　　　　　　　　　　33
　　Ⅱ　「ドル本位制」の特徴　　　　　　　　　　　　　　　　35
　　Ⅲ　「ドル本位制」下の国際資金循環の形成と変化　　　　　39
　　Ⅳ　米国を中心とした国際資金循環の不安定性　　　　　　　44
　　　1　「サステナビリティ」問題の再来　44
　　　2　国際資金循環におけるオフショア金融センターの地位　47
　　Ⅴ　むすび　　　　　　　　　　　　　　　　　　　　　　　57

第3章　国際通貨システムの構造変化 …………………………………… 61

　　I　はじめに　61
　　II　グローバリズムとリージョナリズム　62
　　III　「ドル本位制」と国際資金循環　64
　　　1　「ドル本位制」の基礎条件　64
　　　2　米国を中心とする国際資金循環の不安定性　69
　　IV　国際システムの構造変化　71

第4章　「ドル本位制」と通貨危機 ……………………………………… 75
　　　　──システム民営化の限界──

　　I　問題の所在　75
　　II　不安定なドルの国際資金循環　76
　　III　エマージング・マーケットと国際資本移動　78
　　　1　金融のグローバリゼーション　78
　　　2　エマージング・マーケットと国際資本移動　79
　　IV　「ドル本位制」下の通貨危機　84
　　　1　「ドル本位制」下の国際収支調整問題　84
　　　2　グローバリゼーションの限界　87
　　V　むすび：「ドル本位制」と通貨危機　89

第5章　「ドル本位制」と金 ……………………………………………… 91

　　I　問題の所在：国際通貨論争のサーベイ　91
　　II　「ドル本位制」の基本構造　95
　　　1　国際金本位制下の外国為替市場の構造と国際決済　95
　　　2　ブレトンウッズ体制下の外国為替市場の構造と国際決済　98
　　　3　「ドル本位制」下の外国為替市場の構造と国際決済　102

第6章 オフショア金融センターと国際金融システムの不安定性 …… 107

- I　はじめに　107
- II　G7と金融安定化フォーラム　108
- III　金融グローバリゼーションとOFCsの発展　112
- IV　カリブ海OFCsと高レバレッジ機関　115
- V　OFCsとアジア通貨危機　119
- VI　むすび　124

第7章 1920年代米国の対ラテンアメリカ証券投資 …… 129

- I　はじめに　129
- II　1910年代のドル国際化とラテンアメリカ　130
  - 1　第1次大戦前の米国とラテンアメリカ　130
  - 2　ドル国際化と第1次世界大戦　133
- III　1920年代米国の対外証券投資とラテンアメリカ　137
  - 1　1920年代のドル外交とラテンアメリカ　137
  - 2　ニューヨーク外債市場の特徴　140
  - 3　1920年代米国の対外証券投資とラテンアメリカ　146
- IV　むすび　151

第8章 1930年代ラテンアメリカ債務危機と米国の債務交渉 …… 161

- I　はじめに　161
- II　大恐慌とラテンアメリカのデフォルト　162
  - 1　国際商品市場の崩壊とラテンアメリカ　162
  - 2　国際資本市場の崩壊とラテンアメリカ　165
- III　ラテンアメリカ債務危機と米国の債務交渉　169
  - 1　外債のデフォルトとラテンアメリカ　169
  - 2　債務危機と英米のブロック政策　174

3　米国の債務交渉とラテンアメリカ　177
　Ⅳ　む　　す　　び　　　182

第9章　香港における日系銀行 …………………………………… 187

　Ⅰ　序　　　説　　　187
　Ⅱ　日系銀行の企業顧客に追随しての香港進出　　　188
　　　1　東アジアにおける生産と貿易のネットワーク　188
　　　2　第三国の投資と地域本部としての香港　191
　　　3　日系銀行の法人顧客に追随しての香港進出　195
　Ⅲ　国際金融センターとしての香港における日系銀行の活動　　　200
　　　1　香港のシンジケート・ローン市場における日系銀行　200
　　　2　香港ユーロ円市場における日系銀行　204
　Ⅳ　結　　　論　　　210

初　出　一　覧　　　214
編者あとがき　　　　　　　　　　　　　　　　　西　村　閑　也　215

第1章 「ドル本位制」の基本構造
―――為替媒介通貨論―――

I 問題の所在

　第2次世界大戦後に登場したIMF体制は，金・ドル交換に支えられた固定相場制（金為替本位制的要素）と，国際流動性の供給方法に関しては制度的には金とIMF引出権が存在したがあまり利用されなかったため，もっぱら基軸通貨国アメリカの国際収支赤字（「ドル本位制」的要素）に依存する国際通貨システムであった．だが，1971年8月の金・ドル交換停止は金為替本位制的要素に依存した固定相場制維持の基礎を失わせたことによりIMF体制を崩壊させた．その後に登場した国際通貨システムは，国際流動性の供給に関しては従来どおり基軸通貨国アメリカの国際収支赤字に依存したため「ドル本位制」と呼ばれたが，変動相場を認めたことにより，対外不均衡の調整に関しては厳格な金融財政政策の規律（ディシプリン）の遵守を通じての意図的な国内調整を放棄し，すべてを市場の調整にゆだねる「ノンシステム（non-system）」の構造であった．
　金・ドル交換が停止されて固定相場から変動相場へ移行したことにより公的な国際決済におけるドル，すなわち，基軸通貨ドルの制度的な存在根拠が否定されたにもかかわらず，ドルは民間の国際決済においては依然として国際通貨の地位を維持しただけでなくかえって強化さえしたと思われるような事態が出現した．このような変動相場下の「ドル本位制」は，その不安定性が指摘されながらも，すでに20年余りが経過した．変動相場下の国際通貨ドルの地位低下は，為替リスクの増大によって契約通貨（invoice currency），投資通貨

(investment currency), そして準備通貨 (reserve currency) のレベルでは多様化がかなり進展したが, そのことが直ちに「ドル本位制」の基礎を侵食したわけではなかった. 反対に, ドルの為替媒介通貨としての地位は, IMF 体制下よりも変動相場移行後に強化され, 圧倒的な存在となって「ドル本位制」の基礎を固めた. 変動相場下で進展した一方での契約通貨, 投資通貨, 準備通貨のレベルでの多様化, 他方での為替媒介通貨のレベルでのドルの圧倒的な地位の確立, といった一見矛盾するような現象を前にして国際通貨研究者達は国際通貨ドルの地位についての統一的な説明ができなくなった[1].

本章の課題は変動相場下の「ドル本位制」の基本構造を明らかにし, 国際通貨ドルの地位について統一的な説明を与えることにある. その際, われわれは国際通貨の諸機能の中でも特に媒介通貨 (vehicle currency) に着目して, ドルが貿易媒介通貨機能だけでなく為替媒介通貨機能を独占していることが「ドル本位制」の基礎となっていることを明らかにする. そのために, まず国際通貨概念を規定するなかで国際通貨の諸機能とそれらの相互関連を理論的に整理し, 次に金本位制停止後, 為替媒介通貨機能が銀行間外国為替市場で有用な概念となり, 「ドル本位制」の基礎となったことを明らかにする.

II 国際通貨と国際的信用制度

貨幣の歴史は古いが, 国際通貨の歴史は比較的新しく, 19 世紀後半以降の出来事である. 近代国民国家の登場とともに国民経済圏が形成され, 中央銀行が商品貨幣 (金貨) とは別に国民経済圏内を現金として流通する国民通貨 (中央銀行券) を発行するようになった. 預金銀行は現金準備 (中央銀行券と中央銀行預け金) を基礎に預金通貨を創造し, また現金準備の過不足を調整する銀行間市場である貨幣市場を組織した. このように国民通貨を基礎にした国内決済システムが構築され, それが国際決済にまで利用されるようになって国際通貨概念が成立したのである. 国際通貨の具体的な存在形態は, 中心国におかれた周辺国コルレス銀行 (あるいは海外支店銀行) の中心国通貨建て要求払預金

であり，かつてはポンド残高，今日ではドル残高と呼ばれる外国残高（foreign balances）である．この外国残高は，広義の意味においては，要求払預金だけでなく定期預金，TB，BA，CD，CPといった流動性の高い短期金融資産を含む．

　だが，国際決済はそのために特別の決済システムが別に作られているのではなく，国際政治経済の中心国の国内決済システムを周辺国がそのまま国際決済システムとして利用しているにすぎない．それゆえ，国際通貨とは周辺国が外国為替取引を通じて中心国の決済システムに結びつけられる「世界システム」であると考えることができる．ここで問題となるのは，各国の国内決済システムの中から「ある国の国内決済の仕組みを各国がそのまま国際決済の仕組みとして利用」[2]できるのはなぜか，という点である．この問題はまた，周辺国が外国為替取引を行う際に，なぜ多くの外貨の中から1つ（あるいは少数）の国民通貨をすなわち国際通貨を選ぶのか，という点と結びついている．例えば，各国通貨の対称性が確保されていた国際金本位制下では，先進諸国の国民通貨は通貨の安定性（信認）という点ではすべてが平等であったが，金本位国の通貨がすべて国際通貨になったわけではなかった．

　国際決済は外国為替取引により媒介されるが，関係2国の平等な関係の下で理論的展開が可能な外国為替取引の段階では説明しえない問題である．それゆえ，国際通貨とは外国為替取引を基礎にしながらも，「諸国間の不平等な発展構造を内包した世界市場を前提にしてはじめて」[3]展開しうる論理次元の概念である．この論理次元で「ある国の国内決済の仕組みを各国がそのまま国際決済の仕組みとして利用」できる条件を明らかにする必要がある．その条件とは，中心国が軍事大国や貿易大国，さらには金保有大国といった条件を備えているだけでは十分ではなく，国際的信用制度という「世界システム」を確立していることである．ここでいう国際的信用制度とは，国際金融市場（貨幣市場と資本市場）と国際金融ネットワーク（海外支店銀行網と海外銀行・証券子会社）から構成される．

　周辺国が外国為替取引において中心国通貨建てを採用するのは，為替リスク

を負担してもなお，中心国の国際金融市場において国際決済に必要な国際信用を利用できるというメリットがある，と考えるからである．この点を国内決済との比較において検討しよう．国内決済は企業の債権債務関係を代位した銀行間の決済として行われ，その相殺差額は貨幣市場でファイナンスされる．このような国内決済システムを利用して行われる国際決済は，企業の外国為替取引を代位した為替銀行の債権債務関係の決済として行われる．為替銀行間の債権債務関係はまず国内外国為替市場に集中されて相殺されるが，それでも残る1国の国際決済の相殺差額は狭義に定義すれば経常収支不均衡を意味する．この不均衡は手持ちの外国残高でカバーされえない場合，中心国の国際金融市場での短期だけでなく長期の資金によってもファイナンスされる．長短資金が国際的に貸借されるには世界中の信用情報が必要であるが，中心国の国際金融ネットワークがそれを提供する．

　国際的信用制度はこのように国際決済の相殺差額を自律的に調整できるメカニズムを内包していることにより国際通貨を創り出す．すなわち，国内信用制度に支えられた国内決済システムのうえで要求払預金が支払手段＝預金通貨となるのと同じように，国際的信用制度に支えられた中心国通貨建て要求払預金は，中心国の国内決済システムをそのまま国際決済システムに利用できるため国際的な支払手段＝国際通貨となる．その結果，周辺国は外国為替取引において中心国通貨建てを採用するので，外国為替市場は周辺国に形成され，中心国には外国為替市場は形成されず代わりに国際金融市場が存在する．これが「為替相場は劣勢市場から優勢市場に向かって建ち，優勢市場では為替取引は生じない」という為替取引の非対称性の原理である．

III　基軸通貨と国際通貨システム

1　基軸通貨の非対称性

　これまで国際通貨を抽象的な概念として説明してきたが，国際決済といっても民間（企業と銀行）レベルと公的（中央銀行）レベルの次元があり，国際通

貨はこれらのレベルでの国際決済を行ううえで様々な機能を果たしている．民間レベルでは貿易取引における契約通貨，銀行間の国際決済における決済通貨，そして国際金融市場における投資通貨の3つの機能である．本節では国際通貨システムとの関連で公的レベルでの国際通貨機能を果たす基軸通貨概念（基準通貨・介入通貨・準備通貨）を規定する．基軸通貨とは，周辺国の通貨当局が中心国の国民通貨を平価表示に採用し

図1-1 基軸通貨と為替相場の組み合せ

① 基軸通貨がない場合

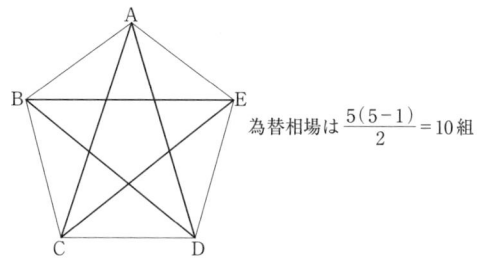

為替相場は $\dfrac{5(5-1)}{2} = 10$ 組

② A が基軸通貨になる場合

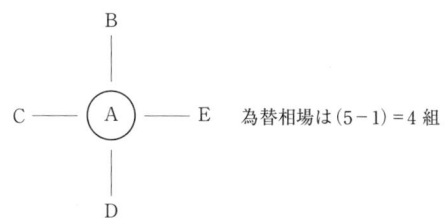

為替相場は $(5-1) = 4$ 組

出所：竹内一郎『「外国為替」のすべてがわかる本』PHP，1982年，45ページ，より作成．

（基準通貨），その平価を固定するために外国為替市場に介入して平衡操作を行うのに用い（介入通貨），この平衡操作が必要なときにいつでも実施できるよう国際準備として保有する（準備通貨）ものである．

　国際通貨システムとは，各国中央銀行が国際準備に金だけでなく他国の国民通貨，すなわち基軸通貨を保有するようになった段階から具体化した．そしてその安定的な運営をめぐり国際通貨外交が展開される．基軸通貨を基礎に構築された国際通貨システムが「システム」として安定的に運営されるために，為替相場と国際収支の2つの面で基軸通貨とその他の通貨との間には非対称的な関係が必要であり，このことを明らかにするのが(N－1)論である．つまり，(N－1)論とは，国際通貨システムの整合性と効率性を確保するには，「N国が存在する世界経済においては独立した為替相場，国際収支の数は(N－1)個である」という事実を論証しようとする議論である[4]．

　図1-1は世界が5ヵ国から構成されている場合の(N－1)論を示したもので

ある.基軸通貨がない場合の対称的な各通貨相互間の為替相場の組み合せは,N(N−1)/2 = 5(5−1)/2 = 10 組となる.100ヵ国の場合は 100(100−1)/2 = 4,950 組である.システムに参加する国が多くなればなるほど為替相場の組み合せは複雑になり,非整合化する.だが,N番目の国の通貨が基軸通貨(基準通貨)となって非対称性が導入されると,5ヵ国の場合の為替相場の組み合せは(N−1) = (5−1) = 4 組,100ヵ国の場合の為替相場の組み合せは(100−1) = 99 組である.この場合,残りの通貨間の為替相場は基軸通貨を媒介にした裁定相場(クロス・レート)が自動的に決定されるので,結果として歪みのない整合的な為替相場体系が成立する.外国為替市場でN番目の通貨が選択されることによって,為替相場の組み合せは簡単になり,効率性と整合性が確保できる.

　基軸通貨はシステムに整合性と効率性を導入するが,N番目の基軸通貨は為替相場の決定権がなく,受動的に(N−1)ヵ国が設定した為替相場を受け入れる以外に道はない.さらに,基軸通貨国は,(N−1)ヵ国の国際準備需要に見合った国際収支目標に対応して国際流動性を供給するためには,自国の国際収支目標は設定できない.なぜなら,N番目の国が為替相場を設定する場合,(N−1)個の通貨に対して同時に設定しなければならないし,またそうすることができたとしてもその為替相場水準を維持するための介入を行う為替市場が自国には存在しないし,準備通貨として(N−1)個の通貨を保有することもできないからである.これが基軸通貨国の非対称性がもたらすマイナス面である.その結果,基軸通貨は過大評価におちいりやすく,国際競争力の低下を招きやすい.だが,基軸通貨国の非対称性にはプラス面もある.それは基軸通貨国は自国通貨で対外決済ができるため,国際準備が不要であることから国際収支節度(ディシプリン)を免れる点である.他方,(N−1)ヵ国は為替相場の決定権を持つが,対外決済のためにN番目の国の通貨を国際準備として保有しなければならず,また国際収支節度を遵守しなければならない.

　このように国民通貨を基軸通貨とする国際通貨システムには様々な非対称性が導入される.そしてこの非対称性がもたらすメリットとデメリットが国際政

治経済の場で取り上げられて，N 番目の国と(N−1)ヵ国との間で対立が生じる．このような対立が顕在化するのは１つの基軸通貨だけでは国際通貨システムの安定が維持できず，複数の基軸通貨による共同管理が必要とされるときである．歴史的には，1920 年代の再建金本位制期のポンドを基軸通貨とする金為替本位制をめぐっての対立であり，また 71 年以降基軸通貨国アメリカが採用したビナイン・ネグレクト政策や 85 年プラザ合意以降の国際協力をめぐる対立である．

2　国際通貨システムの歴史

　国際通貨システムの構造は，基本的には(1)国際流動性の供給方法，(2)為替相場に関する取り決め，(3)対外不均衡の調整方法，の３つの要因に規定される．最初の国際通貨は国際金本位制（1870〜1913 年）下のポンドであったが，この時期の国際通貨システムは，(1)に関しては新産金と金ストックの国際的再配分，(2)に関しては金現送点内に限定された固定相場制，(3)に関してはマネーサプライが中央銀行の金準備に直結させられていたため金融財政政策の厳格な規律（ディシプリン）の遵守による対外均衡優先，といった構造をもっていた．このような構造を持つ国際金本位制は，各国が国内法により金本位制を採用するだけでいわば自動的に国際通貨システムとしての国際金本位制が成立していたのであり，国際協力や国際協定といった人為的な努力を必要とはしなかった．

　国際金本位制下の国際通貨ポンドの利用は民間レベルの国際決済に限定されており，先進諸国の通貨当局は金準備しか保有していなかった．為替相場が金現送点を超えるほど国内外国為替市場での相殺差額が大きくなると，為替銀行による金市場や通貨当局との金裁定取引が行われるため，相殺差額の最終的な国際決済は国際通貨ポンドではなく金で行われていた．歴史的には途上国や植民地・自治領といった周辺国では国際通貨ポンド（より少ない程度ではあるがフランやマルク）を外貨準備として保有していたが，先進国では中心的なものにはならなかった．

国民通貨が国際通貨として国際決済に利用されるのが民間のレベルだけでなく通貨当局のレベルにまで拡張される，つまり基軸通貨システムが登場するのは，先進諸国が金為替本位制を採用してからのことである．そして，先進諸国が金為替本位制を採用するには，1922年のジェノア会議で早期の経済復興と金節約という課題の下でなされた国際的合意が必要であった．それゆえ，基軸通貨システムとは，歴史的には先進諸国が金為替本位制を採用して外貨準備を保有するようになった戦間期の国際再建金本位制の時代に始まり，第2次大戦後のIMF体制下で確立した国際通貨システムであると言えよう[5]．

　第2次大戦後のIMF体制の構造は，(1)に関しては制度的には金とIMF引出権が存在したがあまり利用されず，もっぱら基軸通貨国アメリカの国際収支赤字（「ドル本位制」的要素）に依存し，(2)に関しては金・ドル交換に支えられたドル平価に基づく固定相場体系（金為替本位制的要素），そして(3)に関しては基礎的不均衡と認定されない限りは国内調整（金融財政政策の規律の遵守）を通じて対外均衡を回復させようとするものであった．IMF体制は国内的には管理通貨制を採用しながら，対外的には固定相場制を維持しようとするものであるため，国際協力が必要とされる基軸通貨システムであった．これに対して金本位制の時代には，国際協力などなくても各国通貨は金平価を通じて自動的に固定相場制を維持することが可能であった．IMF体制下では，各国は国内的には管理通貨制を採用しているのであるから自動的に固定相場制が維持されるメカニズムを内包しておらず，市場にゆだねていれば変動相場が常態となるため，固定相場制を維持するには国際協力が必要であった．

　だが，第2次大戦直後はドルだけでなくポンドも基軸通貨の地位を保持していた．公的外貨準備を比較すると，1949年に公的ドル残高は30億ドル，公的ポンド残高は64億ドルであり，10年後の59年においても公的ドル残高は104億ドル，公的ポンド残高は67億ドルであった[6]．基軸通貨システムとしてのIMF体制はドル・ポンド複数準備通貨制として出発したのである．イギリスは資本輸出能力を枯渇させていたが，まだ自前の国際的信用制度を保持しており，またポンドを基軸通貨とするスターリング・ブロックを維持していた．他

方，アメリカは莫大な金と資本輸出能力を保持していたが，1930年代の大恐慌とデフォルト（貸倒れ）の中で崩壊した国際的信用制度をまだ再建していなかった．このような状況の下でドルがポンドを押し退けて基軸通貨の地位を獲得するには，金・ドル交換を前提にしてではあるが，IMF協定に従って加盟国がドル平価に基づいた固定相場体系を維持するといった国際協力が必要であった．この点を以下において検討しよう．

IMF協定はすべての項目が各国通貨を平等に取り扱うものであったが，固定相場制の基礎となる平価規定の項目だけが例外であり，ドルと他の通貨を非対称的に取り扱っていた．IMF協定の平価規定では「共通尺度たる金により，または1944年7月1日現在の量目及び純分を有する合衆国ドルによる」（第4条第1項）こととなっている．加盟国は為替平価として金とドルのどちらを選択することも自由であった．だが，アメリカ以外の全加盟国はドル平価（基準通貨ドル）を選択した．なぜなら，加盟国は当時固定相場維持に必要な金準備をもっておらず，また慢性的な国際収支赤字が予想される中で，資本輸出を通じて国際流動性（準備通貨ドル）を世界に供給できるのはアメリカだけであると考えていたからであった．その結果，加盟国は対ドル平価を維持するために外国為替市場で直接ドルを売買して平衡操作を行わなければならず（介入通貨ドル），そのために国際準備としてドルを保有（準備通貨ドル）するようになった．

他方，金平価を採用した唯一の国アメリカは，介入義務を持たない代わりに，外国の通貨当局に純金1オンス＝35ドルの固定価格で金・ドル交換に応じた．この金・ドル交換は加盟国にドル平価を採用させるのを実質的に保証した．なぜなら，金・ドル交換は，加盟国がドル平価を維持するために必然的に保有しなければならない公的ドル残高の価値保証（為替リスクの回避）の手段であったからである[7]．このような意味において，IMF協定は第2次大戦後のアメリカの金独占と英米間の国際金融力の逆転の下で，ポンドからドルへの基軸通貨交替を「制度的に先取り」するものであったと言えよう．つまり，国際協力によって加盟国がドル平価に基づく固定相場体系を維持したことが，ドルを

(N−1)論でいうところの N 番目の地位につけることを制度的に保証したのである．

このように基軸通貨の地位を「制度的に先取り」したドルは，大戦直後の巨額の公的資本輸出（政府援助や海外軍事支出）を梃子に，基軸通貨→為替媒介通貨→貿易媒介通貨と公的レベルから下向して民間レベルでの国際通貨機能においてもポンドを押し退けてその地位を独占していったのである[8]．それはまた，アメリカが1930年代の大恐慌の中で崩壊させた国際的信用制度を再構築してゆく過程でもあった．そして，ユーロ・ダラー市場を核にした国際的信用制度を構築した60年代中頃に，為替媒介通貨ドルの地位が確立するとともに「ドル本位制」論が登場してきたのである．

IV　貿易媒介通貨と為替媒介通貨

1　第三国間貿易と貿易媒介通貨
(1)　国際金本位制時代の貿易媒介通貨ポンド

基軸通貨とは公的レベルの国際決済における国際通貨概念であったが，媒介通貨（vehicle currency）は民間レベルの国際決済における国際通貨概念である．そして，媒介通貨は海外では1970年代の国際通貨論争を経て最近ようやく確認されるようになった概念である．民間レベルの国際決済には企業レベルと銀行レベルの2つの次元があり，それぞれのレベルで媒介通貨機能を果たす国際通貨が存在する．70年代の媒介通貨概念をめぐる国際通貨論争はこの2つを区別することの重要性を教えてくれる．

われわれは媒介通貨機能こそが「ドル本位制」の基礎と考えるのであるが，企業と銀行といった2つのレベルでの媒介通貨機能に関して，どちらが「ドル本位制」にとってより重要であるかについて明らかにする必要がある．われわれはその中でも企業レベルでの国際決済，すなわち貿易取引における媒介通貨機能よりも銀行レベルの国際決済，すなわち銀行間外国為替市場でのそれの方がより重要な役割を果たしていると位置づけている．それゆえ，われわれは銀

行レベルでの媒介通貨機能が銀行間外国為替市場において果たされている点に着目して，特に為替媒介通貨と呼び，貿易媒介通貨と区別している．まず貿易企業レベルでの貿易媒介通貨概念を，次に為替銀行レベルでの為替媒介通貨概念を検討する．

　国際通貨国にとっては，国際取引がすべて自国通貨建てで契約・決済されると想定すると，国際決済も国内決済と同じであるため外国為替取引は発生しない．しかし，外貨建てで国際取引を行う周辺国にとっては，国際決済には外国為替取引が介在するため外国為替市場が形成される．これは外国為替取引を行う周辺国の側で為替リスクを負担していることを意味する．為替リスクの負担は周辺国の企業，為替銀行，そして通貨当局の3者間で分担されるが，その仕方は異なる．周辺国企業の貿易取引における契約通貨の選択は，為替リスクの負担の仕方と貿易金融の便宜といった2つの問題に依存する．

　例えば，第1次大戦前の国際金本位制下の貿易取引では，理論的には為替リスクが問題にならないほど小さいとみなすことができるため，契約通貨の選択は主に貿易金融の便宜に依存した．そして，イギリスのマーチャント・バンクは，この当時の著しい交通・通信手段の発達に支えられて荷為替信用制度を確立し，貿易取引の一般的な方法として世界中に普及させていった．同制度の下では，まず輸入者の依頼により世界的に著名な一流銀行（世界各地に支店銀行網を持ち信用情報を収集できるマーチャント・バンク）に支払保証書を意味する商業信用状（commercial letter of credit）を発行してもらい，それが取引銀行を通じて輸出者に手渡されると，輸出者は船積するとともに船積書類（shipping docuscments）を添付した為替手形（荷為替手形）を振出して，自国内の取引銀行から代金を回収する．次に，輸出者の債権債務関係を肩代わりした取引銀行は，信用状発行銀行に輸入者からの代金取り立てのためにこの割引手形と船積書類を送付し，引受（accepted）・割引を依頼する．そして，信用状を発行した銀行（あるいは依頼を受けた一流銀行）がこの期限付為替手形を引受けると銀行引受手形（banker's acceptance）となり，割引（BA）市場で一流手形として優遇金利で現金化することができた．これにより割引銀行は手形

割引による現金準備の拘束から解放されるルートをもつことができた．このような荷為替信用制度の特徴の1つは，一流銀行による商業信用状の発行を基礎にした書類取引の確立であったが，もう1つは引受業務を基礎とする貿易金融方法にあった．

だが，周辺国は短期資本輸出できるほど豊かな国内金融市場をもっておらず，また，自前の国際金融ネットワークをもたないことから，十分な海外信用情報を収集できないため，自国内貿易金融体制を確立できない．その結果，中心国企業と貿易取引を行う際に周辺国の企業は，輸出入ともに信用状を発行するのに必要な海外信用情報を集めることのできる国際金融ネットワークをもち，短期資本輸出が可能で金利が国際的に割安な割引（BA）市場をもつ中心国の国際的信用制度に貿易金融を依存した．それゆえ，周辺国企業は契約通貨として中心国通貨を選択したのである．さらに，周辺国企業は対中心国貿易においてだけでなく周辺国間貿易においても，イギリスの国際的信用制度（マーチャント・バンカーの国際金融ネットワークとロンドン国際金融市場の短期資本輸出能力）に依存したので，ポンドは三国間貿易においても契約通貨に利用された．これが貿易取引における貿易媒介通貨の機能である．この点について以下において，荷為替信用制度の下で周辺国同士の三国間貿易取引において契約通貨がどのようにして選択されるのかを検討する．

図1-2は周辺国間の貿易金融・決済に中心国の国際的信用制度が利用され，それゆえに契約通貨として中心国通貨が採用されるケースを説明したものである．日本がサウジアラビアから石油を輸入するケースを例にして検討する．①日本の輸入業者（甲）は取引銀行（乙）に信用状の発行を依頼する．②（乙）銀行はコルレス先の中心国イギリスのマーチャント・バンカー（X）宛にサウジアラビアの輸出業者（a）を受益者とする信用状開設を依頼する．③マーチャント・バンカー（X）はサウジアラビアの輸出業者（a）の取引銀行であるコルレス銀行（b）を通じて信用状が開設されたことを通知する．④輸出業者（a）はこの信用状に基づいて船積みを完了し，船積書類等を添付した（乙）銀行宛の中心国通貨（ポンド）建て輸出ユーザンス手形を取引銀行（b）に呈示して割

図1-2 三国間貿易とロンドンBA市場

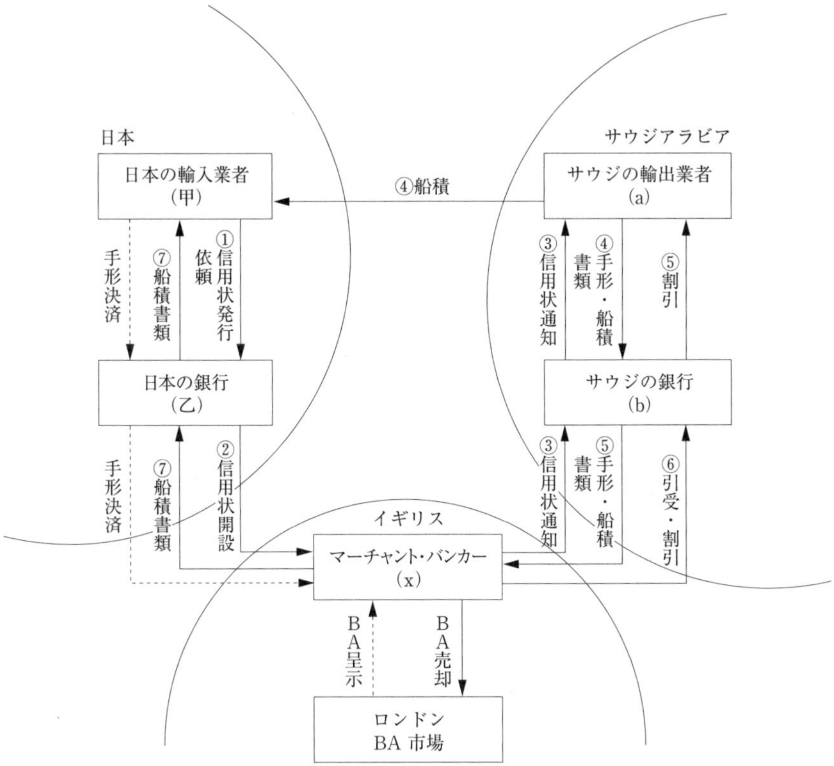

引を依頼する．⑤(b)銀行はこの手形を割引いて輸出業者(a)に代金を支払うとともに，マーチャント・バンカー(X)に手形及び船積書類等を送付・呈示して，手形の引受・割引を依頼する．⑥マーチャント・バンカー(X)は手形を引受けた後，割引いてその代金を自行にある(b)銀行名義の要求払預金口座に払い込む．⑦マーチャント・バンカー(X)は船積書類等を(乙)銀行を通じて輸入業者(甲)に交付し，甲はそれに基づき荷物の通関を行う．⑧マーチャント・バンカー(X)はこの割引いた手形の満期日前に資金繰りが苦しくなると，ロンドンBA市場にこの手形を銀行引受手形として呈示，売却し流動化する．⑨満期日に輸入業者(甲)は代金を乙銀行に支払うとともに，マーチャント・バンカー(X)は自行にある(乙)銀行名義の要求払預金口座から代金

を引き落とす.

マーチャント・バンカーは世界各地に支店銀行網やコルレス網を構築しており,外国為替手形を引受けるのに必要な海外信用情報を直ちに収集することができただけでなく,それを銀行引受手形に改造することによってロンドン割引市場を国際金融(BA)市場に転換することができた.このような中心国の国際的信用制度の利用を前提にして,周辺国は対中心国貿易取引だけでなく周辺国間の三国間貿易取引(図1-2のケース)も中心国通貨を契約通貨として選択したのである.ウィリアムズ(D. Williams)は世界貿易において契約通貨ポンドが選択される比率が最も高かった第1次大戦前には,世界貿易全体の少なくとも60%は占めていたであろうと推定しており,またクラーク(W.M. Clarke)は第2次大戦後でさえも契約通貨ポンドは世界貿易全体の50%前後を占める地位にあったと評価している[9].第1次大戦前のイギリス貿易が世界全体に占める比率は20%前後であったことから,ポンドが三国間貿易に使用されたのは世界貿易全体の30〜40%であったと推定できる.われわれはこのような契約通貨の役割の中でも特に三国間貿易の契約通貨として選択される中心国通貨を貿易媒介通貨と規定するのである[10].

こうした三国間貿易取引の金融・決済がロンドンのマーチャント・バンカーとBA市場の利用を前提にしたポンド建て銀行引受手形を利用して行われたことから,この種の為替手形は別名ロンドン宛手形(Bill on London)と呼ばれていた.その結果,世界の貿易の金融・決済のためのポンド建て手形がロンドンに集中されることになり,効率的な相殺が進展して多角的決済機構が形成されたことから,当時のロンドンが「世界の手形交換所」であったといわれるのである[11].第1次大戦前のロンドンは,一種の拘束預金を生み出す「預金強制力」[12]をもち,貿易決済のための運転資金(ワーキング・バランス)を世界各国から集中させてポンド残高を形成した.さらに,この「預金強制力」は資本輸出においても作用した.つまり,国際資本市場ロンドンで発行された世界各国の企業や政府・自治体のポンド建て外債の手取金が一時的にポンド残高として預けられて運用された.このポンド残高は,満期までの償還計画に従っ

表1-1 マッキノンによる契約通貨の選択とその動機分析

	貿易財の分類	貿易財の性質	貿易財の価格	契約通貨	リスクとヘッジ	貿易金融
貿易財	貿易財I (例:自動車,機械)	製造品 製品差別可能な異質的商品	固定価格 企業の価格コントロールが可能	輸出者の国内通貨	輸入者の為替リスクのみであるので,輸出者は open-account credit を供与してヘッジングを可能にさせる	貿易金融の対称性 自国内貿易金融体制の確立
	貿易財II (例:小麦,石油)	1次産品 国際比較可能な同質的商品	伸縮価格 国際商品取引所で価格が決定される	媒介通貨	商品価格リスクと為替リスクが両者に発生するので,二重のヘッジングは不可能となる	貿易金融の優越性 国際商品取引所のある中心国金融市場での貿易金融

出所:R.I. McKinnon, *Money in International Exchange: The Convertible Currency System*, Oxford U.P., 1979, pp. 72-87, より作成.

た財務処理に用いられただけでなく,その後の対イギリス貿易や三国間貿易の決済資金としても利用されたのである[13].第1次大戦前のポンドは,このような貿易媒介通貨機能を基礎にロンドンに巨額のポンド残高を形成し,国際通貨としての地位を確立したのである.

(2) 「ドル本位制」時代の貿易媒介通貨ドル

では,現在の契約通貨の選択はどのように行われているのだろうか.第2次大戦後はニューヨークBA市場やユーロ・ダラー市場そしてマネー・センター・バンクやユーロ・バンクが,第1次大戦前にロンドンBA市場とマーチャント・バンカーが果たしていた役割のかなりの部分を引き継いだ.つまり,現在でも発展途上国と先進国間や発展途上国間といった三国間貿易取引においては,中心国通貨ドルが貿易媒介通貨として選択される傾向がある.この点においてはかなりの程度第1次大戦前と同じであるといえよう.自国の輸出入に貿易媒介通貨ドルを使用する傾向は,アジアや中南米などの発展途上国では現在でも顕著である.だが,西欧先進諸国間の貿易取引における金融方法や契約通貨の選択は第1次大戦前と大きく変化した.この点についてマッキノン(R. I. McKinnon)の議論を整理した表1-1を手がかりに現在の契約通貨の選択問

題を検討する[14]．

　マッキノンは貿易財を，ヒックス（J.R. Hicks）の商品分類の基準に従って，貿易財Ⅰと貿易財Ⅱに区分する．貿易財Ⅰは工業製品であり，製品差別化が可能な異質的商品であることから，企業が価格支配可能な固定価格商品でもある．貿易財Ⅱは１次産品であり，国際比較が可能な同質的商品であることから，国際商品取引所で価格が決定されるため企業の価格支配が不可能な伸縮価格商品である．そして，彼は次のような理由から，契約通貨について貿易財Ⅰは主に輸出者の国民通貨が，貿易財Ⅱは貿易媒介通貨が選択される傾向があると主張した．

　契約通貨の選択は，単に貿易財の経済的特徴を反映した純粋に技術的なものではなく，為替リスクの負担と貿易金融の方法とに深く結びついているのである．貿易財Ⅰは企業の価格支配可能な固定価格商品であるため，輸出者は為替リスクを回避すべく自国通貨を契約通貨に選択する．その結果，為替リスクは輸入者に負担させられる．だが，輸出者は輸入者に為替リスクを負担させた代償として，輸入者に一定の範囲内で支払期日の自由裁量を与える．つまり，輸出者はオープン・アカウント・クレジット（open account credit）を中心とした信用期間可変の決済方法を輸入者に提供するのである．この決済方法は輸入者にヘッジングやリーズ・アンド・ラグズなど為替リスクを回避する様々な手段を実施するうえで弾力性を与える．

　このような信用期間可変の決済方法を輸入者に提供できるのは，自己金融が可能な多国籍企業内取引に代表されるビッグ・ビジネス（大企業）である．このため貿易財Ⅰの金融方法は，従来の国際金融市場（BA市場）に依存した銀行引受手形を中心とした信用期間が確定されている方法から，オープン・アカウント・クレジットを中心とした信用期間可変の方法（さらには信用供与なしの現金割引販売）に移行していったのである．この点については，例えばイギリスの1975年の輸出金融・決済方法を調査し，分類した研究によると，信用期間可変（オープン・アカウントや定期決済等）によるものが金額で見ると全体の29％，信用期間なし（現金払や一覧払荷為替信用状等）によるものが

38％，そして信用期間確定（荷為替手形の引受や期限付荷為替信用状等）によるものが33％であった[15]．信用期間可変と信用期間なしを合わせると67％にも達する．このような貿易金融・決済方法が全体の2/3前後を占めるようになったのは，その前提条件として，企業の自己金融力の強化とそれを支援する政府金融機関や中央銀行の信用供与といった自国内貿易金融体制の確立，すなわち「貿易金融の対称性」がある．西欧先進諸国間貿易の契約通貨に輸出国通貨が選択される比率が高い（60～80％）のはこのような理由とともに，第2次大戦後の深刻なドル不足のなかで自国通貨決済によるドル節約と域内貿易拡大を目的に設立された西欧決済同盟（EPU）の歴史が関係している[16]．

　他方，貿易財Ⅱは企業の価格支配が不可能な伸縮価格であり，しかも国際商品取引所が存在する国（中心国）の通貨で価格が決定される．このため周辺国の輸出者と輸入者の両者ともに，中心国通貨建ての商品価格変動リスクと自国通貨に転換するときの為替リスクといった二重のリスクに対してヘッジする必要がある．だが，販売価格の不確実性と先物商品ヘッジの不完全性のため，契約通貨に輸出国通貨あるいは輸入国通貨のどちらを選択しても，この二重のリスク・ヘッジを完全に行うことは不可能である．このために貿易財Ⅱの契約通貨として国際商品取引所のある中心国通貨が貿易媒介通貨として選択されるのである．さらに，貿易財Ⅱは1次産品であることから発展途上国の企業が輸出者になる場合が多いが，彼らは自国内貿易金融体制を確立していないため，輸入国よりも有利な条件で貿易金融を行いうる中心国の国際金融市場（BA市場）を利用する．このような中心国の国際金融市場の「貿易金融の優越性」が，貿易財Ⅱのまた三国間貿易の契約通貨に中心国通貨を貿易媒介通貨として選択させることの前提条件となっている．

　1960年代以降，ニューヨークBA市場やユーロ・ダラー市場の発展とともに，国際商品取引所がロンドンからニューヨークやシカゴに移ったことにより，貿易財Ⅱの契約通貨にドルが貿易媒介通貨として選択されるようになった．この点については，種類別に見たドル建て銀行引受手形を表した図1-3から，三国間貿易の金融・決済にドル建て銀行引受手形が用いられる金額が70年代

図1-3 種類別にみたドル建て銀行引受手形

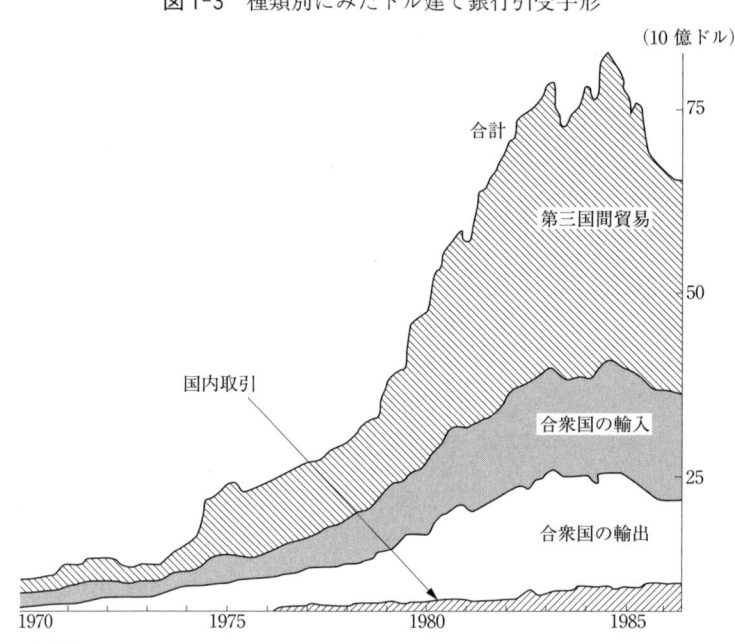

出所：F.H. Jensen & P.M. Perkinson, "Recent Development in the Bankers Acceptance Market", *Federal Reserve Bulletin*, Jan. 1986, p. 5.

中頃以降急増していることが確認できる[17]．その結果，シャーラー（H.E. Scharrer）はドルが世界貿易における契約通貨として選択される比率を77年には51％であったと推定している[18]．この数字は『フィナンシャル・タイムズ』（*Financial Times*, 8 Feb. 1982）紙が1982年には54.8％と評価しているのとほぼ一致している．1980年頃のアメリカの輸出入が世界貿易に占める比率は25％前後であったことから，ドルが三国間貿易の貿易媒介通貨として選択される比率は世界貿易全体の25～30％の水準であったと推定できる．マルクは80年代に急進展したEC通貨統合の過程で基軸通貨化の歩みを速めており，また自国貿易取引における契約通貨としての使用では西欧諸国内でも最も高い比率であるが，三国間貿易取引においてはほとんど使用されていない[19]．貿易媒介通貨の地位はドルだけのものであり，マルクはまだこれを獲得していないのである．

2　銀行間外国為替市場と為替媒介通貨
(1)　為替銀行の為替操作と為替媒介通貨

　民間の外国為替取引には企業レベルと銀行レベルの2つがあり，その段階的相違の意味を重視する必要がある．前節で検討したように，企業の貿易取引から発生する外国為替取引においては，貿易媒介通貨だけでなく輸出国通貨（主に西欧諸国間貿易において）が選択される傾向がある．この輸出国通貨の選択が契約通貨の多様化現象を生みだしたのである．だが，企業の外国為替取引は為替銀行に代位される．企業の中でも本国の親会社と海外子会社の取引といった多国籍企業内取引や日本の商社のように本支店間取引の比重が大きい企業の場合は，国際決済のワーキング・バランスとして外貨建て残高を保有するが，それ以外の一般的な企業は外貨建て残高を保有することはなく，為替銀行を通じて国際決済を行う．それゆえ，外貨建て残高を保有するのは企業の国際債権債務関係を代位した為替銀行であると想定して，以下において為替媒介通貨概念を検討する．

　為替銀行は顧客である企業と外国為替の売買をすることによって企業の外貨建て債権債務関係を肩代わりする．その結果，為替銀行は為替リスクをも肩代わりすることになるので，リスク回避のための操作＝為替操作が必要となる．為替操作は相場変動リスクを回避するための操作＝持高操作と為替資金の過不足を調整するための操作＝資金操作から構成されている．為替銀行はこの2つの操作を常に相互に関連させながら実施する．すなわち，為替銀行は持高操作を行う際には常に外貨と邦貨の資金過不足を考慮しながら直先為替のポジションを操作してカバーを取るのである．このような為替銀行の為替操作は，企業との対顧客取引（小売業務）から相対的に自立した外国為替取引を発展させる結果，銀行間市場としての外国為替市場（卸売業務）を確立させる．したがって，卸売取引の場である為替銀行間の外国為替市場は顧客相手の小売取引に正確に対応するものではない点に注意する必要がある[20]．これは為替銀行が純粋のブローカーではなく，むしろ自己勘定で投機をも行うディーラーとして行動し，マーケット・メーカーとなっていることを意味する．

変動相場下で為替リスクを常に考慮しなければならない今日，外国為替取引全体に占める対顧客取引の割合は主要各国市場で20％前後であり，残りの約80％は銀行間取引が占めている[21]．それゆえ，外国為替市場とは実質的には銀行間外国為替市場を意味し，そこで決定される為替相場が対顧客取引のそれを規定する．為替銀行は為替リスクを回避するために銀行間外国為替市場において持高操作を行うのであるが，その際のカバー取引を出会いが最も容易な通貨で行い，また資金操作も為替資金の過不足の調整が最も容易な国際金融市場の通貨で行う．このように為替銀行は為替操作において出会いが最も容易で，調整が最も容易な通貨を選択する．これが為替媒介通貨である．

企業の外国為替取引からは貿易媒介通貨だけでなく輸出国通貨といった多くの外国通貨の需要が発生する．企業は国際決済のためのワーキング・バランスとして外貨建て残高を保有しないが，企業の外国為替取引を代位する為替銀行はワーキング・バランスとして為替持高を保有する．そして，為替銀行の国際決済のための外国通貨需要は効率性とコストを考慮すれば必ず銀行間外国為替市場での国際通貨＝為替媒介通貨の需要に転化する．なぜなら，為替媒介通貨とは銀行間外国為替市場において最も取引コストが低い通貨だからである．銀行間外国為替市場における取引コストとは出会いの容易さを測る尺度であり，具体的には手数料と為替リスクを意味するbid-ask spread（売買鞘）で示される．このため為替銀行は必ず取引コストの最も小さい為替媒介通貨で為替操作を行い，為替持高を保有する[22]．その意味で為替媒介通貨は銀行間外国為替市場においていわば「貨幣」の役割を果たしていると考えられる[23]．

為替媒介通貨の役割は次のような例から説明できる．韓国ウォンを需要する日本の企業は為替銀行で円と交換にそれを手に入れることができるが，日本の為替銀行はこの企業に売却する韓国ウォンを銀行間外国為替市場で手に入れる．その場合，日本の為替銀行は銀行間外国為替市場ではけっして円と韓国ウォンを直接交換することはない．円と韓国ウォンの直接交換ではbid-ask spreadが大きすぎて出会いが容易につかないからである．そこで為替銀行は円を，bid-ask spreadが最も小さくすべての通貨と出会いがつきやすいドルにいったん交

換して，そのドルを韓国ウォンに交換するといったドルを媒介にしたクロス取引を行う（円/ウォン＝円/$・$/ウォン）．ドルのbid-ask spreadは他の通貨のそれよりも圧倒的に小さいために，このような二重取引を行っても直接取引よりもコストが低いのである．このような理由から，為替銀行は為替媒介通貨で為替持高を保有しておれば，いつでも最小のコストで顧客の需要する様々な外国通貨を銀行間外国為替市場で手に入れることができるのである．ドルを媒介にしたクロス取引は交換性をもたない通貨を取引する場合には特に重要である．

(2) 「ドル本位制」と為替媒介通貨ドル

為替媒介通貨とは銀行間外国為替市場から生みだされた概念である．別言すれば，bid-ask spreadに示される各国通貨の取引コストの相違が銀行間外国為替市場の構造を決定するため，効率性を求める市場は通貨の直接交換を行わずクロス取引の媒介物として1つの（または少数の）為替媒介通貨を選択するのである．通貨の取引コストは出会いの容易さ，すなわち手数料と為替リスクに依存する．そして，手数料は取引量に反比例（規模の経済に依存）し，為替リスクは相場変動の大きさに比例（物価の安定と国際収支の均衡に依存）する．それゆえ，為替媒介通貨とは，一方では経常取引だけでなく資本取引をも含めた国際収支全体の外国為替取引において最も多く使用される通貨であるとともに，他方では為替相場の安定性が相対的に高い通貨である．このような通貨は，その市場に厚みと信頼があるため常に出会いが容易であり，取引コストを示すbid-ask spreadがクロス取引を行って二重に取引コストを支払ってもなお他の通貨に比べて大幅に小さい通貨である[24]．

このような特徴をもつ為替媒介通貨の概念が確立され，国際通貨の諸機能の中でも質的にもまた量的にも最も重要な地位を占めるようになったのは，第2次大戦後のIMF体制下である．そして，為替媒介通貨機能は変動相場下で全面的な発展を遂げた．国際金本位制下，また少なくとも民間為替銀行がまだ自由な金の裁定取引を行っていた国際再建金本位制下では，為替媒介通貨は概念としてもまた実態的にも充分には自立していなかったと考えられる．この点に

図 1-4　国際金本位制下の国際通貨の諸機能と金及び外国為替市場

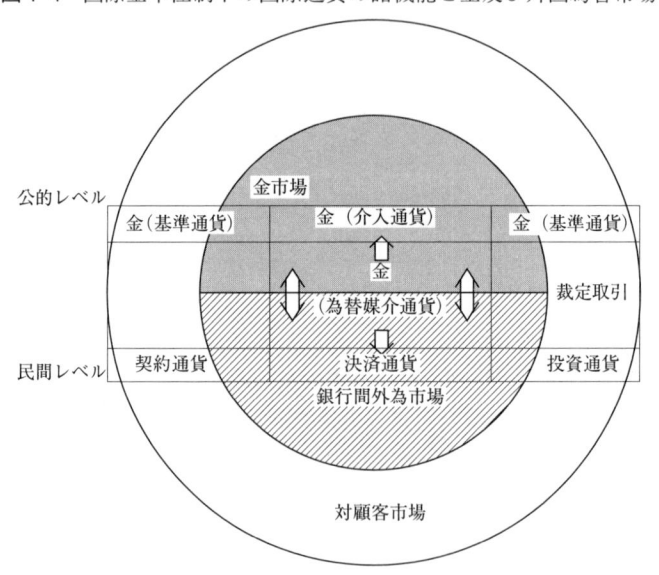

ついて，国際金本位制下の国際通貨の諸機能及び銀行間外国為替市場と金市場との関連を表した図 1-4 と「ドル本位制」下のそれを表した図 1-5 を比較しながら説明しよう．

　銀行間外国為替市場は，一方では民間の貿易取引や資本取引の国際決済を為替銀行が肩代わりして集中・相殺する結果として生じた為替尻をカバーする場であるとともに，他方では金市場と裁定取引を通じて結びついており，また公的当局が介入操作を行う場でもある．これを図示したのが図 1-4 である．国際金本位制下では，銀行間外国為替市場は金市場（また中央銀行の金兌換）と裁定取引を通じて結びついていたために，為替媒介通貨の役割は金現送点内の狭い範囲内に限定されており，自立していなかった．なぜなら，為替銀行は為替リスクの回避や為替資金の過不足の調整といった為替操作を，最終的には，すなわち為替相場が金現送点を超えると，為替媒介通貨ではなく世界貨幣金で行っていたからである．

　また，金平価が確立していれば統一的な為替相場体系が一義的に決定される

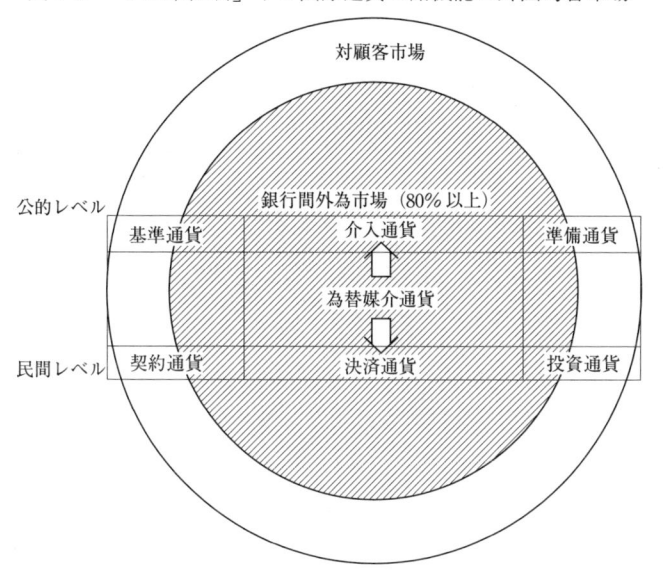

図1-5 「ドル本位制」下の国際通貨の諸機能と外国為替市場

対顧客市場
銀行間外為市場（80％以上）

公的レベル　基準通貨　介入通貨　準備通貨
　　　　　　　　　為替媒介通貨
民間レベル　契約通貨　決済通貨　投資通貨

ために，為替媒介通貨を用いてクロス・レートをとり，為替媒介通貨を仲介にしてクロス取引を行う必要はなかった．この段階では，外国為替市場は国内市場で完結しており，国内と海外の外国為替市場は世界貨幣金の移動を通じて世界的に統一されていた．つまり，自国内の外国為替市場で為替持高のカバーが取れなくて為替相場が金現送点を超え，為替リスクが発生すると，為替銀行は自国通貨または為替媒介通貨を用いて金市場または中央銀行との金裁定取引によって為替操作を行うことができた．このような意味において，国際金本位制下では国内市場（銀行間外国為替市場＋金市場）で必ず為替持高のカバーが取れたのである．

以上のように考えると，為替媒介通貨とは為替銀行が金裁定取引を禁止された段階から銀行間外国為替市場で自立するようになった概念であることがわかる．図1-5は為替銀行が金裁定取引を禁止され，銀行間外国為替市場だけで為替持高のカバーを取らなければならなくなった段階で為替媒介通貨が自立したことを表した図である．だが，為替銀行が金裁定取引を禁止されていたといっ

ても，固定相場制を維持していた IMF 体制下と 1971 年の金・ドル交換停止後の変動相場下では異なる点がある．IMF 体制下では公的当局は金・ドル交換が可能であったが，為替銀行は金裁定取引を禁止されていた．この段階では，国内の銀行間外国為替市場で為替持高のカバーが取れなくて為替相場がドル平価の上下 1% を超え，為替リスクが発生すると，為替銀行は金裁定取引ではなく中央銀行を相手に為替媒介通貨を売買すること（為替平衡操作）によってカバーを取ることができた．IMF 体制下では為替銀行は中央銀行との取引を通じて国内市場でカバーを取れたのである．そして，介入通貨には金ではなく為替媒介通貨が用いられた．

他方，1971 年の金・ドル交換停止後の変動相場下では中央銀行の介入操作もなくなったのであるから，国内の銀行間外国為替市場で為替持高のカバーを取れない場合は，為替銀行は出会いを求めて海外市場に出動してゆかざるをえない．さらに，変動相場下では，内外資本取引が厳しく規制されていた IMF 体制下とは異なって，金融自由化・為替自由化により巨額の資本移動が発生し，為替銀行の銀行間外国為替市場での行動もそれまでの為替リスク回避の「裁定志向型」取引中心から為替銀行自身の自己勘定での「投機志向型」取引が中心になった．「投機志向型」為替操作とは，悪い意味での投機ではなく，為替相場（買い相場 bid rates と売り相場 offered rates）を提示するマーケット・メーカーとならざるをえないことから，予想と裁定に基づいて「計算されたリスクを冒す」という意味である．その結果，実需の何倍もの為替取引を生み出している．例えば，日本の為替銀行が東京外国為替市場で為替持高のカバーを取れない場合，香港→シンガポール→バーレーン→ヨーロッパ大陸→ロンドン→ニューヨーク→シカゴ→西海岸→オセアニア，といった海外の銀行間外国為替市場へ時間の経過とともに出動してゆく．これが「24 時間グローバル・ディーリング」と呼ばれるものであるが，その大部分は為替リスク回避ではなくマーケット・メーカーとしての「投機志向型」為替操作である．

だが，この海外市場との取引によって各国の銀行間外国為替市場が結びつけられることになり，世界的な規模で統一された国際外国為替市場が形成された．

今や世界の主要な銀行間外国為替市場では国内取引よりも海外市場との取引のほうが大きくなっている（対顧客市場はほとんどすべてが国内取引である）．銀行間外国為替市場を国内－国内取引と国内－海外取引に分けると，東京市場だけでなく世界の各主要市場で国内－海外取引が60％前後を占め，国内－国内取引（40％前後）を大きく上回っている．変動相場下での為替操作は，このように国内取引よりも対海外市場取引が中心になるため世界の外国為替市場を舞台に展開される．そして，この「24時間グローバル・ディーリング」は対ドル取引を媒介にした為替取引であった．

その結果，為替媒介通貨ドルは自己増殖的な需要を生みだすことになり，銀行間外国為替市場で圧倒的な地位を占めるようになった．銀行間外国為替市場での通貨取引全体（合計200％）に占める対ドル取引は，1970年末頃には95～99％にも達した[25]．これは銀行間外国為替市場ではほとんどすべての取引はドルを対貨に取引されていたことを意味し，為替銀行はいかなる外貨もいったんドルに交換してドル残高で保有し，必要があればそのドル残高からドルを売却して他通貨に転換していたことを意味する．こうして変動相場下では，為替リスクの高まりとともに，一方では国際通貨の他の諸機能，すなわち，契約通貨や投資通貨そして準備通貨のレベルでの多様化現象が進展したのであるが，他方ではそれとは反対に銀行間外国為替市場での為替媒介通貨機能がドルに集中するようになって「ドル本位制」を支えたのである．

V　むすび

国際通貨ドルはIMF体制下においてポンドとの角逐を経て確立された．ドルはまず金・ドル交換に支えられたドル平価を中心とする固定相場制と巨額の資本輸出を梃子にポンドを駆逐して基軸通貨機能を独占し，「ドル本位制」の基礎を確立した．その後ドルは基軸通貨機能を梃子に下向して国際通貨化したのである．そして，ドルは，為替自由化が進展した1960年代後半に市場メカニズムを通じて銀行間外国為替市場での為替媒介通貨機能と貿易取引における

貿易媒介通貨機能の面でポンドに取って代わった．さらに，変動相場下で「ドル本位制」は全面的な発展を遂げた．変動相場移行後，制度的には公的な国際通貨需要すなわち基軸通貨需要はなくなったのであるから，「ドル本位制」の基礎となったのは市場メカニズムを通じて生み出された民間の国際通貨ドルに対する需要であった．この民間の国際通貨需要の内訳は，貿易取引における貿易媒介通貨ドルと銀行間外国為替市場における為替媒介通貨ドルの需要であったが，どちらも80年代初めにピークに達したと思われる．

　だが，変動相場下では銀行間外国為替市場における為替媒介通貨機能の方が貿易取引における貿易媒介通貨機能よりも，質的にもまた量的にも，重要な役割を果たしている．IMF体制下ではまだ資本取引に対する規制が厳しく，外国為替市場の構造を規定したのは対顧客取引に表れたいわゆる実需であり，銀行間市場は対顧客取引を基本的には反映したものであった．だが，金融自由化・為替自由化が進展した変動相場下では，銀行間市場は対顧客取引の4～6倍もの規模に発展し，単に対顧客取引を肩代わりしたことによって発生する為替リスクのカバーを取る場ではなくなり，「投機志向型」の為替取引が，それも国内－国内取引ではなく国内－海外取引が中心となった．その結果，外国為替市場の構造は銀行間市場の自立的な為替取引によって決定されたため，そこでの為替媒介通貨機能が決定的な重要性をもつようになったのである．IMF体制下と「ドル本位制」下とでは銀行間外国為替市場の市場構造が大きく変化しているのである．

　変動相場下の「ドル本位制」を支えた為替媒介通貨ドルは，1980年代中頃までは金融自由化・為替自由化がもたらした巨額の国際資本移動の中でその地位を強化していった．70年代の国際資本移動は，基本的には石油危機により発生した産油国と非産油国との間の巨額の国際収支ファイナンス需給によって引き起こされ，ユーロ・ダラー市場を舞台とするドルのリサイクルとして展開された．このため70年代は世界にドル需要が急増し，巨額の国際資本移動の中で為替媒介通貨ドルの地位が強化されたのである．だが，80年代後半になると国際資本移動は逆に為替媒介通貨ドルの地位を侵食するようになってきた．

この逆転作用が始まる契機となったのは，レーガノミックスがもたらした高金利・ドル高・対外不均衡の拡大であった．

まず82年のメキシコのデフォルト宣言で累積債務問題が顕在化し，途上国への資本流入は急減した．次に基軸通貨国アメリカの債務大国化と日本・ドイツの債権大国化が進展したことにより，80年代中頃の国際資本移動は70年代とは違って先進国間の証券市場を主要舞台とするようになった．だが，ドル高と対外不均衡の負担に耐えかねたアメリカが85年のプラザ合意によってドル安政策に転換したことにより，国際資本移動は為替リスクを回避するためのドル資産からの逃避を基本とした国際分散投資が中心となった．この国際分散投資がドル需要を低下させたのである．さらに，ドル需要を低下させ，為替媒介通貨ドルの地位を侵食する上で決定的な役割を果たしたのが，EC統合の裏側で進展していたマルクの基軸通貨化であった[26]．

このようなドル需要の低下，ドル相場の不安定化，そしてマルク需要の増加，マルク相場の安定といった点を反映して，ヨーロッパの銀行間外国為替市場ではドルのbid-ask spreadが拡大したのとは反対にマルクのbid-ask spreadは縮小したため，為替媒介通貨としてのドルの絶対的な優位性はなくなった[27]．その結果，ロンドン外国為替市場では，銀行間市場で見ると，対ドル取引は1986年の96％から89年の89％，そして92年の76％へと急速に低下している一方，対マルク取引は同じく29％，30％，そして37％と増加しており，さらにドルを含まない他通貨間の直接取引は同じく4％，11％，そして24％と急速に増加している[28]．特にドルを含まない他通貨間の直接取引はマルクを対貨とする取引が大部分であった．つまり，この直接取引の急増は，為替媒介通貨ドルを侵食し，代わってマルクが為替媒介通貨機能を獲得しつつあることを意味している．デンマークやオランダといったマルク圏の国々の銀行間外国為替市場の直物取引では対マルク取引が対ドル取引を上回っている．EC諸国や北欧3国，そして中央ヨーロッパ諸国は，マルクを基軸通貨としてだけではなく為替媒介通貨としても利用し始めている．変動相場移行後20年を経てようやくドルの為替媒介通貨機能の独占が崩れ始めたことにより，「ドル本位

制」はその基礎が侵食されつつあると言えよう.

注
1) 海外での国際通貨論争のサーベイについては,拙著『基軸通貨の交替とドル—「ドル本位制」研究序説—』有斐閣,1988年,第6章「『ドル本位制』論争の新展開」を,またわが国での国際通貨論争のサーベイについては同書の補論「国際通貨論争のサーベイ—金廃貨と国際通貨—」を参照されたい.
2) 滝沢健三『国際通貨』新評論,1980年,11ページ.
3) 深町郁彌「国際通貨」村岡俊三・奥村茂次編『マルクス経済学と世界経済』有斐閣,1983年,125ページ.前掲拙著,第1章を参照されたい.
4) (N−1)論は,最初は国際収支に関する政策手段の過剰問題 (redundancy problem) として,マンデル (R.A. Mundell, "The Redundancy Problem and the World Price Level", in R.A. Mundell & A.K. Swoboda (eds.), *Monetary Problem of the International Economy*, 1969) によって議論されたが,マッキノン (R.I. McKinnon, "A New Tripartite Monetary Agreement or a Limping Dollar Standard?", *Essays in International Finance*, No. 106, October 1974) はアメリカのビナイン・ネグレクト政策と関連させて議論し,さらに発展させた.また前掲拙著,第6章を参照されたい.
5) この点についてアインチッヒは次のように説明している.「1914年以前は介入が制度的に行われることはまれであり,弱小国の場合か,あるいは緊急の際にのみ用いる武器であると考えられていた.強国の通貨当局は公定価格で金を売買することでもって十分であると考え,為替の安定を維持するために金移動のメカニズムに信頼をおいていた.両大戦間には多くの国の通貨当局がしばしば制度的に介入するようになった.しかし,このような介入が外国為替制度の絶対欠かせない部分を占めるに至ったのは,1960年代以降である.自由な外国為替取引の再開以来,IMF加盟諸国の当局は直物相場を支持点間に維持するという約束のため,日常業務として外国為替を操作することが義務となった」.P. Einzig, *A Textbook on Foreign Exchange*, 1966, 東京銀行調査部訳『外国為替入門』1967年,214ページ.
6) R. Triffin, *Our International Monetary System*, 1968, p. 447. 公的外貨準備だけでなく民間の国際準備をも含めた全体で見ると,1945年のドル残高は68億ドル,ポンド残高は140億ドルであり,50年のドル残高は136億ドル,ポンド残高は98億ドルであり,そして60年のドル残高は213億ドル,ポンド残高は109億ドルであった.R.Z. Aliber, *The Future of the Dollar as an International Currency*, 1967, p. 19.
7) 前掲拙著,第5章「旧IMF体制下のドル—国際通貨ドルの形成ルート—」を

参照されたい.
8) 同書, 第2章を参照されたい.
9) D. Williams, "The Evolution of the Sterling System", in C.R. Whittlesy & J.S.G. Wilson (eds.), *Essays in Money and Banking*, 1968, p. 268. W.M. Clarke, *The City in the World Economy*, 1966, p. 211.
10) 国際通貨の基本的機能が三国間貿易金融・決済に用いられる点にあることを, わが国で最初に主張されたのは木下悦二氏(『国際経済の理論』有斐閣, 1979年)である. しかし, 木下氏はこの時には企業レベルの貿易媒介通貨規定の段階から次の銀行レベルの為替媒介通貨規定へと理論を進ませることはなかった. わが国で最初に銀行レベルの為替媒介通貨概念を議論されたのは深町郁彌氏(『現代資本主義と国際通貨』岩波書店, 1981年)である. 木下氏が銀行レベルの為替媒介通貨を取り上げられるのは,『外国為替論』(有斐閣, 1991年)においてであった. また, 改訂された新版 *The New Palgrave Dictionary of Money and Finance*, 1992, において媒介通貨の項目が新設されており, タブラス (G.S. Tavlas) は次のように概念規定している.「媒介通貨とは, その通貨発行国との直接取引を含まない外国貿易取引や国際資本取引を表示しまた決済を実施するのに使用される国民通貨である」(Vol. 3, p. 754). なお, 海外の媒介通貨論争については, 前掲拙著, 第6章を参照されたい.
11) この点についてアインチッヒは次のように説明している.「19世紀後半を通じて, イギリスの輸出入ばかりでなく, 三国間の国際取引もファイナンスするポンド建て手形の取引が次第に活発になった. この業務はアクセプタンス・クレジットの形をとり, 外国輸出業者が外国輸入業者のエージェントに振り出した手形, あるいは輸入業者が取引銀行に振り出した手形をロンドンの引受業者が引き受けたのである. 一流のロンドンの銀行家が引き受けることにより, そうした手形は"一流銀行手形"に適用される有利なレートで取引されるようになった. 最近までロンドンの銀行手形は国際通貨であった. その優越性は1世紀間実質的にゆるぎないものであった. イギリス以外の外国貿易の大部分は——スターリング地域の外国貿易ばかりでなく, 非スターリング地域間の外国貿易も——ポンド建てアクセプタンス・クレジットでファイナンスが行われた」. P. Einzig, *Parallel Money Markets*, Vol. 1, 2, 1971, 1972, 東京銀行調査部訳『世界の金融市場』文雅堂銀行研究社, 1974年, 40ページ.
12) W.A. Brown, Jr., *International Gold Standard Reinterpreted 1914-1934*, 1940, Vol. 1, p. 648.
13) バローもこの点について次のように述べている.「引受業務と政府や民間の証券発行の金融は, いずれもロンドンにおける外国預金の増加を招いた. 通例の慣例によると, 引受信用の枠を与えられた顧客は利用額に応じて最低の現金残高を維持する必要があった. そのためロンドンには必然的に巨額のバランスが保有されていた. 証券発行やその他の外国政府及び民間企業の財務を処理するには, ロ

ンドン預金を維持する必要があった」．T. Balogh, *Studies in Financial Organization*, 1950, 西村閑也・藤沢正也訳『英国の金融機構』法政大学出版局，1964年，246ページ．
14) R.I. McKinnon, *Money in International Exchange*, 1979, pp. 72-87, 鬼塚雄丞・工藤和久・河合正弘訳『国際通貨・金融論』日本経済新聞社，1985年，67-87ページ．このマッキノンの見解は，S. Carse, J. Williamson & G.E. Wood, *The Financing Procedures of British Foreign Trade*, 1980, S.P. Magee & R.K.S. Rao, "Vehicle and Nonvehicle Currencies in International Trade", *American Economic Review*, Vol. 70, No. 2, May 1980, に受け継がれて発展させられている．
15) Carse, Williamson & Wood, *op. cit.*, p. 83. このような特徴を最初に指摘したのはスウェーデンの1968年の貿易金融・決済方法を調査したグラスマンである．スウェーデンの輸出金融は信用期間確定によるものが18%にすぎなかった．S. Grassman, *Exchange Reserves and the Financial Structure of Foreign Trade*, 1973, p. 28.
16) 井上伊知郎「西欧諸国の貿易の契約・決済通貨構成について―戦後の双務的支払協定との関連において―」『産業経済研究』（久留米大学）第28巻第1号，1987年6月．及び西倉高明「旧IMF体制と基軸通貨ドル―ヨーロッパにおけるドルの基軸通貨化―」深町郁彌編『ドル本位制』日本経済評論社，1993年，を参照されたい．
17) ジャンセン＆パーキンソンは，「現在（1980年代前半―引用者）合衆国の輸出入の20%以上が，また三国間貿易の10%以上が合衆国のアクセプタンス・マーケットでファイナンスされている」と推定している．ドルでの三国間貿易金融の残りの部分（15～20%）は主にユーロ・ダラー市場を利用したと考えられる．そして，彼らは銀行引受手形の中でもリファイナンス・ビル（refinance bill）が多く利用されている点を指摘し，「このリファイナンス・ビルの利用の増大が，合衆国のアクセプタンス・マーケットにおける第三国間貿易金融を非常に容易にした．この市場での最大の借手は，日本，韓国，そしてラテン・アメリカの銀行であった」と述べている．F.H. Jensen & P.M. Perkinson, "Recent Developments in the Bankers Acceptance Market", *Federal Reserve Bulletin*, Jan. 1986, pp. 4-5.
18) H.E. Scharrer, "Currency Diversification in International Trade and Payments: Empirical Evidence", in J.R. Sargent (ed.), *Europe and The Dollar in the Worldwide Disequilibrium*, 1981, p. 233.
19) "The significance of the Deutsche Mark as an invoicing currency in foreign trade", *Monthly Report of the Deutsche Bundesbank*, November 1991, p. 40.
20) ケネンはこの点について次のように説明している．「もしあなたがロンドンでスイス・フランでもってドイツ・マルクを購入したいと思えば，まずスイス・フランでポンドを買わなければならない．そして次に，ポンドでもってドイツ・マルクを買うのである．多くの主要国において，自国通貨は外国通貨での小売取引

のための媒介物として使用されるが，ドルは卸売取引のための媒介物として使用される」．P.B. Kenen, "The Role of the Dollar as an International Currency", Group of Thirty, *Occaisional Papers*, No. 13, 1983, p. 4.
21) 例えば，1986年の世界3大外国為替市場の銀行間，対顧客取引の比率は，ニューヨーク市場は銀行間取引が86％，対顧客取引が14％であり，ロンドン市場は85％，15％であり，そして東京市場は70％，30％であった．東京市場の対顧客取引の比率が高いのは，わが国が為銀主義を採用しており，海外では銀行間市場に参加できる大口取引者（例えば，ノンバンク）も為銀を通じてしか為替取引ができないからである．「東京外国為替市場の概説」『日本銀行調査月報』1991年12月，11ページ．
22) 為替媒介通貨概念の重要性を最初に指摘し，最もよく整理された議論を展開したスウォボダは次のように定義している．「外国為替市場における為替媒介通貨とは外国通貨である．つまり，(1)ディーラーはこの通貨で大量のワーキング・バランスを保有する．(2)彼らはこの通貨で一時的なポジションをとる．(3)この通貨を媒介にして非為替媒介通貨は別の非為替媒介通貨に交換される」．彼は次にどのような通貨が外国為替市場で為替媒介通貨として選択されるかについてその条件を説明している．為替媒介通貨とは，(1)できるだけ広く受け入れられる通貨，(2)できるだけ広く大きな外国為替市場をもつ通貨，(3)できるだけ取引コストの低い通貨，(4)できるだけ価格変動が小さな通貨，(5)できるだけ自由な貿易や外国為替取引が行われている国の通貨，(6)(1)～(5)の基準が直物市場だけでなく先物市場にも適用できる通貨，である．さらに彼は，これらの条件に加えて国際金融市場の重要性を強調する．"広く，深く，そして弾力性のある"資本市場をもつ大国の通貨は，その言葉の広い意味において為替媒介通貨になりやすい．つまり，経済主体一般，輸出者，輸入者，そして大銀行部門や非銀行金融仲介機関は，特にその通貨の発行国との直接取引とは別に，その通貨建てで資産取引を表示し，また資産を保有するからである」．A.K. Swoboda, "Vehicle Currencies and the Foreign Exchange Market : The Case of the Dollar", in R.Z. Aliber (ed.), *International Market for Foreign Exchange*, 1969, pp. 31, 34.
23) クリステルはこの点について次のように説明している．「外国為替市場の構造上の興味深い点の1つは，これらの市場で用いられる"貨幣"は一般的にはU.S.ドルだということにある．多くの通貨間の"クロス・マーケット"は非常に薄く，また先物クロス・マーケットは事実上存在しない」．A.K. Chrystal, "A Guide to Foreign Exchange Markets", Federal Reserve Bank of St. Louis, *Review*, Vol. 66, No. 3, March 1984, p. 16.
24) 為替媒介通貨論の最新の研究の1つはブラックによるものであるが，彼はbid-ask spreadで表される取引コストとの関連で為替媒介通貨を次のように規定している．「媒介者を通じた間接交換のコストが2つの非為替媒介通貨間の直接交換コストよりも少ないときにはいつでも，為替媒介通貨が出現するであろう」．S.

W. Black, "Transaction Costs and Vehicle Currencies", *IMF Working Paper*, No. 430, Nov. 1989, p. 5.

25) ギディ (I.H. Giddy) はこの点について次のように述べている.「ドル対外国通貨の市場は他通貨間の市場よりもずっと大きな厚みをもっていたために, 例えば, ドイツ・マルクをフランス・フランに交換する通常の取引方法は, まずマルクをドルに換え, 次にそのドルでフランを購入する, といったものである. 著者がインタビューした外国為替トレーダー達は, 金額で測定すると, 99% もの数字が米ドルを含む外国為替取引の割合の合理的な評価であることに同意した」.
"Measuring the World Foreign Exchange Market", *Columbia Journal of World Business*, Vol. XIV, No. 4, Winter 1979, p. 39. この評価については, 30人委員会の外国為替市場研究グループの結果とも一致している. The Foreign Exchange Markets Participants' Study Group, *The Foreign Exchange Markets under Floating Rates*, Group of Thirty, 1980, 中山恭子訳「変動相場下の外国為替市場」『調査月報』(大蔵省) 第69巻第8号, 1980年8月, 43ページ.

26) 同書, 第4章「『ドル本位制』下のマルクの国際化」を参照されたい.
27) Paul De Grauwe, *Economics of Monetary Integration*, 1992, p. 63.
28) "The foreign exchange market in London", Bank of England, *Quarterly Bulletin*, Vol. 32, No. 4, November 1992, p. 411.

第2章 「ドル本位制」と国際資金循環の不安定性

I はじめに

 1990年代になって通貨危機が続発している．これは現在の国際通貨システム＝「ドル本位制」が制度疲労を起こし，限界に近づきつつあることを意味する．だが，アジア通貨危機の初期段階までは，G7の国々特に米国は，アジア通貨危機の原因をクローニー（馴れ合い）資本主義がもたらした国内構造問題とみなしており，「ワシントン・コンセンサス」に基づいたIMFの構造調整策によって対処しうると考え，国際通貨・金融システム改革の必要性を認めようとはしなかった．
 しかし，通貨危機は98年春にはスハルト体制を崩壊させる政治・社会危機へと発展した．さらに夏になると，ロシアからブラジルへと伝染し，途上国全体を巻き込み，世界の金融資本市場に大きな混乱を生み出した．その際，ヘッジファンドのロング・ターム・キャピタル・マネジメント（LTCM）が国際投資失敗による巨額の損失を出した．LTCMは，1998年夏には，40億ドルの自己資本で1,250億ドルの資産を運用（レバレッジは約30倍）しており，デリバティブ取引の想定元本の合計が1.4兆ドルにも達していた．しかし，ロシア通貨危機を契機に世界の金融資本市場が混乱したことにより，デリバティブ取引の値洗い（mark to market）が行われると，LTCMは巨額の担保割れが生じて，資金供給していた金融機関からのマージン・コール（追加証拠金請求）に応えられなくなってしまった．LTCMが破綻すれば，同社に巨額の貸出を行っている欧米の有力金融機関は不良債権問題を抱えるだけでなく，同社の巨額の

ポジションが急速に手仕舞われることから，ニューヨーク金融市場にシステミック・リスク発生の可能性が顕在化した．そこで，ニューヨーク連銀の仲介により同社に巨額の貸出を行っている欧米有力金融機関が36億ドルの緊急資本注入（同社の株式総数の95％と交換）を実施したことによって，ようやく国際金融市場の中心部での危機発生が一歩手前で回避されたのである[1]．

LTCM救済劇は米国版の奉加帖方式による金融機関救済であり，米国にも「金持ち仲間」のクローニー資本主義が存在したとの印象を世界に与えることになった．その結果，LTCM救済劇を契機に，米国の態度は変化した．通貨危機の原因は，アジア固有の構造問題（クローニー資本主義）がもたらした国内銀行危機だけではなく，不安定な国際資本移動が大きく関与していたことを認めざるをえなかったからである．そこで98年10月のG7蔵相・中央銀行総裁会議は，アジア通貨危機を国際通貨・金融システムの危機と位置づけ，「システムに重大な脆弱性がある」ことを認め，制度改革に向けての報告書作成に着手した．

G7が現行の国際通貨・金融システムの欠陥を公式に認めたのは，変動相場に移行した70年代初め以来の出来事である．その報告が『国際金融システムの強化：G7蔵相からケルン経済サミットへの報告』として99年6月のケルン・サミットに提出されて承認された．以後，G7を舞台に「国際金融システムの強化」のため，IMFの改革，途上国の「透明性の強化及び最良の慣行の促進」，そして「先進国における金融規制の強化」が議論され，制度改革に向けて以下の努力が始まった．(1) IMFの新規融資制度の創設．(2) 金融市場の監督及びサーベイランスの国際協力を強化するため金融安定化フォーラムを創設し，「高レバレッジ機関，オフショアー・センター及び短期資本フローの影響を検討」する．(3) 公的機関及び民間金融機関に「透明性に関する行動規範及び最良の慣行に関する基準」を早急に作成し適用する[2]．

本稿の目的は，通貨危機を契機に注目されるようになった国際資本移動の「過剰」性と「不安定」性について分析することである．その際，われわれは「先進国における金融規制の強化」がなぜ必要なのかを明らかにするため，国

際資本移動の中心軸をなす米国をめぐる国際資本取引，特に「高レバレッジ機関，オフショアー・センター及び短期資本フローの影響」に焦点をあてる．

II 「ドル本位制」の特徴

現在の国際通貨システム＝「ドル本位制」がどのような特徴を持ち，どのように運営されてきたのかを確認しておこう．第2次大戦後に出現したブレトンウッズ体制は，事実上の「金・ドル本位制」として運営された．だが，固定相場制を支えていた金・ドル交換が1971年に停止され，73年春に先進諸国がそろって変動相場へ移行した結果，「金・ドル本位制」として機能してきたブレトンウッズ体制は崩壊して「ドル本位制」が出現した．「ドル本位制」の特徴は以下の2点にある．第1は主に先進諸国の民間国際資本移動に支えられている点である．第2は，第1の特徴でカバーできない部分を補完するものとして，通貨当局（80年代末までは先進国，90年代以降は途上国）の国際資本移動（公的外貨準備ドルの増加）に支えられている点である[3]．

まず，第1の特徴である民間の国際資本移動について検討しよう．「ドル本位制」は，金本位法をもつ国際金本位制や国際協定をもつブレトンウッズ体制とは違って，いかなる制度的基礎ももたない「ノンシステム（non-system）」だという点に特徴がある．それは，国際収支調整や国際流動性の需給調整をすべて市場（外国為替市場と国際金融市場）にゆだねる「システムの民営化（privatization of the system）」によって運営される，という意味である．具体的には，「公的規制と法を民間の機構によっておき換える」ことであり，市場での行動原理として国民国家の権威よりも国際会計基準（資産・負債の時価評価），BIS規制（銀行の自己資本比率規制），民間信用格付け機関，そして国際商事仲裁制度などの「非国家的権威」が重要視されるのである[4]．

「システムの民営化」を可能にした要因は，①過剰な国際流動性（過剰ドル）の存在，②変動相場下で進展した金融の自由化・国際化，③情報・通信技術の発達である．過剰な国際流動性が供給されたルートは2つある．1つは米

国経常収支赤字である．もう1つは，変動相場下で各国の金融自由化・国際化が国際金融市場（ユーロ市場）へのアクセスを容易にしたことである．つまり，ユーロ市場を利用した国際金融仲介が発展し，各国は米国国内金融市場を経由せずに国際資本取引を行うことができるようになったのである．

ブレトンウッズ体制下では，固定相場維持のため「国際収支節度」を遵守しなければならず，大幅な経常収支不均衡をださない制度的メカニズムが埋め込まれていた．だが，変動相場へ移行すると，「国際収支節度」が緩和されたこと，また金融の自由化・国際化により国際金融市場へのアクセスが容易になったことにより，経常収支不均衡が大幅に拡大した．先進12ヵ国経常収支不均衡の対GDP比率の平均値を比較すると，1960～73年は1.3%であったのが，1974～89年が2.2%，そして1989～96年が2.3%へと約1%上昇したことが確認できる[5]．

このような経常収支不均衡拡大傾向を反映して，対GDP比率でみた先進国のネットの国際資本移動は，図2-1に示されているように，1973年以前の1%以下の水準から1974年以降の2～2.5%へと上昇した．だが，現代の国際資本移動の特徴は，ネットのISギャップ（経常収支不均衡）をはるかに上回るグロスの国際資本移動が生み出された点にある．図2-2はグロスの国際資本移動を対GDP比率で表したものである．同図から，1974年から1980年代中頃まではグロスとネットの国際資本移動がほぼ同じ水準（2～2.5%）で一致していたのが，80年代中頃以降両者の乖離幅が急拡大していくことが確認できる．まず，1985～94年の10年間は6～8%であり，それ以前の水準の約3倍へと上昇した．そして1995年以降，グロスの国際資本移動は急増し，97年には14%に達した．

過剰な国際流動性ドルの存在は，国際決済面では銀行間外国為替市場においてドルの為替媒介通貨（vehicle currency）機能独占を可能にさせた．過剰な国際流動性ドルの存在はまた，国際金融市場において情報・通信技術の発達と結びついてデリバティブに代表される金融革新を生み出した．その結果，変動相場下でリスクと不確実性が高まったにもかかわらず，膨大な民間国際資本移

第 2 章 「ドル本位制」と国際資金循環の不安定性　37

図 2-1　先進 10 ヵ国のネット資本移動

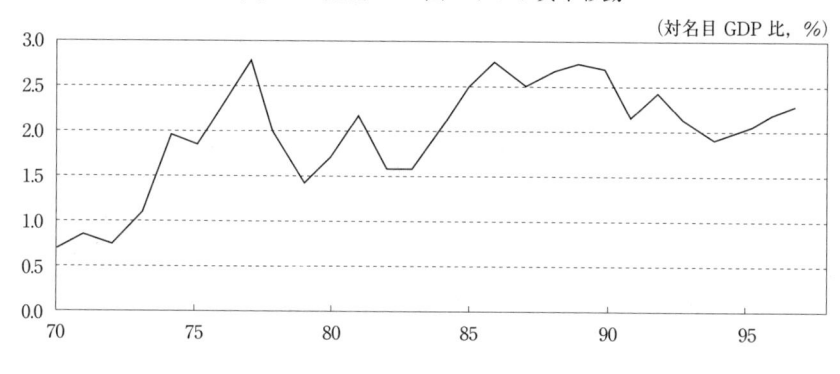

（対名目 GDP 比, ％）

図 2-2　先進 10 ヵ国のグロス資本移動

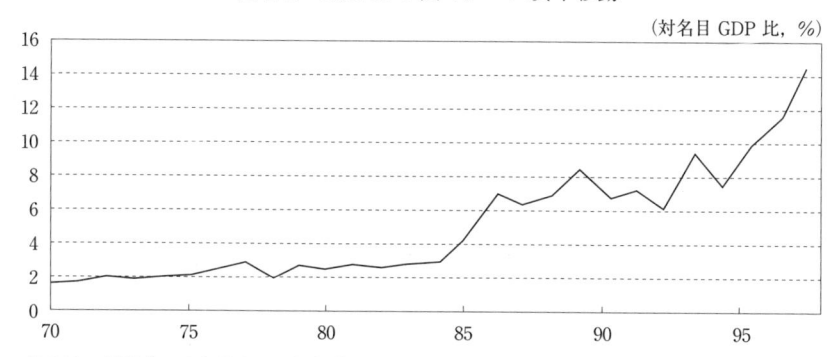

（対名目 GDP 比, ％）

注：10 ヵ国はオーストラリア，カナダ，フランス，ドイツ，イタリア，日本，ノルウェー，スウェーデン，英国，米国．
原資料：IMF, *Balance of Payment Statistics*.
出所：翁邦雄・白川方明・白塚重典「金融市場のグローバル化：現状と将来展望」『金融研究』（日本銀行金融研究所），1999 年 8 月．

動が生み出され，ドルによる国際決済と国際収支ファイナンスが円滑に行われるようになったのである．

　第 2 は，基本的には民間の国際資本移動が「ドル本位制」を支えているのであるが，それを補完するのが先進国や途上国の通貨当局が行う国際資本移動（公的準備ドルの増加）だという点である．変動相場を採用する先進諸国は 90 年代以降顕著なドル離れを進展させているが，他方で弱体化しつつある「ドル本位制」を補完しているのが途上国採用の「事実上のドル・ペッグ」政策である．途上国の「事実上のドル・ペッグ」は，彼らの経済発展とともに公的準備

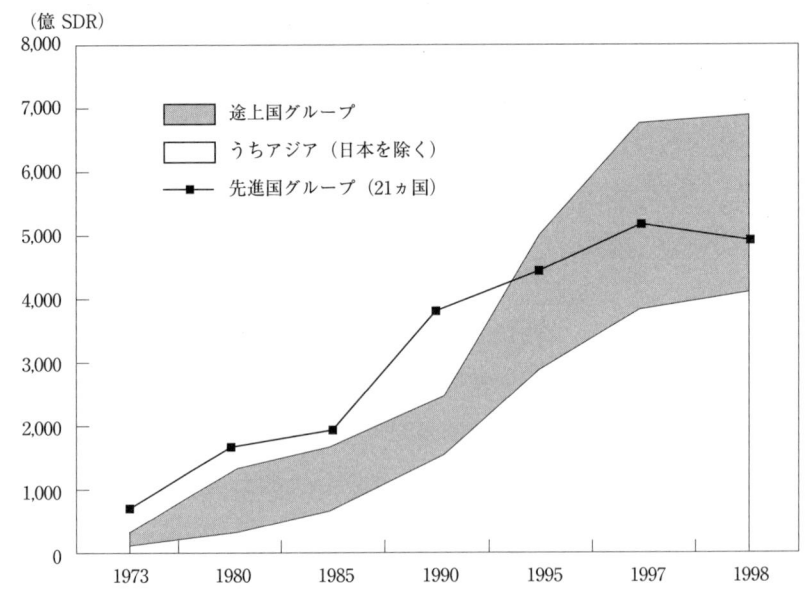

図2-3 グループ別にみた外国為替準備高

(億 SDR)

凡例：
- 途上国グループ
- うちアジア（日本を除く）
- 先進国グループ（21ヵ国）

出所：IMF, *International Financial Statistics: Yearbook*, 1998. *International Financial Statistics*, May 1999 より作成．

ドルを増大させ，その背後で貿易契約通貨や投資通貨の国際金融取引において膨大な民間のドル建て取引を拡大させる作用をもった[6]．

　図2-3はグループ別にみた外国為替準備高である．同図から，1973年の変動相場移行から，1980年代末までの期間，先進国グループ（21ヵ国）と途上国グループの両者ともに同じような増加ペースで外国為替準備高を増加させていたことが確認できる．だが，90年を境に両者は対照的な動きを示している．途上国の外国為替準備は90年を境に急増している．途上国グループは90年の約2,000億SDRから98年の約7,000億SDRへと3.5倍も増加した．他方，先進国グループは同期間に約4,000億SDRから約5,000億SDRへと1.25倍しか増加しなかった．その結果，途上国外国為替準備高は先進国を抜き，98年にはその1.4倍になった．90年代に入って途上国の外国為替準備が急増したのは，次節で説明するように，エマージング・マーケット（新興市場）と注目された一部途上国へ経常収支赤字を大幅に上回る「過剰な」資本流入が発生したから

である．

　注意すべき点は，先進諸国グループの外国為替準備高に占める日本のシェアの高さである．日本1国だけで先進国公的外貨準備高の約1/3を占める．そのことは，1990年代に入って日本を除く先進国でドル離れが急速に進展していることを意味する．特にEU諸国のドル離れが顕著である．その理由は，1990年代に入るとEU諸国がドイツ・マルクを為替媒介通貨，基軸通貨として利用するようになったからである[7]．

　先進諸国は対ドルでは変動相場を採用していることから，通常は「システムの民営化」の下で市場メカニズムの調整にゆだねている．日本だけが対ドル相場の変動に異常に反応して大規模な為替介入を継続させてきた．しかし，1980年代末までは，ドル危機の際には先進諸国（G5）は78年や85～88年のような国際通貨協力を形成し，大規模な為替介入を実施していた．だが，冷戦が終わると，EU諸国の対ドル為替介入は行われなくなった．99年の単一通貨ユーロの登場はEU諸国のドル離れ傾向を一層強めると思われる．このため80年代末以降，途上国はドル圏から離脱する先進諸国に代わり「ドル本位制」を支えることになった．

III 「ドル本位制」下の国際資金循環の形成と変化

　国際資金循環とは，各国の経常収支不均衡がどのような国際資本移動によってファイナンスされているのかを表したものであり，また国際資本取引における各国の相互依存関係の特徴を単純化して表したものである．「ドル本位制」が「システムの民営化」の下で円滑に運営されるためには，民間国際資本移動が基軸通貨国米国を中心に展開されることが必要条件である．この条件は，米国が経常赤字を継続させて世界最大の債務大国になった1980年代後半以降，特に重要となった．この点に注意しながら以下において，「ドル本位制」に移行した1973年以降の国際資金循環の形成と変化を3つの時期に区分してその特徴を見ておこう[8]．

第1期は1973~82年まで，すなわち第1次石油ショックから第2次石油ショック後の累積債務危機までの時期である．米国は産油国であることから経常黒字をもっただけでなく，まだ世界最大の債権大国であった．また，この時期の国際収支不均衡の特徴は先進諸国間よりも途上国間のものが大きい点にあった．途上国間の国際収支不均衡とは産油途上国（OPEC諸国）の大幅な経常黒字と非産油途上国の大幅な経常赤字である．そして，この途上国間の経常収支ファイナンスを金融仲介したのが国際的銀行間市場であるユーロ市場であった．産油国は巨額の経常黒字を主にユーロ市場に預金した．途上国の中でもNICsと呼ばれる新興工業諸国や資源国は将来性が評価されてユーロ市場へのアクセスを獲得した．その結果，この時期の国際資金循環はユーロ市場を舞台にした銀行仲介による「途上国還流型」を形成したのである．

　第1期の国際資金循環を類型化すると，①産油途上国の経常黒字がユーロ預金へ，②米国系大銀行の本店・ロンドン支店間取引によるユーロ預金の増加，そして巨額の預金を吸収したユーロ市場から③米国系大銀行を幹事行とする非産油途上国へのユーロ・シンジケート・ローンが組成される，また④先進諸国へのユーロ貸出，といったパターンを形成した．米国は自国の大商業銀行が「ユーロ預金」及び「ユーロ・シンジケート・ローン」といった資金ルートを掌握していたことにより，国際資金循環の中心に位置することができた．第1期が終わるのは，途上国が累積債務問題を顕在化させたことにより国際金融市場へのアクセスを失い，国際資金循環の環から排除された82年である．

　第2期（1983~90年）の国際収支不均衡の特徴は途上国間よりも先進国間のものが大きくなった点にある．米国はレーガン政権の下で巨額の財政赤字を発生させたことからISギャップが拡大して巨額の経常赤字を継続させ，世界最大の債権国から世界最大の債務国へと転落した．反対に，日欧は対米輸出を増大させて巨額の経常黒字を継続させ，世界最大の債権大国の地位を争うことになった．他方，非産油途上国は累積債務問題の顕在化で国際金融市場へのアクセスを失ったため，厳しい国内調整策（高金利及び緊縮財政）による経常赤字の是正を図らざるをえなくなった．産油国や資源国も石油価格や1次産品価

格の暴落が続いたため経常黒字を維持できなくなってしまった．

　レーガン政権は巨額の経常赤字をファイナンスする必要から，積極的に先進諸国金融資本市場の自由化・国際化を要求した．80年代の金融のグローバリゼーションは，70年代のユーロ市場を舞台とした国際銀行間市場の統合から，先進諸国間証券市場の国際的統合へと発展した．その結果，この時期の国際資金循環は先進諸国間証券市場を舞台にした国際証券投資＝市場仲介による「先進国内還流型」となった．

　第2期の国際資金循環を類型化すると，①日欧の経常黒字が対米証券投資として米国へ還流，②途上国からの資本逃避がユーロ預金や対米証券投資として米国へ還流，③ユーロ市場から長短金利差を求めて米国への「ドル−ドル取引」（短期ドル借入→長期ドル投資＝対米証券投資＋M&A用の対米プロジェクト・ファイナンス），といったパターンを形成していた．他方，途上国への資本還流では，先進諸国からの直接投資以外の資金は事実上途絶していた．

　この時期の国際資金循環の安定化条件は強いドルと国際金利差であった．強いドルと米国の高金利に引き寄せられた日欧民間資本の対米証券投資が，米国経常収支赤字をファイナンスするのに十分かどうかがポイントであった．つまり，日欧が第2期の国際資金循環の中心的地位を確保したのに対し，米国は一方的な資本輸入国でしかなかったため基軸通貨国であるにもかかわらず主導権をもてなかった．この点に第2期の不安定性の原因があった．事実，85年9月のプラザ合意以降の弱いドルの時代には，米国経常赤字は民間資本輸入だけではファイナンスできず，G7の国際通貨協力による公的資本輸入（公的ドル準備の増加）に依存した．第2期が1990年に終わるのは，冷戦が終わったことや，米国の対途上国向け資本輸出が再開されたことにより，翌年から第3期の新しい国際資金循環が形成されるからである．

　第3期（1991年〜）の特徴は，「先進国内還流型」に加えて「途上国還流型」資金循環の復活である．第2期との相違は，米国が景気回復とともに再び経常赤字を拡大させていったにもかかわらず，それを大幅に上回る「過剰な」資本流入を確保したことによって国際的資金循環の中心的地位を再び獲得し，

途上国向け資本輸出が可能となった点にある．またこの時期には，金融技術革新によるデリバティブ取引の飛躍的発展によってグローバリゼーションが進展し，証券市場の国際的統合が先進諸国間だけでなく一部途上国をも包摂するに至った．このデリバティブ取引を用いた国際証券投資を先進国だけでなくエマージング・マーケットにまで積極的に拡大したのが，米国機関投資家であった[9]．

1990年代前半は，米国が途上国への資本輸出を復活させたにもかかわらず，経常赤字を上回る資本輸入を十分に確保できなかったために，弱いドルの時代が続いた．ドルはメキシコ通貨危機の影響もあって95年春には80円を割る水準にまで下落した．だが，95年夏，円高是正の日米通貨協力を契機に，市場はようやく米国の好況・日欧の不況といった国際的景気循環のズレや国際金利差が長期化するとの確信を持ち始めた．それゆえ，強いドルが定着し米国を中心とする国際資金循環が確立するのは90年代中頃以降のことである．

第3期の国際資金循環を類型化すれば以下のようになる．①日欧など先進諸国は対米証券投資を急増させた．②それは米国経常赤字を大幅に上回る「過剰な」資本輸入であった．③米国は「過剰な」資本輸入を利用して株高や社債ブームを創り出し，IT（情報技術）革命を成功させて潜在成長率を上回る高い経済成長を実現した．さらに④米国は強いドルのメリットを利用して新興市場やその他の世界に証券投資や直接投資を積極的に展開した．⑤途上国に流入したドル資金は経常赤字を上回る「過剰な」資本流入であった．だが，この「過剰」な部分は，途上国が「事実上のドル・ペッグ」採用と金融の自由化により，公的外貨準備ドルの増加及び資本逃避を招いて自動的に米国へ還流した．

第3期の国際資金循環の特徴は「過剰な」国際資本移動である．この「過剰」性は以下の2点から確認できる．1つは，第2節で指摘したように，この時期にグロスの国際資本移動が急増したことである．そのことは日欧など先進諸国からの対米資本流入が米国経常赤字を大幅に上回る「過剰な」資本輸入を生み出した点に示されている．第2期の対米資本流入は平均すると米国経常赤字の約1.2倍であり，ほぼ経常赤字に見合う規模であった．だが，第3期（特

表 2-1 エマージング・マーケット経済の対外ファイナンス

(単位：10億ドル)

	1994	1995	1996	1997	1998	1999[1]
経常収支	−70.2	−84.9	−96.2	−80.4	−10.1	−20.5
ネットの対外ファイナンス	181.1	262.5	340	301.7	189.1	157.6
ネットの民間資本移動	154.7	217.9	334.7	265.9	136.1	135.5
株式投資	93.6	104.8	127.3	141.8	126.8	141.9
直接投資	66.3	80.5	92.8	113.1	120.2	117.3
株式ポートフォリオ	27.4	24.3	34.5	28.7	6.6	24.6
民間債権者	61.1	113.1	207.4	124.1	9.3	−6.4
商業銀行	38	92.1	118.4	34.1	−45.4	−29.5
非銀行債権者	23	21	88.9	90	54.7	23.1
ネットの公的資本移動	26.4	44.7	5.3	35.9	53	22.1
国際金融機関	4.8	20.1	6.7	28.1	35.8	8.5
二国間債権者	21.6	24.6	−1.5	7.8	17.3	13.6
ネットの居住者貸付・その他[2]	−65.8	−85.2	−160.3	−177.9	−137.8	−90.1
金を除く国際準備（−は増加）	−45.4	−95.3	−83.5	−43.5	−41.6	−47

注：1) IIF の予測．
　　2) 居住者のネットの貸出，貨幣用金，誤差脱漏を含む（資本逃避を意味）．
出所：IIF, *Capital Flows to Emerging Market Economies*, April 1998, Sept. 1999, より作成．

に 95〜98 年）の対米資本流入は平均すると米国経常赤字の約 2.8 倍であり，その「過剰」性が理解できよう[10]．

　もう 1 つは，第 2 期とは違って，資本不足の途上国から米国やその他先進国への資本輸出が行われ，途上国と先進国の間で双方向の資本取引が復活した点である．途上国から米国への資本輸出の特徴は，公的資本輸出（外貨準備ドルの増加）だけでなく，資本逃避（Capital Flight：国際収支表では，ネットの居住者貸付，その他，貨幣用金，そして誤差脱漏，といった項目が該当）が巨額に達していることである．この点はエマージング・マーケット経済の対外ファイナンスを表した表 2-1 から確認することができる．エマージング・マーケットには，特にアジア通貨危機前の 1994，95，96 年の 3 年間には経常収支赤字の約 3 倍もの「過剰な」資本流入があった．この資本流入は経常収支赤字ファイナンス，外国為替準備増加，資本逃避の 3 つの項目にそれぞれ約 1/3 ずつ使用されていたことが確認できる．

　続発する通貨危機をはじめとする現行国際通貨システム＝「ドル本位制」の

脆弱性の原因は,「過剰な」国際資本移動がもたらす「不安定」性である.そして,この「不安定な」国際資本移動を創り出しているのは,高レバレッジ機関とオフショア金融センターであった.次節でこの問題を検討しよう.

IV 米国を中心とした国際資金循環の不安定性

1 「サステナビリティ」問題の再来

　現在の米国を中心とした国際資金循環は強いドルに支えられているが,このパターンが確立したのは 1995 年夏以降のことである.強いドルに支えられた現在の国際資金循環は絶対的なものではない. 73 年以降,「ドル本位制」の下で国際資金循環は 3 つのパターンの形成・崩壊を 10 年前後の周期で繰り返してきた.問題は,現在の国際資金循環を崩壊させるような不安定化要因は何か,という点である.不安定化要因として次の 2 つを指摘できる. 1 つはマクロ的要因であり,米国の経常赤字拡大と強いドルの両立はやがて維持不可能となるであろうと考える「サステナビリティ」問題である.米国への「過剰な」資本流入が終わるとき,現在の国際資金循環は崩壊し,新たなパターンを形成すると思われる.もう 1 つはミクロ的要因(国際金融資本市場の構造問題)である.オフショア金融センターが仲介する国際資本移動が膨大な規模に達しており,その暴走を制御できなくなってきているという問題である.

　最初に,マクロ的要因から検討しよう.「サステナビリティ」問題とは, 1985 年にクルーグマン(P.R. Krugman)が展開した議論であり,強いドルと「経常赤字拡大→対外借入の累積」の両立をいつまでも続けることはサステナブル(維持可能)でない,という議論である[11].彼の議論はプラザ合意前に発表され,その後のドル暴落を予言したとして注目された.

　クルーグマンの議論は次のように整理することができる. 85 年の時点で米国の実質金利は外国のそれを 2.4％ 上回っていた.これは「市場がドルの実質実効為替レートが今後毎年 2.4％ ずつ減価していくことを予想している」とみなすことができる.なぜなら,海外投資家がドル資産投資を行う条件は,(ド

ル建て資産利回り－予想ドル減価率）＞他の通貨建て資産利回り，だからである．しかし，年率2.4％でしかドルが減価しないのであれば，当面かなりのドル高が続くので経常赤字は縮小せず，対外借入は急増する．彼の試算では，この傾向が続けば，2008年には米国の対外純債務はピークに達し，対GDP比45％を超える．これは債務危機に陥った中南米諸国の水準であり，米国は政治的にも経済的にも許容不可能である．そうだとすれば，出発点での仮定が誤りなのである．つまり，1ドル＝250円という84年末のドルの強さは，ファンダメンタルズを反映しない投機的バブルであり，サステナブルでないという結論になる．そして，市場が「ドルは以前期待されていたよりも早く減価しなくてはならない」と認識したとき，減価に伴う為替差損の予想が急増するため投機的バブルが破裂し，ドル暴落が始まる．

　米国の経常赤字拡大が進行し，1998年に対GDP比2.6％に達したが，99年にはさらに拡大して3.5％を超えることが確実となった．これは，85年に「サステナビリティ」問題が議論されたときの米国経常赤字幅と同じである．また，85年には米国の純債務国への転落が注目されたが，対外純債務は89年末の対GDP比7％から急増し，99年末には20％（1.5兆ドル）に達する．もし何らかの理由でドル相場や米国資産価格（特に株価）が反落すれば，海外からの米国資産需要が急減するという危険が常に存在する．さらに，米国は対外債務累積のため利払いが増加した結果，98年第3四半期には経常収支を構成する投資収益収支が初めて56億ドルの赤字となり，以後赤字が拡大している．これは米国が経常赤字をファイナンスするため海外から資金を借り入れ，その一部を借入資金の利子・配当の支払いに充てている状況を意味する．米国経済は対外的には「自転車操業」状態に陥った，といえよう．

　こうした状況を踏まえて再び「サステナビリティ」問題が議論されるようになってきた．クルーグマンは，米国経常赤字が対GDP比3.5％に拡大する1999年を85年と同じ状況にあるとして，99年8月に「ドル危機」と題する論説を発表した．そこで彼は，米国の経常赤字拡大が永久に続きえるものではなく，その是正のために大幅なドル下落が必要だと指摘している．現在，日米の

長期実質金利差は2%である．これは「投資家が長期にわたってドルの対円相場の減価を年率2%だと予想している」ことを意味する．この程度のドル減価率では経常赤字縮小は不可能である．それゆえ，米国経常赤字縮小のためには，ドル相場は市場が予想するよりももっと大幅な減価を必要とするだろう，と彼は主張する．

　さらに彼は，15年前と比較して現在はより激しいドル暴落を生み出す新しい要因が加わっている，と主張する．その新しい要因とは，高レバレッジ機関の「キャリートレード」がもたらす「バランス・シート・ドミノ効果(balance-sheet domino effects)」である．彼は，「バランス・シート・ドミノ効果」が1998年秋ドルの対円相場急落をもたらしたとして次のように説明する．「比較的少数の高レバレッジ投資家達は低金利の円を（それほど明らかではない噂話によると，ユーロも？）借り入れ，そしてその手取金を高金利のドル資産に投資した．もしドルが急落すれば，彼らは損失に苦しむだろう．そしてその損失は，彼らにドルを売却させ，ドルをさらに下落させることによって，大幅なオーバーシュート状態にあるバランス・シートの縮小を強いるだろう」[12]．

　高レバレッジ機関（HLIs: highly leveraged institutions）とはレバレッジやデリバティブ取引を利用して高収益を獲得しようとする機関投資家である．その代表がヘッジファンドや一部の投機的投資信託であるが，それだけでなく大規模な自己勘定トレーディングを行っている大商業銀行や大投資銀行（証券会社）も含まれる[13]．高レバレッジ機関は90年代に入ってその活動の規模，グローバル性，デリバティブを用いた複雑性を拡大している．その特徴は以下のようなマージン・トレードを行う点にある[14]．信用取引で証券を購入し，それを担保に差し入れ，レポ・マーケットの担保付き借入れでレバレッジを手に入れる．その借入れ先が銀行や証券会社といった伝統的な中核金融機関であり，資金源はドルだけでなく低金利の円やマルクさらに金を用いたキャリー・トレードであった．円キャリートレードとは，低金利の円を調達して高金利の外貨建て（主にドル建て）投資に運用する取引であり，為替リスクや期間変換リスクを取って高収益を獲得しようとするものである．

1998年秋のLTCM倒産の危機は株式市場をはじめ世界の金融資本市場を混乱に陥れた．ドルの対円相場もそうであり，10月5日からのわずか3日間で15％も下落した．これはブレトンウッズ体制崩壊以降最大の下げ幅であった．このドル暴落の原因として高レバレッジ機関の円キャリートレードの役割を指摘するのが，上記のクルーグマンだけでなく，BISの『69回年次報告書』である．同報告書はこの問題を次のように説明している．

1996～98年に円キャリートレード（OTCデリバティブ取引による円・ドルオプション契約）が急増した．彼らは「資金調達と結びついた外国為替ポジションをオープンに（借り入れた円をヘッジしないでドルに転換して運用——引用者）しているため，彼らの資産に影響を与えるようなショックに対し常にリスクにさらされている．それゆえ，高レバレッジ機関は彼らの資産に損失を与えるようなショックに対して素早く強力に反応する傾向がある」[15]．

ロシア通貨危機というショックを契機に「バランス・シート・ドミノ効果」を発生させた円キャリートレードの逆流が，1998年9月の1ドル＝140円台から10月の110円台への円急騰の原因であった．BISは，高レバレッジ機関の円ショート・ポジションが98年1月初め400億～500億ドルに達していたと評価している．そして9月初め，米国ヘッジファンドは350億ドルという巨額のドルのロング・ポジションの売り戻し（円の買い戻し）を行い，円ショート・ポジションを清算したと推定している[16]．その過程で米国ヘッジファンドは巨額の為替差損を発生させた．

2　国際資金循環におけるオフショア金融センターの地位

1990年代に第3期の国際資金循環が確立すると，米国をはじめ世界中の国々はカリブ海オフショア金融センターとの資本取引を急増させた．ところが，1998年秋のLTCM危機を契機に，オフショア金融センターを経由する国際資本移動の不安定性や不透明性が注目され，それがアジア通貨危機やロシア通貨危機の原因の1つであったと認識されるようになった．その結果，G7やIMFはその対応策を検討せざるをえなくなり，99年6月のG7のケルン経済サミッ

トへの報告書（『国際金融システムの強化』）において「オフショアー金融センターが国際的な基準を遵守するよう促すこと」が強調されたのである．

では，なぜオフショア金融センターを経由する国際資本移動は国際通貨システムを脆弱化させるような不安定性，不透明性をもつのであろうか？　この問題を検討する前に，まず第3期の国際資金循環の特徴を確認しておく必要がある．第3期は，第1及び第2期のそれと比較すると，2つの特徴をもっている[17]．1つは，先に図2-2により説明したように，グロスの国際資本取引が経常収支不均衡に比較して飛躍的に増大した点である．もう1つは国際資本取引の構成と主体が変化したことである．すなわち，証券投資が急増したのであるが，そのかなりの部分がOTCデリバティブ取引を介在させている点であり，また取引主体も機関投資家中心になったのであるが，とりわけ高レバレッジ機関の積極的な活動が「群集行動」を誘発して他の機関投資家に大きな影響を与えるようになった点である．

まず，高レバレッジ機関の資金源を確認しておこう．1997年の世界の運用可能資産総額は57.1兆ドルであった．国別シェアでは，米国51％，日本18％，英国8％，他の先進5ヵ国13％である．保有者別シェアでは，個人67％，保険17％，年金16％である．そして個人資産の大部分が，米国ではヘッジファンドを含む各種の投資信託，日欧では銀行に集中している[18]．デリバティブ取引を利用した金融技術革新が飛躍的に進歩したことにより，投資家はプロのファンド・マネージャーに資金運用を依頼するケースが多くなった．例えば，年金の半分以上が投資信託を通じて資産運用されているし，また富裕個人層や企業もヘッジファンドや投機的投資信託に資産運用を委託する傾向を強めている．プロのファンド・マネージャーは業績を上げるため世界的規模のトレーディングを展開する．彼らは，個人投資家に較べて，国際分散投資の比重を高め，海外でも発行市場だけでなく流通市場をも利用して短期の売買を繰り返すことから，グロスの国際資本取引が飛躍的に増大した．

次にオフショア金融センターの役割について検討しよう．オフショア金融センターは特定目的投資会社（SPC）のペーパー・カンパニー設立を誘致してお

り，またヘッジファンドの多くが本社を設置している．大商業銀行や大投資銀行も特別目的投資会社を設置して国際資産運用の拠点としている．オフショア金融センターの利点は，税金をはじめ様々な規制から自由であることを利用した①預金サービス，②プライベート・バンキング・サービス，③私募の国際投資信託，といった金融サービスを提供できることにある．

　従来，プライベート・バンキングや私募の国際投資信託は，スイスや英国が中心であった．だが，マネー・ロンダリング問題を契機に情報開示義務をはじめとする様々な規制が強化されるに従ってカリブ海オフショア金融センターが重要視されるようになった．プライベート・バンキング・サービスを利用する富裕層とは，先進国だけでなく途上国（その多くは資本逃避）の個人，家族，そして企業である．こうした資産運用は世界全体で1997年末には25兆ドルに達しており，そのうち6兆ドル（24％）がオフショア金融センターで保有されている[19]．

　ヘッジファンドは私募で出資される国際投資信託であり，その多くは拠点をオフショア金融センターに置いている．表2-2はIMFの推計によるヘッジファンドの居住地域別運用資産（1997年）を表したものである[20]．第1位は米国の318億ドル（29％），第2位は蘭領アンチル島の266億ドル（24％），第3位は英領ケイマン島の174億ドル（16％），第4位は英領バージン諸島の158億ドル（14％），第5位はバミューダの66億ドル（6％）であった．資産はカリブ海オフショア金融センターに集中（合計約70％）している．

　以上のような背景を踏まえて，オフショア金融センターが行う国際資本取引を検討しよう．結論を先取りすれば，カリブ海オフショア金融センターは米国とその他の世界との国際資本取引を仲介する拠点（回転台）の役割を果たしている．つまり，カリブ海オフショア金融センターと米国との国際資本取引は，両者間で終結するものではなく，その他の世界との国際資本取引と密接に結びついている．どのように結びついているかを検討しよう．

　カリブ海オフショア金融センター所在の高レバレッジ機関は，先に説明したマージン・トレード形式で次のような国際資本取引を行っている．①ドル資金

表 2-2 ヘッジファンド：居住地域別運用資産（1997 年）

（単位：100 万ドル，カッコ内％）

居住地域＼タイプ	グローバル	マクロ	マーケット・ニュートラル	イベント・ドリブン	セクター	ショート・セールス	ロング・オンリー	ファンド・オブ・ファンド	合計
オーストリア	0	1	0	0	0	0	0	0	1 (0)
バハマ	977	16	241	207	0	28	1	1,181	2,649 (2)
バミューダ	3,427	119	1,531	17	451	0	0	1,057	6,602 (6)
英領バージン諸島	6,259	2,494	1,421	2,045	15	116	0	3,452	15,801 (14)
英領西インド諸島	0	0	308	0	0	0	0	0	308 (0)
カナダ	0	0	0	0	19	0	0	236	255 (0)
ケイマン諸島	4,186	7,525	4,440	997	12	121	87	72	17,440 (16)
チャンネル諸島	0	0	0	372	0	0	0	0	372 (0)
キュラソー	0	4,000	0	0	0	0	0	0	4,000 (4)
ガーンジィ	1,083	0	0	0	0	0	0	640	1,723 (2)
香港特別区	0	2	0	0	0	0	0	0	2 (0)
アイルランド	89	5	11	0	0	0	0	119	223 (0)
マン島	0	0	0	0	0	0	0	110	110 (0)
ルクセンブルグ	304	0	1,292	0	0	0	0	0	1,597 (1)
オランダ	30	0	24	0	0	0	0	0	54 (0)
蘭領アンチル島	5,196	14,045	0	787	0	0	0	6,548	26,576 (24)
タークス及びカイコス	0	0	0	0	0	0	0	33	33 (0)
英国	0	0	42	0	0	0	0	0	42 (0)
米国	9,311	1,554	8,663	4,158	1,275	273	289	6,269	31,792 (29)
合計	30,862	29,759	17,970	8,602	1,752	538	376	19,717	109,575 (100)

出所：IMF『ヘッジファンドの素顔：IMF 報告書』松崎延寿訳，シグマベイスキャピタル，1999 年，112 ページ．

をレポ取引により米国所在の銀行や証券ブローカー＆ディーラーから調達する．②その資金でもってより高利回りの米国証券（財務省証券→政府系機関債→社債→株式）を，OTC デリバティブ取引を介在させながら，次々に購入・売却を繰り返してレバレッジを高めていく．③高収益を獲得するためドル以外の通貨であっても低金利であれば利用する．その代表が円（マルク，さらに金）キャリートレードであった．④さらに，米国証券だけでなく国際証券投資（米国証券→その他先進国証券→エマージング・マーケット証券）を，OTC デリバティブ取引を介在させながら，次々に購入・売却を繰り返してレバレッジを高めていく．

上記の①，②の取引はカリブ海オフショア金融センターと米国との国際資本取引である．これらの取引がどのような規模で行われているのかを検討しよう．

図 2-4 地域別にみた米国の対外短期債権（米国所在の銀行，証券ブローカー＆ディーラーの報告による）

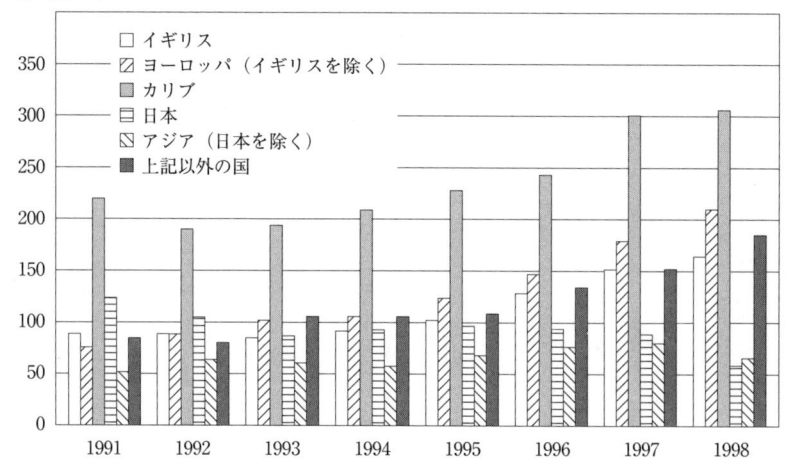

(10 億ドル)

凡例：□イギリス／◨ヨーロッパ（イギリスを除く）／▨カリブ／⊟日本／◧アジア（日本を除く）／■上記以外の国

出所：U.S. *Treasury Bulletin*, Sept. 1995, Sept. 1999 より作成.

図 2-5 地域別にみた米国の対外短期債務（米国所在の銀行，証券ブローカー＆ディーラーの報告による）

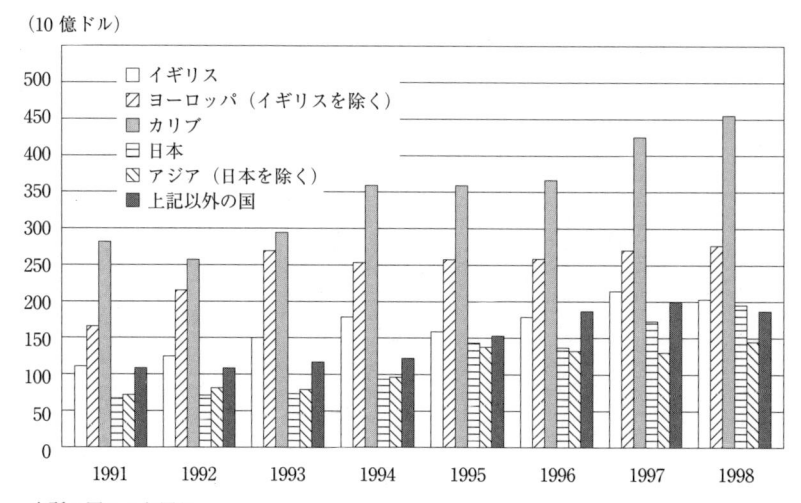

(10 億ドル)

凡例：□イギリス／◨ヨーロッパ（イギリスを除く）／▨カリブ／⊟日本／◧アジア（日本を除く）／■上記以外の国

出所：図 2-4 と同じ.

図2-4と図2-5は，地域別に見た米国所在の銀行や証券ブローカー＆ディーラーにより報告された米国の対外短期債権・債務を表したものである．米国の対外短期債権・債務の両方ともに，カリブ海オフショア金融センターとの取引が，他地域を大きく引き離して第1位である．米国は英国，その他欧州，日本といった先進諸国を大幅に上回る対外短期資本取引をカリブ海オフショア金融センターと行っている．その取引についての説明を米国商務省月報（*Survey of Current Business*）から拾い出してみよう．

米国とカリブ海オフショア金融センターとの取引が急増するのは1990年代以降であった．米国の対外短期債権は，95年に690億ドル増加し，残高が7,613億ドルに達した．「この増加の大部分は，米国証券購入をファイナンスするため，レポ協定を通じてカリブ海オフショア金融センターや英国所在の国際投資信託に対する米国証券ブローカー＆ディーラーによる貸出の結果であった」[21]．

カリブ海オフショア金融センターは，英国とともに，対米証券投資の拠点であった．同センターや英国に所在する高レバレッジ機関は，米国所在銀行や米国証券ブローカー＆ディーラー及びその他の世界からレポ取引を通じて巨額の融資を受け，その資金でもって対米証券投資を行った．それゆえ，対米証券投資が増加すれば，米国の対カリブ海オフショア金融センター短期債権・債務も増加する構造になっていたのである．他方，彼らは証券の短期売買を繰り返すので，売却すれば融資返済を行うことになり，米国に短期資金が還流する．

次に，カリブ海オフショア金融センターが，その他の地域と比較して，対米証券投資においてどのような位置を占めていたのかを確認しておこう．表2-3は95～97年の米財務省証券の外国人保有を，また表2-4は94年末の米株式，政府系機関債，社債の外国人保有を地域別に分類したものである．外国人保有の米財務省証券（95年末）は，英領西インド諸島が第6位，また蘭領アンチル島が第7位である．外国人保有の米株式（94年末）は英領西インド諸島が第7位，またバミューダが第9位である．外国人保有の米政府系機関債は英領西インド諸島が第3位，またバミューダが第7位である．外国人保有の米社債

表 2-3 地域別に見た外国人（公的および民間）による米国財務省証券保有残高
(単位：10億ドル)

	1995	1996	1997
合計	880.0	1,097.7	1,251.8
日本	208.3	271.3	289.1
英国	93.3	157.9	257.7
ドイツ	59.5	77.2	96.9
スペイン	18.3	45.0	53.1
中国	36.8	47.8	49.0
シンガポール	31.6	40.5	36.4
蘭領アンチル島	25.0	38.1	36.2
香港	17.4	23.2	35.9
英領西インド諸島	26.2	30.8	35.5
台湾	29.3	37.0	35.1

出所：R.B. Scholl, "The International Investment Position of the United States in 1997", *Survey of Current Business,* July 1998, p. 29.

表 2-4 地域別に見た外国人（公的および民間）による米国長期証券保有残高，1994年12月末
(単位：10億ドル)

米株式への投資		
	合計	397.7
1	英国	89.6
2	カナダ	46.5
3	スイス	39.1
4	日本	33.8
5	オランダ	21.7
6	ドイツ	14.9
7	英領西インド諸島	12.8
8	ベルギー	12.8
9	バミューダ	10.8
10	フランス	10.3
米政府系機関債への投資		
	合計	107.5
1	日本	38.8
2	英国	10.3
3	英領西インド諸島	9.1
4	台湾	6.0
5	ベルギー	4.2
6	香港	3.2
7	バミューダ	3.2
8	シンガポール	2.5
米社債への投資		
	合計	275.7
1	英国	169.7
2	日本	29.9
3	英領西インド諸島	10.0
4	バミューダ	7.5
5	スイス	6.8
6	ベルギー	5.8
7	ドイツ	4.5
8	フランス	3.8
9	オランダ	3.8
10	カナダ	3.6

出所：表2-3に同じ，p. 28.

は英領西インド諸島が第3位，またバミューダが第4位である．以上のことから，カリブ海オフショア金融センターが対米証券投資において重要な地位を占めていたことが理解できる．その中でも米財務省証券は資金調達や仕組み債の担保として重要であり，高レバレッジ機関の世界的トレーディング戦略の要石であった．

　カリブ海オフショア金融センターは米国との資本取引を増大させてきたのであるが，98年秋のLTCM危機を契機に一時的に縮小する．この点に関して米国商務省月報は次のように説明する．「米国証券ディーラーによって報告された対外短期債権は，英国やカリブ海オフショア金融センター所在の国際投資信託に対するクレジットの更新を削減した結果，急減した．この急減は，9月の米国の巨大ヘッジフ

図 2-6 英領ケイマン諸島居住者の米財務省証券ネット購入と円借入

(単位：10億ドル)

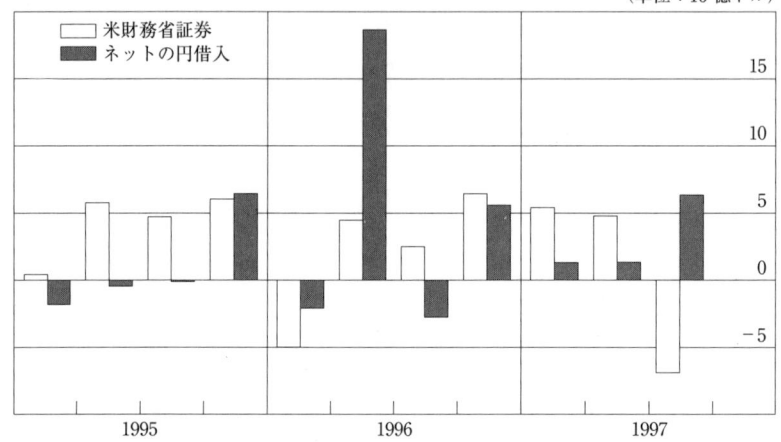

注：米財務省証券と米政府系機関債.
原資料：米財務省と BIS.
出所：BIS, *International Banking and Financial Market Developments,* Feb. 1998, p. 24.

ァンド倒産の危機後，リスクについての関心が高まったことによる」．とりわけ，98年第4四半期に，「国際投資信託はまた，米国の巨大ヘッジファンド倒産の危機後，取引証拠金の追加要求に対処するため，また損失を限定するため，米国証券ディーラーから資金を引き出し」，さらに財務省証券や株式を大量に売却した[22]．

最後に，カリブ海オフショア金融センターとその他の世界の国際資本取引（上記の③，④）について検討しよう．③の円キャリートレードは，直物取引（円売り・ドル買い）で行われる場合にのみ日本とカリブ海オフショア金融センターとの短期資本取引となって国際収支表に表れるが，その大部分がユーロ円や先物為替，通貨オプションといったオフ・バランス・シート取引であることから国際収支表に表れることは少ない．だが，カリブ海オフショア金融センターが巨額の円キャリートレードを行って，その資金を元手に国際証券投資を展開していた別の証拠がある．

図 2-6 は英領ケイマン諸島居住者による円キャリートレード借入額と米財務省証券のネット購入額を表したものである．1995年の第4四半期以降，円キ

ャリートレード借入額は変動しながらも増加している．他方，米財務省証券購入額はほぼ一定している．BIS が同表について「邦銀はカリブ海オフショア金融センター所在の非銀行居住者に対する債権を積み増していったが，それは約 200 億ドルに達する円キャリートレードの結果だと理解できる．……だが，このオフショア・センター居住者による米財務省証券購入と円クレジットの拡大とはあまり一致していない」23) とコメントしている．

英領ケイマン諸島のヘッジファンドは円キャリートレードで調達した資金でもって，一部は米財務省証券を購入したであろうが，大部分はより高い利回りのエマージング・マーケット証券へ投資したと考えられる．なぜなら，当時の円キャリートレードの資金調達コストは 1% 以下であり，米財務省証券の利回りが 5%，ブレイディ・ボンドの利回りが 8%，さらにエマージング・マーケットの現地通貨建てマネー・マーケット商品（例：タイ・バーツ建て CP や定期預金の利回りが 15%）であったからである．アジア通貨危機前，高利回りを求めるヘッジファンドは，米財務省証券よりもエマージング・マーケット向け投資を増大させていたはずである．このような資本取引（上記の③と④）は，資金源がドルの場合は米国の，そして円の場合は日本の対エマージング・マーケット資本輸出をカリブ海オフショア金融センターが仲介していることを意味する．

最後に，カリブ海オフショア金融センター所在の国際投資信託（ヘッジファンド以外の特定目的投資会社）が行っているもう 1 つの活動を検討しよう．この国際投資信託は先進国の有力金融機関が設立したものである．現地通貨建てのエマージング・マーケット向け投資や先進国向けでもトリプル B 以下のジャンク・ボンドは，そのままでは米国や日本の機関投資家や企業が購入しえない投資不適格証券である．そこで彼らが，投資不適格な証券をデリバティブ取引を介在させて信用補強し，投資適格証券に組み替えて機関投資家や企業が購入できるようにする．これがクレジット・デリバティブの一種である「仕組み債（structured financial products）」である．

エマージング・マーケット向け投資の代表例は，国際投資信託が高利回りの

表 2-5 日本の地域別対外投資収支

(単位:1,000 億円)

	対外資産			内訳					
				証券投資			貸付・借入		
	1996	1997	1998	1996	1997	1998	1996	1997	1998
合計	146	−351	−125	−80	−84	−152	−9	−197	−10
アジア	−21	−80	42	−2	2	1	8	−54	52
北米	−84	−103	−82	−14	−38	−30	−9	−52	−39
中南米	−18	−26	−53	−15	−25	−45	−1	1	−1
メキシコ	−0.7	0.5	−0.4	−1	0	1	0.7	0.7	−1
ブラジル	−0.2	0.2	−0.1	−0.4	−0.7	1	0.1	0.3	−0.2
西欧	−57	−131	−113	−30	−32	−91	−5	−84	−16

	対外負債			内訳					
				証券投資			貸付・借入		
	1996	1997	1998	1996	1997	1998	1996	1997	1998
合計	116	208	−29	80	121	92	26	101	−63
アジア	9	3	−150	9	8	−36	−1	−7	−117
北米	46	59	20	45	25	12	−2	32	−1
中南米	13	13	35	10	−3	2	3	15	33
メキシコ	0	0	0	0	0	0	0	0	0
ブラジル	0.1	0.2	0	0	0.1	0	0	0	0
西欧	98	212	153	77	144	129	17	55	17

出所:大蔵省,http://www.mof.go.jp

ペソ建てのメキシコ国債(トリプル B 以下の格付け)と米財務省証券(トリプル A)を購入し,この 2 つの証券を組み合わせて担保としたドル建ての新証券(仕組み債:シングル A)を発行するケースであった.私募ではあるが,米財務省証券よりもずっと高利回りのドル建てシングル A 証券ならば,機関投資家や企業は投資適格証券とみなして購入する.先進国のジャンク・ボンドもこのケースとほぼ同じである.そして,このようなカリブ海オフショア金融センター所在の国際投資信託が発行する仕組み債が完成するまでの繋ぎ融資は,米国からのレポ取引や円キャリートレードでファイナンスされ,仕組み債の売却代金でもって返済される[24].

日本は米国とともにこのような仕組み債を大量に購入していた.表 2-5 は日本の地域別対外投資収支を表したものである.同表の区分ではカリブ海オフショア金融センターは直接抽出できないが,中南米の項目の内訳に示されている

メキシコとブラジルを除けば,ほぼカリブ海オフショア金融センターとの資本取引だと推測できる.日本の対カリブ海オフショア金融センターへの資本輸出総額は1996年の1兆7,000億円から98年の5兆2,000億円へと急増しており,そのほとんどが証券(特定投資目的会社が発行する私募の仕組み債)投資で占められていた[25].他方,日本の同地域からの資本輸入はそのほとんどが借入であった.カリブ海オフショア金融センターは米国だけでなく,先進諸国とエマージング・マーケット間の国際資本取引を仲介するうえで重要な役割を果たしている.

V む す び

現行の国際通貨システム=「ドル本位制」が制度疲労を起こして脆弱化していることは,90年代に入り続発する通貨危機によって示されている.その原因は「過剰な」国際資本移動がもたらす「不安定」性である.この国際資本移動の「過剰」性と「不安定」性を創り出しているのが,高レバレッジ機関とオフショア金融センターであった.「ドル本位制」は「システムの民営化」により運営されてきたのであり,グローバリゼーションと市場化という時代潮流にのって現在の国際金融構造が構築されてきた.しかし,市場の効率性とは安定性を無視して収益性を追求することだけであると考える高レバレッジ機関とオフショア金融センターが暴走し始めたことにより,「システムの民営化」は制御不能になりつつある.

高レバレッジ機関とオフショア金融センターは,デリバティブ取引を介在させることにより国際投資に伴う様々なリスクを回避できると考え,先進国からエマージング・マーケット経済に至るまで世界中に国際資金循環の環を拡大させ,「過剰」な国際資本移動を創り出してきた.だが,高レバレッジ機関は自分達の市場動向の予測が誤ってリスクに気づいたとき,彼らは直ちに取引を清算するが,その際に「群集行動」を引き起こすので突然国際資本移動の逆流が起こり,市場価格が大幅に変動する.この「過剰」性と「不安定」性に振り回

された最大の犠牲者はエマージング・マーケット経済であった.

　LTCM危機によりニューヨーク金融市場にシステミック・リスクが顕在化したとき，米国も国際資本移動の「過剰」性と「不安定」性から無縁でいられないことが認識された．G7を中心に国際通貨システムの安定化に向けて「国際金融構造の将来（The Future of the International Financial Architecture）」設計が議論され始めた．しかし，現在の国際金融構造の鬼子である高レバレッジ機関とオフショア金融センターを直接規制する方向へは向かっていない．せいぜいのところ，BISの自己資本規制や情報開示を遵守しない高レバレッジ機関やオフショア金融センターと取引を行う銀行に高いウェイト・リスクを課すなど，国際的な基準を遵守させるためのより強いインセンティブを検討すべきだとの提案が議論されているにすぎない．有効な対策が実施されそうもない理由は，高レバレッジ機関とオフショア金融センターこそ先進国が内部に抱える「クローニー資本主義」だからである．

注
1) BIS, Committee on the Global Financial System, *A Review of Financial Market Events in the Autumn of 1998,* 1999, 日本銀行訳『1998年秋の国際金融危機』, 11ページ．またIMFの報告書によると，LTCM危機後，株式市場では，米国市場で約20％の下落，欧州市場では35％の下落を経験した．投資家は「質」及び「流動性」への逃避に走ったため，政府債利回りは第2次大戦後最低水準を記録し，民間社債との金利スプレッドは最大幅にまで拡大した．C. Adams, D.J. Mathieson, and G. Schinasi, *International Capital Markets,* 1999, IMF, p. 7.
2) 『国際金融システムの強化：G7蔵相からケルン経済サミットへの報告』, 大蔵省訳, 1999年6月18-20日, http://www.mof.go.jp
3) 拙著『基軸通貨の交替とドル』有斐閣, 1988年, 第7章, を参照されたい.
4) Saskia Sassen, *Losing Control?: Sovereignty in an age of Globalization,* 1996, サスキア・サッセン著／伊豫谷登士翁訳『グローバリゼーションの時代』平凡社, 1999年, 23ページ．
5) M. Obstfeld, "The Global Captial Market: Benefactor or Menace?", Center for International and Development Economics Research, *Working Paper Series,* C98098, May 1998.
6) 拙著『国際通貨システム』岩波書店, 1997年, 第6章, を参照されたい.

第 2 章 「ドル本位制」と国際資金循環の不安定性　59

7) 同上書，第 8 章，を参照されたい．
8) 拙稿「世界デフレ回避のために日本がすべきこと：アジア通貨危機と円・ドル関係のゆくえ」『世界』1998 年 8 月．また，円居総「国際資本移動の功罪」加野忠・砂村賢・湯野勉編著『マネー・マーケットの大潮流』東洋経済新報社，1999 年，を参照されたい．
9) 累積債務問題解決を意図したブレイディ・ボンドの発行が成功したのを契機に，国内低金利の圧力の下で投資対象を探していた米国の投資家は，一部途上国の構造調整策の成果を「ワシントン・コンセンサス」(健全な通貨と自由な市場の実現) とみなし，これらの国々をエマージング・マーケットとして国際ポートフォリオ投資に組み入れた．最初は，対中南米投資が，次いで対東アジア投資が急増した．拙稿「開発金融とエマージング・マーケット」『証券経済研究』第 9 号，1997 年 9 月．
10) *Survey of Current Business,* July 1998, July 1999.
11) P.R. Krugman, "Is Strong Dollar Sustainable?", in *U.S. Dollar: The Recent Developments, Outlook, and Policy Options,* The Federal Reserve Bank of Kansas City (ed.), 1985.
12) P.R. Krugman, "A Dollar Crisis", http://web.mit.edu/krugman
13) 米国銀行持ち株会社の最大手 5 社の自己資本に対するレバレッジの平均は 14 倍，また投資銀行の最大手 5 社は 27 倍であった．さらに，デリバティブの想定元本が 1 兆ドルを超えているのは，銀行持ち株会社が 6 社，投資銀行が 2 社ある．これらの数字をみればヘッジファンドだけが大きなレバレッジを使い，大きなデリバティブ取引を行っているわけではないことがわかる．Report of The President's Working Group on Financial Markets, *Hedge Funds Leverage, and the Lessons of Long-Term Capital Management,* April 1999, p. 29.
14) ヘアーカットと呼ばれる担保証券の比率 (ポートフォリオの中で取引ができなくて担保として保持されなければならない部分) は原証券のリスク度により異なる．株式では 50%，外国為替は 3～10%，米国財務省証券は 1 ないし 2% である．B. Eichengreen, D. Mathieson, B. Chadha, A. Jansen, L. Kodres, S. Sharma, *Hedge Funds and Financial Market Dynamics,* IMF, 1998, 松崎延寿訳『ヘッジファンドの素顔：IMF 報告書』シグマベイスキャピタル，1999 年，35，84 ページ．
15) BIS, *69th Annual Report,* 7 June 1999, p. 108. また，BIS の「グローバル金融システム委員会」も次のように説明している．1998 年「9 月と 10 月の急激な円高進行は，明らかに円キャリートレードの巻き戻しにある程度関連があった．信用力が低下した高レバレッジ取引を行っていた投資家は，担保価値の下落を受けてバランス・シートを縮小していき，その過程で円債務返済のために外為市場で円調達を行わなくてはならなかった」．BIS, *A Review of Financial Market Events in the Autumn of 1998,* 1999, 日本銀行訳『1998 年秋の国際金融危機』，22 ページ．
16) BIS Quarterly Review, *International Banking and Financial Market Development,*

March 1999, p. 37.
17) Stephany Griffith-Jones, *Global Capital Flows,* St. Martin's Press, Inc., 1998, p. 25.
18) I. Walter, "The Global Asset Management Industry", *Financial Markets, Institutions & Instruments,* Vol. 8, No. 1, Nov. 1999, pp. 5-6.
19) *Ibid.,* p. 49.
20) ヘッジファンドは数が 1,115，その資産合計が 1,096 億ドルとの IMF の推計は過小評価だといわれている．別の推計では，現在約 3,500 程度のファンドが存在し，資産合計が 2,000 億ドルから 3,000 億ドルに達する．中尾武彦「ヘッジファンドと国際金融市場」『ファイナンス』1999 年 7 月.
21) R.B. Scholl, "The International Investment Position of the United States in 1995", *Survey of Current Business,* July 1996, p. 37.
22) R.B. Scholl, "The International Investment Position of the United States in 1998", *Survey of Current Business,* July 1999, pp. 38, 42.
23) BIS, *International Banking and Financial Market Developments,* Feb. 1998, p. 23.
24) J.A. Kregel, "Derivatives and Global Capital Flows", *Cambridge Journal of Economics,* Vol. 22, No. 6, Nov. 1998, pp. 682-4. 拙稿「エマージング・マーケットとデリバティブ」拙編著『アジア経済再生』日本貿易振興会，1999 年，12-14 ページ．
25) 日本の対カリブ海オフショア金融センター向け証券投資が大規模に行われていたことの悪い代表例は，国際詐欺事件に発展したプリンストン債事件であった．日本の投資家（大部分が不良債権隠しを目的とした企業）が合計 76 社，総額 1,250 億円のプリンストン債を購入していた．プリンストン債はプリンストン・エコノミック・インターナショル（同会長アームストロングはカリスマ的な有名トレーダー）が英領ケイマン諸島に設立した特定目的投資会社が発行する私募の仕組み債である．そして同債権の運用資金を受託していたのが高格付けの米リパブリック・ニューヨーク銀行グループであった．「プリンストン債事件で分かった企業の情報開示姿勢(1)」『週刊エコノミスト』1999 年 12 月 7 日号．

第3章　国際通貨システムの構造変化

I　はじめに

　1971年8月，米国は金・ドル交換を停止した．同年12月，スミソニアン会議で多国間平価調整がまとまり，不換のドルを基準にした平価体系が成立した．しかし，73年春，続発する通貨投機の中で先進諸国が一斉に変動相場へ移行した．これらの措置により，第2次大戦後「金・ドル本位制」として機能してきたブレトンウッズ体制は崩壊した．以後，国際通貨システムは変動相場下の基軸通貨ドルを中心に運営されていく．

　変動相場下の世界経済は，ブレトンウッズ体制下に較べて，為替リスクや金利リスクさらに不確実性が飛躍的に高まった．リージョナリズムは，変動相場下の世界経済におけるリスクや不確実性の高まりに対する処方箋の1つである．事実，再建国際金本位制が崩壊した1930年代の変動相場下では，為替管理や保護貿易が導入される中で為替切り下げ競争が展開された結果，貿易と国際資本移動はスパイラル的に縮小し，世界経済は分断された．そして地域経済圏が形成された．だが，地域経済圏は排他的なものとなり，政治的，軍事的対立へと発展し，第2次大戦の原因となったのである．

　先進諸国が1973年春に変動相場に移行して四半世紀以上が経過したが，その間若干の為替切り下げ競争があり，リージョナリズムの動きも進展を見せたが，貿易・為替・金融の自由化が進展したことによって貿易や国際資本移動は増加し続けた．その結果，世界経済は1930年代のようには分断されず，グローバリゼーションが時代の潮流となって金融と生産の国際ネットワークを形

成してきた．今日まで，グローバリゼーションの潮流がリージョナリズムを上回り，その動きを押さえ込んできたといえる．だが，1930年代は逆であった．

今日と1930年代とでは何が違っているのであろうか．筆者は以下の2つの相違点を指摘したい．第1は，現在のリージョナリズムを推進するものは地域的な経済的要因のみに関連しており，異なった政治的イデオロギーに基づくものではない点である．第2は，米国経済の相対的地位は低下したが，ドルを中心とした国際通貨システム＝「ドル本位制」は解体せず，グローバルな基軸通貨ドルが存在する点である．

だが，90年代末になって国際通貨システムに構造変化が起こり，グローバリズムを支えるドルの基軸通貨機能独占が崩壊し始めようとしている．それは以下の3点において確認できる．第1は，途上国の「事実上のドル・ペッグ」は，基軸通貨ドルを支えてきた要因の1つであったが，アジア通貨危機後徐々に放棄されようとしている点である．第2は，99年に誕生したユーロが投資通貨や準備通貨機能を拡大させており，中期的にはドルの基軸通貨機能独占を崩壊させると予想される点である．そして第3は，米国の急速な債務大国化の進行がサステナビリティ問題を顕在化させる可能性が高い点である．

本稿では，現行国際通貨システムの構造変化を1930年代との比較とともに90年代末の新しい動きとの比較を加えて検討したい．そして現在，国際通貨システムに構造変化が起きつつあり，ドルの基軸通貨機能独占が崩壊し始め，複数基軸通貨体制へ移行し始めていることを主張したい．

II グローバリズムとリージョナリズム

今日，世界の各地にリージョナリズムの動きがあるが，それらは主に地域的な経済要因に関連しており，異なった政治的イデオロギーに基づくものではない．但し，一部の地域には宗教問題や民族問題から軍事的対立にまで発展する可能性をもつリージョナリズムがあることは確かであるが，それは主流にはなりえないと思われる．他方，1930年代のリージョナリズムは，政治的イデオ

ロギーと地域的な経済要因が結合したため，排他的な地域経済圏が対立を激化させて世界経済を分断した．政治的イデオロギーとは資本主義，共産主義，そして全体主義であった．なかでも，ナチス・ドイツや軍国主義日本の全体主義は拡張的，攻撃的であり，地域経済圏の対立を激化させた．

だが，今日のリージョナリズムは特定の政治的イデオロギーを内包していない．とりわけ，冷戦が終わり共産主義の影響力がなくなると，軍事的対立の可能性を内包する普遍的なイデオロギーの対立がなくなった．また冷戦後，軍事的にみると世界には米国の一極支配体制が確立した．湾岸戦争やNATOの対セルビア空爆はそのことを明らかにした．それゆえ，今日のリージョナリズムは軍事的対立を招く排他的なものとはなりえない，と言えよう．

冷戦後，もう1つのことが明らかになった．宗教や民族問題を別にすれば，資本主義諸国間の差異をめぐる競争が主要課題となったことである．すなわち，米国型（新自由主義市場経済），ドイツ型（社会市場経済），それとも日本型（国家主導市場経済）といった市場形態の優位性をめぐる競争の時代に入った[1]．この競争は，類似する市場経済をもつ資本主義諸国が地域経済圏を形成するリージョナリズムの方向と，優位性を獲得した市場経済がグローバル・スタンダードとなってグローバリズムを進展させる方向の2つの可能性をもっている[2]．

1980年代末には前者の方向が，一時的にではあるが，顕在化した．日本の債権大国化とともに日本型市場経済が優位性を獲得したかに思われた．そして日系多国籍企業が東アジアに生産のネットワークを形成したのを背景に，東アジア経済圏構想が議論された．また欧州統合も，EMSの発展に支えられたマルクの基軸通貨化と市場統合の進展により，マーストリヒト（欧州連合）条約を締結するまでに深化した．ドイツの社会市場経済を核とするEUは日米に対抗しうる経済圏として発展することができると考えられた．

だが，1993～94年を転換点に後者の方向が顕在化し，グローバリズムがリージョナリズムを押さえ込むようになった．その契機は米日欧の景気循環のズレが大きくなったことである．東西ドイツ統合のコストが高くついて，財政

赤字を拡大させたドイツがインフレ抑制に高金利政策を採用したからである．また，それは他のEU諸国にデフレ圧力を強めたし，さらに92～93年の欧州通貨危機が加わって，欧州経済の不況を長期化させた．日本経済もバブル崩壊とともに巨額の不良債権を抱えたことにより金融システム不安を顕在化させ，不況が長期化した．

　他方，冷戦の終結とともにポール・ケネディがいうところの「帝国的負担過多」[3]から解放された米国が，ジョセフ・S.ナイ Jr. が主張する「ソフト・パワー」[4]の威力を発揮するようになった．具体例の1つとして，米国の防衛費負担が大幅に軽減された点を指摘することができる．冷戦時代，特にレーガン大統領時代の防衛費は，対GDP比6%弱であったが，冷戦後は3%程度にまで低下した．他の先進諸国のそれは冷戦時代及び冷戦後も3%前後であったことから，「平和の配当」を最も多く受けたのが米国であったことがわかる．そして経済再生を唱えたクリントン政権が93年に登場すると，米国経済は情報・通信・金融産業を梃子に復活し始めた．防衛費削減は米国財政赤字縮小をもたらしただけでなく，資金面から民間投資増加を可能にして経済復活をもたらす要因となったのである．

　こうして1990年代中頃に米国型市場経済の相対的優位が確立したのを背景に，米国は積極的にグローバリズムを進展させ，新自由主義的秩序の下に世界経済を統合し始めた．1990年代に入ると，米国はリージョナリズムの動きに対し積極的に反撃し始めた．まず，NAFTAを成立させ，それを梃子に自由貿易圏を南北アメリカ大陸に拡大させようとしているだけでなく，東アジアにおいてもEAEG構想を批判し，それに代わり米国が指導権を握るAPECを推進した．だが，この動きは絶対的なものではない．

III 「ドル本位制」と国際資金循環

1 「ドル本位制」の基礎条件

　金・ドル交換停止後出現した「ドル本位制」は，四半世紀を経て不安定性を

増幅させてはいるが，まだグローバルなシステムを維持している．ドルがグローバルな基軸通貨の地位を失えば，貿易や国際資本移動は大幅な縮小を余儀なくされ，世界経済が分断される可能性が高まる．事実，1930年代にはグローバルな基軸通貨が存在せず，地域的な基軸通貨が対立して通貨圏拡大競争が展開された．

　「ドル本位制」の基礎条件は以下の2点に要約できる．第1条件は民間の国際資本移動に支えられている点である．「ドル本位制」は，金本位法をもつ国際金本位制や国際協定をもつブレトンウッズ体制とは違って，いかなる制度的基礎ももたない「ノンシステム non-system」だという点に特徴がある．その意味は国際収支調整や国際流動性の供給をすべて市場（外国為替市場と国際金融市場）にゆだねる「システムの民営化 privatization of the system」によって運営される，という点にある[5]．具体的には，「公的規制と法を民間の機構によっておき換える」[6]ことであり，国際会計基準，BIS規制，民間信用格付け機関，そして国際商事仲裁制度などが市場での行動原理としてなによりも重要視される．

　「システムの民営化」を可能にした要因は過剰な国際流動性（過剰ドル）の存在である．他方，1930年代は国際流動性が大幅に縮小した．為替リスクの高まりの中で基軸通貨が金交換され，退蔵された．このため，国際流動性の新規供給だけでなく，絶対量さえもが縮小し，国際資本移動がストップしたのである．この点については世界の国際準備とその構成を表した表3-1及び4大債権大国の新規海外投資を表した表3-2から確認できる．世界の国際準備総額は1928年の130億ドルから33年の204億ドルへと増加した．だが，その内訳をみると，金準備が99億ドルから193億ドルへと増加し，全体の増加額を上回っている．他方，外貨準備は32億ドル（ポンド残高26億ドル，ドル残高6億ドル）から11億ドル（ポンド残高11億ドル，ドル残高1億ドル）へと減少した．また4大債権国の新規海外発行をみると，米国は1925〜28年の年平均10億6,700万ドルから34年の0ドルへ，英国は1億2,000万ポンドから4,300万ポンドへと急減した．金価格指数でみると，1934年の新規海外投資総額は

表 3-1 世界の国際準備とその構成

(単位:億ドル,カッコ内は%)

	1913	1928	1933	1937	1949
世界の国際準備総額	49.6(100)	130(100)	204(100)	277(100)	455(100)
金準備	41 (82.7)	99 (76.2)	193 (94.6)	253 (91.3)	350 (76.9)
外国為替準備	8.6* (17.3)	32 (24.6)	11 (5.4)	24 (8.7)	104 (22.9)
内訳:ポンド	4.3 (8.7)	26 (20.0)	11 (5.4)	17 (6.1)	64 (14.1)
フラン	2.8 (5.6)	—	— (0.7)	2 (2.0)	9
マルク	1.5 (3.0)	—	—	—	—
ドル	—	6 (4.6)	1 (0.5)	4 (1.4)	30 (6.6)

注:*は P.H. Lindert, "Key Currencies and Gold, 1900-1913", *Princeton Studies in International Finance*, No. 24, August 1969, Table 2.
出所:R. Triffin, *The Evolution of the International Monetary System,* Princeton University Press, 1964, p. 67.

表 3-2 4大債権国の新規海外投資

	アメリカ			イギリス	フランス	オランダ	合計
	新規発行[1]	直接投資	合計	新規発行[2]	新規発行[3]	新規発行[5]	金指数[7]
	(100万ドル)			(100万ポンド)	(100万フラン)	(100万グルテン)	(1925-28年平均=100)
1925-28平均	1,067	274	1,341	120	426[4]	263[6]	100
1929	635	335	970	94	1,100	99	74
1930	833	253	1,086	109	1,400	196	81
1931	213	196	409	46	3,725	36	39
1932	27	36	63	29	1,645	23	12
1933	10	91	101	38	400	0	11
1934	0	48	48	43	0	140	10

注:1) 額面資本額,ただし借換発行・アメリカ属領のための発行・割引・引受手数料を除く.
  2) ミッドランド銀行の推計.
  3) フランス国内で募集された新規外債発行.ただし仏領植民地への借款を除く.
  4) 1926-28年平均.
  5) 外国勘定新規発行.
  6) 1927-28年平均.
  7) 4ヵ国による新規対外投資の金価格指数.
出所:Royal Institute of International Affairs, *The Problem of International Investment*, Oxford U. P., 1937, 王立国際問題研究所/楊井克己・中西直行訳『国際投資論』日本評論社, 1970年, 298ページ.

1925〜28年平均の1/10に急減した.為替切り下げ競争が展開されるなか,各国は為替リスクを回避するため国際流動性を金交換して退蔵したので,基軸通貨国の海外投資による新規の国際流動性供給もストップしたのである.

他方,現在の変動相場下の「ドル本位制」では,1930年代と正反対に,国

際流動性が急増して過剰な状態となっている．この点については先進国のグロスとネットの資本移動を表した前掲図2-2及び図2-1（37ページ）から確認できる．対GDP比でみたネットの資本移動は，ブレトンウッズ体制下では0.7～0.8％であったのが，変動相場移行後2.5％以上へと急増し，以後2.0～2.5％の水準を維持している．ネットの資本移動が急増したのは，国際収支不均衡（経常収支赤字）が拡大したからである．経常収支赤字は固定相場で厳しい国際収支の制約があったブレトンウッズ体制下の対GDP比1.0％前後から，変動相場に移行して国際収支の制約が大幅に緩和したことにより2.5％前後へと上昇した．さらに注意すべきことは，グロスの資本移動をみると，ブレトンウッズ体制下では対GDP比2.0％以下であったのが，変動相場移行後の70年代は3.0％前後へと急増し，80年代中頃～90年代中頃までは5.0％前後で推移していたのが，90年代後半以降14％を超えて上昇している点である．このようなグロスの資本移動の急増はグローバリゼーションの進展と歩調を合わせている点に注意する必要がある．

　過剰国際流動性（ドル）は基本的には米国経常収支赤字を通じて供給されている．だが，もう1つのルートが加わった．それは，変動相場下で各国の金融自由化・国際化が国際金融市場へのアクセスを容易にしたことから，各国は米国を経由せずに国際資本取引が可能になったことである．その代表がユーロ市場を利用した国際金融仲介である．その結果，ネットのISギャップ（経常収支不均衡）をはるかに上回るグロスの国際資本取引を生み出した．過剰ドルは，一方では不安定性の原因でもあるが，他方では「システムの民営化」を支える柱である．つまり，過剰ドルの存在は，国際決済面では銀行間外為市場においてドルの為替媒介通貨（vehicle currency）[7]機能独占を可能にさせており，また国際金融市場においては情報通信技術の発展と結びついてデリバティブという金融革新を生み出した．その結果，変動相場下でリスクと不確実性が高まったにもかかわらず，膨大な民間国際資本移動が生み出され，ドルによる国際決済と国際収支ファイナンスが円滑に行われるようになったのである．

　第2の条件は公的な国際資本移動（公的準備ドルの増加）に支えられている

点である．1990年以降，グローバルな基軸通貨ドルを支えているのは，途上国が採用する「事実上のドル・ペッグ」政策である．途上国の「事実上のドル・ペッグ」採用は，途上国の発展とともに公的準備ドルを増大させただけでなく，その背後にある膨大な民間のドル建国際取引（米国からみれば第三国間取引）を拡大させる作用をもった．このため，途上国はドル圏から離脱する先進諸国に代わり「ドル本位制」を支えることになった．

　この点はグループ別にみた外国為替準備高を表した前掲図2-3（38ページ）から確認できる．変動相場移行から1990年までは，先進諸国グループ（21ヵ国）と途上国グループの両者ともに同じようなペースで外国為替準備を増加させていた．だが，1990年以降，両者は対照的な動きを示している．途上国グループは1990年の約2,000億SDRから1998年の約7,000億SDRへと3.5倍も増加した．他方，先進諸国グループは約4,000億SDRから約5,000億SDRへと1.25倍しか増加しなかった．しかも，途上国グループは先進諸国グループを約2,000億SDRも上回っているのである．だが，先進諸国グループの中で日本の存在が突出している点に注目する必要がある．日本1国だけで先進諸国グループ全体の外国為替準備の約1/3を占めている．そのことは，日本を除く先進諸国グループのドル離れが1990年代以降急速に進展していることを意味する．特にEU諸国のドル離れが顕著である．その理由は，EU諸国が1990年代に入るとEMS（欧州為替相場メカニズム）を梃子にドイツ・マルクを基軸通貨，為替媒介通貨として利用するようになったからである．

　先進諸国（日本を除けば）は，対ドルでは変動相場を採用していることから，通常は「システムの民営化」の下で市場メカニズムによる調整にまかせている．だが，ドル危機の際には，先進諸国（G7）は国際通貨協力（例えば，80年代後半のプラザ合意からブラック・マンデー後のクリスマス合意までの一連のドル防衛協力）を形成し，民間の国際資本移動を誘導するための国際金利差を創り出すだけでなく，通貨当局がドルを買い支えて公的準備ドルを増加させた．別言すると，1970年代以降の米国国際通貨政策は，弱いドルの時代（77～78年，80年代後半，94～95年）にはG7に国際通貨協力を要請し，強いドルの時

代(80年代前半,90年代後半)にはビナイン・ネグレクト策(無策の策)を採用するといったことを繰り返してきたのである.

2 米国を中心とする国際資金循環の不安定性

変動相場移行後,米国は金融のグローバリゼーションを推進する過程で米国を中心とする国際資金循環の環を拡大してきた.金融のグローバリゼーションは,1970年代にはユーロ・ダラー市場を軸に先進諸国銀行間市場を国際統合し,80年代にはニューヨーク証券市場を軸に先進諸国証券市場間の国際統合を押し進め,米国を中心とする国際資金循環を形成してきた.そして90年代には,エマージング・マーケットと呼ばれる一部途上国の銀行・証券市場を国際資金循環の環に包摂した.

メキシコ通貨危機の影響が短期間で収束すると,米国の好況・日欧の不況といった景気循環のズレが長期化し金利差が拡大することが明らかになり,強いドルが確立した.こうして1990年代中頃以降,強いドルの下で以下のような構造をもつ米国を中心とした国際資金循環が形成された[8].

①強いドルが日欧など先進諸国の資金をニューヨーク証券市場に吸収したが,その資金は米国経常赤字を大幅に上回る「過剰な資本輸入」であった.ピークの96年の対米証券投資は米国のGDPの5%であり,米国経常赤字は2%であった.②米国はその「過剰な資本輸入」を利用して株高や社債ブームを創り出し,潜在成長率を上回る高い経済成長を実現した.さらに,③強いドルのメリットを利用して米国はエマージング・マーケットやその他の世界に直接投資,FPI(対外ポートフォリオ投資),ユーロ・ダラー市場への貸出を積極的に展開した.以上の①,②,③の資金フローは,米国の経常収支赤字と長期証券取引を表した図3-1から確認することができる.1995年中頃以降,海外投資家による米国長期証券購入が,米国の経常収支赤字を大幅に上回るようになった.この「過剰な資本輸入」が強いドルを生み出し,また米国投資家による海外長期証券購入(FPI)を増大させていったのである.④途上国に流入したドル資金は経常赤字を上回る「過剰な資本流入」であった.だが,この資金流入は,

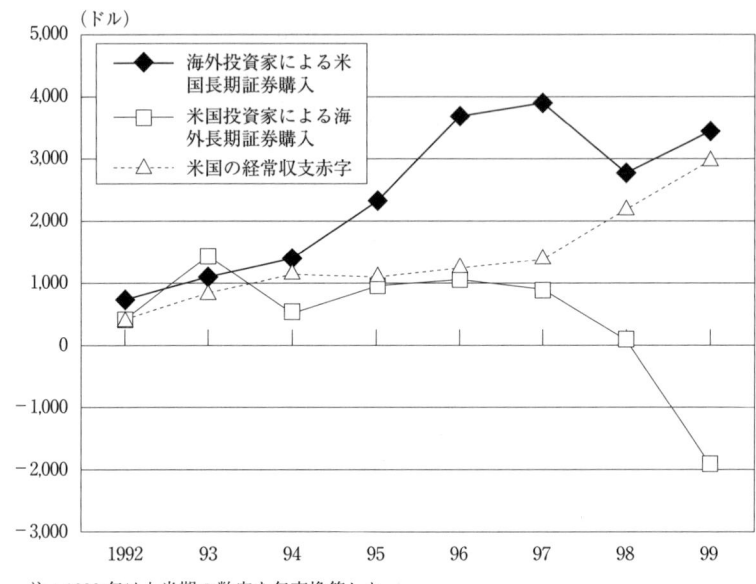

図 3-1　米国の経常収支と長期証券取引

注：1999 年は上半期の数字を年率換算した．
出所：*Treasury Bulletin*, 1995, and September 1999 より作成．

途上国が「事実上のドル・ペッグ」を採用していたため，公的外貨準備ドルの増加をもたらし自動的に米国へ還流した．1990 年代に途上国全体に流入した外資の約 20％ が経常収支赤字をファイナンスしたにすぎず，30％ が外貨準備の増加をもたらし，そして約 50％ が資本逃避をファイナンスしたと評価されている．結局，途上国に流入した外資の約 80％ が「過剰」と言えるものであった[9]．

FPI を積極的に展開する米国の投資家とは，機関投資家（各種ミューチュアル・ファンド，保険会社，年金基金等）やヘッジファンドである．機関投資家は現在 20 兆ドルを超える資産を運用している．彼らがその資金のわずか 1％ を国際分散投資に振り向けるだけでも 2,000 億ドル以上に達する．またヘッジファンドの自己資産（97 年）は 3,000 億ドル前後（IMF 推計は 1,096 億ドルであるが，OECD 推計は 2,950 億ドル，民間推計は 3,700 億ドル）である．しかも，ヘッジファンドは高いレバレッジを用いるため自己資産の数倍の運用総資

産を，さらにデリバティブ取引を活用するため運用総資産の数倍の想定元本をもつ．

　米国の機関投資家やヘッジファンドの国際分散投資の特徴は，投資対象国証券を直接購入するだけでなく，タックスヘブンのオフショア市場（主にカリブ海諸島）との取引を通じて間接的に投資する点にある．その理由は，規制や税金を回避しうるタックスヘブンのオフショア市場に欧米の有力金融機関が特定目的投資会社を多数設立し，この特定目的投資会社が国際分散投資の対象となる様々な国際証券を発行しているからである．特に途上国向け投資はそのままでは米国機関投資家が購入しえない投資不適格証券である場合が多い．そこで特定目的投資会社が投資不適格な途上国証券をデリバティブ取引により投資適格証券に組み替える（仕組み債：structured financial products）のである[10]．その結果，米国－カリブ海オフショア市場間の資本取引が急増している．

　他方，日欧は債権大国ではあるが，対途上国民間資金還流ルートは直接投資中心であり，それにユーロ・ダラー市場を通じた対外銀行貸出が加わる．日欧の金融機関はまだ FPI のルートを構築していない．このため日欧は，直接投資以外には，ニューヨーク証券市場やユーロ・ダラー市場に資本輸出してドルの国際金融ネットワークを通じて途上国に資金還流させる方法しかもたなかった．その結果，日欧経常黒字国は資金を還流させるのにドルの国際金融ネットワークを利用せざるをえなかったのである．

IV　国際システムの構造変化

　強いドルが確立したのはわずか4年前の1995年夏以降のことである．85年秋～95年春までの10年間は弱いドルの時代であった．強いドルが現在の米国を中心とした国際資金循環を支えているのであるが，それは景気循環的要因の結果である．すなわち，90年代中頃に，米国の好況・日欧の不況といった景気循環のズレが長期化することが明らかになり，またそれを反映した米と，日欧間の金利差が拡大した．この景気循環的要因が日欧など海外からの対米民間

資本輸出を増大させ，強いドルを実現したのである．また97年夏に始まる通貨危機がアジアからロシア，そして中南米へと伝染して世界中を混乱させたが，この混乱も安全を求める投機資金を世界中から米国へ集中させ，強いドルを補強する作用をもった．

だが，90年代末になり，強いドルの時代が終わろうとしている．その根拠は2つある．1つは景気循環的要因であり，米と日欧の景気循環のズレが解消に向かい始めている．もう1つは構造的要因である．そして景気循環的要因よりも構造的要因の方がずっと重要である．なぜなら，構造的要因の問題は「ドル本位制」を解体させる可能性をもっているからである．

構造的要因は3つある．第1は，米国が1998年末の市場評価額で1.5兆ドルの純債務を負う世界最大の債務大国だという問題である．加えて，米国の経常赤字が拡大傾向を示しており，1999年には対GDP比で3.5％を超えた．米国の対外純債務額は対GDP比でみると，1998年は20％近くに達しており，2005年には30％を超えると予想されている．これは，強いドルと米国経常赤字の継続がやがて維持不可能になるだろう，というサステナビリティ問題を提起する．強いドルから弱いドルへの転換が，漸進的なドル安か突然のドル暴落かのいずれかの形で，近く始まるに違いない．

第2は，通貨危機後アジア諸国が次第に「事実上のドル・ペッグ」政策を放棄していくだろうという問題である．途上国は「事実上のドル・ペッグ」政策採用のため，「過剰な資本流入」が公的外貨準備ドルの増加（対米公的資本輸出）となり，強いドルを自動的に補強していた．だが，通貨危機後，変動相場に移行した東アジアの国々は，今後どのような為替相場を採用するかは未定であるが，危機前のような「事実上のドル・ペッグ」に復帰する可能性は低く，現在のような管理フロートか複数通貨バスケット制（ドルの比重を低下させ，円やユーロの比重を高める）のどちらかになる可能性が高い．そうだとすれば，90年代の「ドル本位制」を支えた基礎条件の1つが失われることを意味する．

第3は，99年1月に単一通貨ユーロが登場したことによりもたらされる問題である．ユーロは，国際決済面での銀行間外為市場における為替媒介通貨機

能獲得には時間がかかるだろうが，ユーロ建て金融資本市場の発展により貿易契約通貨，投資通貨，基軸通貨機能は早期にドルに対抗する地位を獲得すると考えられる[11]．

これら3つの構造的要因の問題は中長期的には「ドル本位制」を解体し，グローバルな基軸通貨が不在の状況を創り出す可能性がある．グローバルな基軸通貨がなくなって複数基軸通貨体制が出現すれば，リージョナリズムの動きが活発化すると予想される．しかし，現在のリージョナリズムは排他的なものとはなりえず，グローバリズムとの繋がりを維持するものと思われる．それは，矛盾した表現ではあるが，「開かれた地域主義」といった状態を意味する．

注
1) J. Gray, *False Dawn : The Delusion of Global Capitalism*, 1998, ジョン・グレイ著／石塚雅彦訳『グローバリズムという妄想』日本経済新聞社，1999年．
2) B.J. Cohen, *The Geography of Money*, Cornell University Press, 1998.
3) P. Kennedy, *The Rise and Fall of The Great Powers*, 1987, ポール・ケネディ著／鈴木主税訳『大国の興亡』草思社，1988年．
4) J.S. Nye, Jr., *Bound To Lead : The Changing Nature of American Power*, 1990, ジョセフ・S. ナイ Jr. 著／久保伸太郎訳『不滅の大国米国』読売新聞社，1990年．
5) 拙著『基軸通貨の交替とドル』有斐閣，1988年，第7章参照．
6) Saskia Sassen, *Losing Control? : Sovereignty in an Age of Globalization*, 1996, サスキア・サッセン『グローバリゼーションの時代』平凡社，1999年，23ページ．
7) 拙著『国際通貨システム』岩波書店，1997年，第6章参照．
8) 拙稿「世界デフレ回避のために日本がなすべきこと―アジア通貨危機と円・ドル関係のゆくえ―」『世界』1998年8月．
9) B. Bosworth & S.M. Collins, "Capital Inflows, Investment, and Growth", *Tokyo Club Papers 1999*, Vol. 12.
10) 拙編著『アジア経済再生』日本貿易振興会，1999年，第1章「エマージング・マーケットとデリバティブ」を参照．
11) 拙稿「国際通貨ユーロの地位」『経済セミナー』No. 528, 1999年1月, "The International Role of the Euro", *ECB Monthly Bulletin*, August 1999.

第4章 「ドル本位制」と通貨危機
―― システム民営化の限界 ――

I 問題の所在

　1990年代に入り通貨危機が続発している．92～93年のEMS通貨危機，94～95年のメキシコ通貨危機と中南米への伝染，そして97年のアジア通貨危機と東ヨーロッパ通貨危機である．アジア通貨危機が新たな段階へ発展したのは，10月の香港ドル危機が香港の株価大暴落を引き起こしたとき，それがニューヨーク株価暴落を招き，東京，ロンドンなど主要市場に波及して世界同時株安を生み出したことを契機にしてであった．これによりアジア通貨危機は地域問題ではなく世界的な問題となり，アメリカは11月のインドネシア通貨危機対策以降アジア通貨危機に対し積極的に介入してゆく．そして12月には，GDPが世界第11位でOECDに加盟した韓国までが通貨危機に陥り，IMFに緊急支援を要請した．アジア通貨危機は98年に入っても収束せず，5月にインドネシアでスハルト退陣を招いた暴動へと発展し，また8月にはロシア通貨危機，さらにブラジル通貨危機へと拡大した．そして，石油に代表される1次産品価格の下落からアジア諸国の主力輸出品である繊維や家電商品といった製造品価格の下落へとデフレーションが波及し，世界不況の可能性を高めている．

　このように通貨危機が続発するのはブレトンウッズ体制末期（1970～73年）以来のことであり，これは「ドル本位制」が国際通貨システムの管理能力を喪失した結果だと考えられる．本章では，続発する通貨危機は不安定なドルの国際資金循環を背景に弱い環の部分に発生するものと考え，以下の順序で考察を進めていく．第1に，不安定なドルの国際資金循環とはどのような構造な

のかを明らかにする．第2に，90年代のエマージング・マーケットと国際資本移動の特徴を分析する．第3に，「ドル本位制」下の国際収支調整問題を明らかにし，通貨危機について考察する．そして最後に，システムの民営化により運営されてきた「ドル本位制」の限界を明らかにする．

II 不安定なドルの国際資金循環

　現在の米国中心の国際資金循環はどのような構造なのだろうか．それは，強いドルに支えられて経常赤字の米国（及びユーロ・ダラー市場）に世界中の資金が吸収され，米国からエマージング・マーケットなど世界中に再投資される，といった構造である．強いドルが米国を国際資金循環の中心に位置させることにより，米国に「世界の銀行」としてドルの国際金融仲介を可能にさせている．
　だが，これは不安定な構造の上で展開されている国際資金循環である．不安定性の根源は，米国が20年近く大幅な経常赤字を継続させており，1兆ドルを超える対外純債務を抱える世界最大の債務大国だという点にある．ドルが弱くなれば，海外から米国に資本が流入しなくなるため，世界中にドルを再配分できないだけでなく，自国の経常赤字さえファイナンスできなくなってドル暴落が発生する．では，何がドルの強さを支えているのだろうか？
　現在のドルの強さは2つの要因に支えられている[1]．1つは米国経済の強さである．米国の経常赤字が巨額であっても，その対GDP比率が経済成長率以下であれば大きな問題にはならない．しかし，経常赤字の対GDP比率が経済成長率を上回れば，強いドルと巨額の経常赤字継続の両立が不可能になる．これがサステナビリティ問題である．もう1つは国際金利差である．国際金利差は米日欧の景気循環のズレが創り出す．例えば，為替リスクを考慮すると，日米金利差が3%以上に拡大すると，日本の対米証券投資が急増する．だが，金利差が縮小すると，日欧から米国に向けての資本移動が起こらないため米国の経常赤字ファイナンスが困難になり，強いドルを維持できなくなる．1980年代後半に米国のサステナビリティ問題と国際金利差縮小が同時に発生し，ドル

が暴落した．以後 10 年間，弱いドルの時代が続いた．

　強いドルの時代が確立したのはわずか 4 年前の 95 年夏以降のことである．85 年のプラザ合意から 95 年までの円（マルク）高・ドル安基調の下では，弱いドルの米国は国際通貨国であるにもかかわらず国際資金循環の周辺へと追いやられ，中心には強い通貨をもつ日独が位置した．国際金利差が縮小しドル安が予想されると，日欧の対米証券投資が減少して米国経常赤字ファイナンスが困難になり，米国の対途上国投資が停止する．また米国の対途上国投資が継続されたとしても，米国経常赤字ファイナンスができなくなってドル安になる．87 年 10 月のブラック・マンデーや 95 年春の超円高がこのようなケースであり，ドル暴落を防止するため国際金融協力が必要となる．しかし，国際資金循環の中心になったといっても，日欧の対途上国資金還流ルートは直接投資中心であり，まだ FPI や銀行貸出を自国通貨で行える自前のルートを構築していない．このため日欧は，経常黒字を米国やユーロ・ダラー市場に資本輸出してドルのネットワークを通じて途上国に資金還流させる以外に方法がなかったのである．

　だが，95 年夏以降円（マルク）安・ドル高へと為替相場の基調が変化した．95 年春の 1 ドル＝ 80 円を底に円高ドル安基調が反転し，98 年夏には 1 ドル＝ 147 円を突破する円安ドル高が進行した．強いドルを生み出した要因は米国経済の強さ（日欧の不況長期化）と国際金利差拡大であり，それらに魅せられた世界中の資金が米国一極に集中し，経常赤字を大幅に上回る「過剰な資本流入」が定着した．米国の 96 年経常赤字が 1,482 億ドル（97 年 1,664 億ドル）に対し，資本黒字は 1,952 億ドル（同 2,636 億ドル）であった．巨額の資金流入がドル高を生み出し，他方でその一部がエマージング・マーケットと呼ばれる途上国に米国から再投資される，といった国際資金循環が形成された．

　日欧は経常黒字を米国やユーロ・ダラー市場に資本輸出し，ドルの国際金融ネットワークを通して途上国に資金還流させる以外に方法をもたないが，米国は金融のグローバリゼーションを押し進める過程で世界中にドルの国際金融ネットワークを形成してきた．その結果，米国は 90 年代にはドルの国際循環の

環の中にエマージング・マーケットと呼ばれる一部途上国をも包摂した．エマージング・マーケット向け投資主体は国際分散投資に積極的な先進諸国，特に米国の機関投資家（保険，年金，ミューチュアル・ファンド，大投資銀行の自己勘定取引，ヘッジファンド）である．しかし，途上国はドルの国際資金循環に組み込まれたことにより膨大な国際資本移動に翻弄されるようになった．途上国は97年夏までの経常赤字を大幅に上回る「過剰な資本流入」から，通貨危機を契機に「過剰な資本流出」へと急変するのを経験した．このような国際資本移動の不安定性は，国際資金循環の弱い環の部分を形成する途上国に通貨危機を発生させ，環からの脱落を余儀なくさせることになった．

III　エマージング・マーケットと国際資本移動

1　金融のグローバリゼーション

　金融のグローバリゼーションはこれまで3つの段階を経て発展してきた．第1段階は70年代であり，それはユーロ市場を舞台に間接的な国際統合を発展させた．そして70年代の経常収支不均衡の特徴は，第1次石油ショックの影響もあって途上国に顕著に表れたことである（非産油途上国の赤字と産油途上国の黒字）．ユーロ市場を舞台にした国際資本移動は，非産油途上国（特にNICsや資源保有国）の国際収支ファイナンスを仲介するのに役立った．途上国の一部ではあっても，このときはじめて国際資金循環の環に加わることができたのである．だが，これらの国々の多くは，第2次石油ショックとアメリカのディスインフレ政策による世界不況と高金利により80年代前半に累積債務危機を顕在化させ，国際資金循環の環から外されてしまった．

　第2段階のグローバリゼーションはセキュリタイゼーション（証券化）をテコに始められた80年代であり，先進諸国間証券市場の直接的な国際統合を発展させた．そして80年代の経常収支不均衡の特徴は，先進諸国に顕著に表れたことである（米国の赤字と日独の黒字）．先進諸国間証券市場を舞台にした国際資本移動は，アメリカの国際収支ファイナンスを仲介するのに役立った．

だが，ドル高と経常収支赤字拡大に耐えかねたアメリカは，85年プラザ合意によりG7の国際金融協力を要請した．国際収支調整問題を市場にゆだねる「システムの民営化」[2] 路線が限界に突き当たったのである．しかし，国際金融協力に亀裂が入ると，民間資本流入が急減してドル暴落が進行し，87年10月のブラック・マンデーを生み出した．結局，アメリカの国際収支ファイナンスを支えたのは各国の公的資本輸出（外貨準備の急増）であった．

第3段階は90年代であり，それはエマージング・マーケットとして注目された一部途上国証券市場と先進諸国証券市場の直接的な国際統合を進展させた．エマージング・マーケットと先進諸国証券市場を舞台にした国際資本移動は、中南米やアジアの国際収支ファイナンスの仲介に役立ったが，90年代後半には通貨危機を生み出した．そこで次の問題は，エマージング・マーケットと先進諸国証券市場の統合による国際資本移動とは何か，またその特徴はどこにあるのかを明らかにすることである．

2 エマージング・マーケットと国際資本移動

第2次大戦後の途上国への資本流入の歴史を図4-1と表4-1を用いて簡単にサーベイしておこう[3]．第2次大戦直後の開発金融はほとんどが植民地宗主国からの資本輸出で占められていた．だが，1950年代に入ると，一方で植民地が独立し始めたこと，他方で米ソ冷戦が地域紛争において熱戦の時代に入ったことから，途上国を自分たちの陣営にひきいれるため米ソによる軍事援助・贈与が急増した．60年代になると，米ソの軍事援助・贈与に加えて経済援助競争が展開された．経済援助競争は，①ODAを中心とする公的資本の贈与・借款，②輸出入銀行などの公的金融機関と民間金融機関が共同で実施する輸出信用（特に延払信用：サプライヤーズ・クレジット）であった．民間資本では直接投資と輸出信用が中心であり，債券や中長期の銀行信用は極めて少なかった．

1973年の第1次石油危機以降，民間資本が公的資本を上回るようになった．民間資本の中でも直接投資やFPI（Foreign Portfolio Investment：株式と債券のポートフォリオ投資）よりも貸出（大部分が中長期のユーロ・シンジケー

図 4-1 途上国の国際収支ファイナンスの形態変化

(1) 1960 年代の途上国国際収支ファイナンス

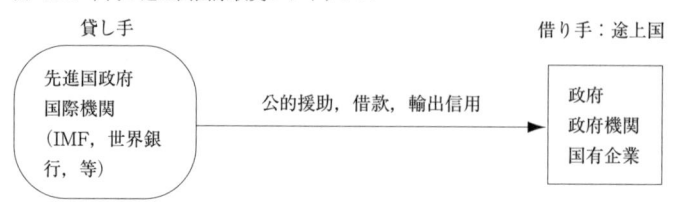

貸し手：先進国政府、国際機関（IMF，世界銀行，等）
→ 公的援助，借款，輸出信用
借り手：途上国：政府、政府機関、国有企業

(2) 1970 年代中頃〜1982 年までの途上国国際収支ファイナンス

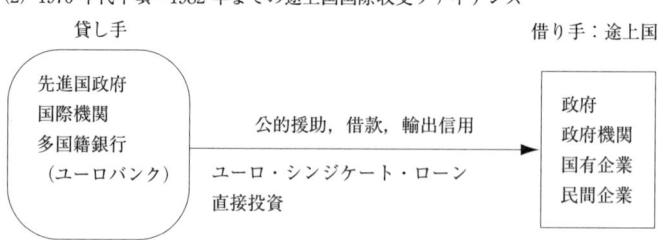

貸し手：先進国政府、国際機関、多国籍銀行（ユーロバンク）
→ 公的援助，借款，輸出信用
ユーロ・シンジケート・ローン
直接投資
借り手：途上国：政府、政府機関、国有企業、民間企業

(3) 1990 年代の途上国国際収支ファイナンス

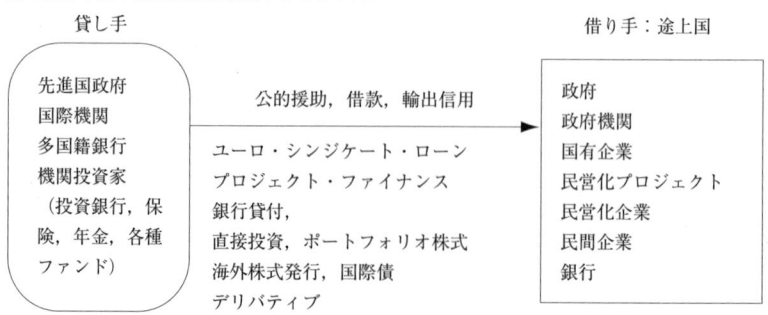

貸し手：先進国政府、国際機関、多国籍銀行、機関投資家（投資銀行，保険，年金，各種ファンド）
→ 公的援助，借款，輸出信用
ユーロ・シンジケート・ローン
プロジェクト・ファイナンス
銀行貸付，
直接投資，ポートフォリオ株式
海外株式発行，国際債
デリバティブ
借り手：途上国：政府、政府機関、国有企業、民営化プロジェクト、民営化企業、民間企業、銀行

ト・ローン）が途上国への資本流入の中心形態であった．NICs や資源保有国など一部途上国にユーロ・シンジケート・ローンを中心に民間資本流入が急増し，巨額の対外債務が累積した．83 年の対外純債務の対 GDP 比をみると，アルゼンチンが 81.4％，メキシコが 66.6％，ブラジルが 50.6％ にも達していた．ユーロ・シンジケート・ローンは別名ソブリン・ローンとも呼ばれた．その理由は，貸し手はユーロ市場を活動の舞台とする多国籍銀行であったが，借り手は途上国政府や政府保証をもつ公的機関や国有企業であり，「国家は倒産しな

表4-1 エマージング・マーケットと国際資本移動

(単位:年平均, 10億ドル)

	1973-77	1978-82	1983-88	1989-95	1994	1995	1996	1997
発展途上国全体								
ネットの民間資本移動	10.2	26.0	11.6	114.3	160.5	192.0	240.8	173.7
ネットの直接投資	3.6	9.0	12.6	39.8	84.3	96.0	114.9	138.2
ネットのポートフォリオ投資	0.2	1.7	4.3	41.5	87.8	23.5	49.7	42.9
その他のネットの投資 [1]	6.4	15.3	−5.2	33.1	−11.7	72.5	76.2	−7.3
ネットの公的資本移動	11.0	25.5	29.5	11.7	−2.5	34.9	−9.7	29.0
国際準備の増減	20.2	21.7	9.6	56.9	90.9	122.9	100.7	52.2
アジア [2]								
ネットの民間資本移動	4.3	13.9	11.2	45.7	66.2	95.8	110.4	13.9
ネットの直接投資	1.4	3.0	5.6	24.4	46.8	49.5	57.0	57.8
ネットのポートフォリオ投資	0.1	0.2	0.9	10.1	9.5	10.5	13.4	−8.6
その他のネットの投資	2.8	10.7	4.7	11.2	9.9	35.8	39.9	−35.8
ネットの公的資本移動	4.0	7.4	6.4	7.2	5.9	4.5	8.8	28.6
国際準備の増減	6.9	7.4	18.0	38.9	78.3	47.7	61.4	10.7
中南米								
ネットの民間資本移動	11.7	28.9	−2.0	34.0	47.4	35.7	80.5	91.1
ネットの直接投資	2.5	5.8	4.7	12.4	24.3	25.3	36.9	51.2
ネットのポートフォリオ投資	0	2.0	−1.2	18.1	60.6	−0.1	25.2	33.5
その他のネットの投資	9.2	21.1	−5.6	3.6	−37.5	10.5	18.5	6.5
ネットの公的資本移動	2.3	4.4	9.8	5.1	−4.0	22.0	−13.4	−7.3
国際準備の増減	−2.2	−2.5	0.7	11.4	−4.3	24.8	26.2	13.6

注:1) 短期及び長期の1.
　　2) 中東を除く.
出所:IMF, *World Economic Outlook*, May 1999, p. 35. IMF, *International Capital Market: Development, Prospects, and Key Policy Issues*, September 1998, p. 13.

い」と考えられたからである.

　しかし,82年夏,メキシコ政府が債務サービス(金利と元本の支払)の不履行を宣言したのを契機に,多くの重債務国に債務危機が顕在化した.債務危機発生の直接的原因は,アメリカの金融引締めによる金利急上昇と先進諸国の不況が途上国の債務サービスを困難にしたことである.15%を超える実質金利は変動金利であるユーロ・シンジケート・ローンの金利支払額を急増させた.また先進諸国の不況は1次産品価格下落と世界貿易の停滞を導き,途上国の外貨(ドル)獲得力を低下させた.こうして重債務国は債務サービス継続が不可能になり,40ヵ国以上の途上国と1,000以上の先進諸国の商業銀行を巻き込む債務危機が顕在化したのである.

債務危機は途上国への民間資本流入を激減させ，途上国を国際資本市場から締め出した．表4-1をみると，83〜88年の途上国全体への民間資本流入は116億ドルであり，70年代の半分以下であった．特に中南米は民間資本が20億ドルの純流出であった．その最大の原因は，ユーロ・シンジケート・ローンの新規供給停止及び国内資本逃避の発生により，その他の投資（大部分が貸出）が52億ドル（中南米は56億ドル）もの純流出に転じたことである．債務危機に陥った中南米諸国は海外から開発資金を調達できないだけでなく，海外資本逃避とハイパー・インフレに苦しめられ「失われた10年」を経験した．中南米諸国が1930年代のデフォルトを解決し国際資本市場に復帰できたのは30年後の60年代であったことから，80年代後半には累積債務問題を抱える国々は，今世紀の間は国際資本市場から締め出されるだろう，という意見さえ表明されていた．

債務危機直後からIMF提案，ベーカー提案，ブラッドレー提案など，累積債務問題の解決に向けて様々な試みがなされたが，成功しなかった．その理由は，これらの提案の第1目標が債務サービスの継続（多国籍銀行の経営安定化）を前提にした「債務繰り延べ」を基本とするものであり，累積債務国の再建・発展ではなかったからである．途上国向け貸出債権の相当部分を不良債権化させた多国籍銀行が経営危機に陥って国際金融危機へと発展するのを防止することに最優先課題が与えられていた結果である．だが，途上国が再び国際資本市場に参加するのは意外に早く，90年代になってのことである．その契機となったのが89年3月ブッシュ政権の財務長官ブレイディが提案した「新債務戦略」である[4]．

ブレイディ提案はアメリカの債務戦略を「債務繰り延べ」から「債務削減」へと180度転換させるものであり，その見返りにIMFの構造調整策を実施させることにあった．構造調整策は債務削減とともに経済再建の基礎条件を整えるものであるとみなされた．債務削減の取決めを待ちかねたように途上国へ民間資本の流入が復活した．表4-1に示されているように，1983〜88年には途上国全体のネットの民間資本流入は年平均116億ドルにすぎなかったが，93

年には 15 倍近くの 1,647 億ドルにも達した．地域別にみると，中南米が 39％（643 億ドル）と最大のシェアを占めた．その大部分は FPI（611 億ドル）であった．第 2 位は 35％（576 億ドル）のシェアを占めた東アジアであった．東アジアはすでに 80 年代後半から急成長を持続させていたにもかかわらず，資本流入が中南米ほどには増加せず，またその大部分が FPI ではなく直接投資（359 億ドル）であった．

なぜこれほどの大変化が中南米諸国にもたらされたのか？　その理由として以下の 3 点を指摘することができる．第 1 は「ワシントン・コンセンサス」への期待であり，クルーグマン（P. Krugman）は次のように説明している．「国際投資筋は債務削減取決めを，彼らが機能すると信じていた総合経済パッケージの一部と見て取ったのだ．債務削減は，自由市場や健全な通貨と相性がよく，これに貢献する．そして自由市場と健全な通貨は繁栄をもたらす．そして，資本が正しい政策を遂行している国に流入した，というわけである」[5]．第 2 は資本輸出国（先進諸国，特に米国）の低金利による過剰資本の圧力である[6]．第 3 は債務削減がニューマネー供給と結びつくような工夫がなされていたことである[7]．その工夫とは，債務削減のプロセスにおいてセキュリタイゼーションによる貸出債権の流動化が途上国向けデリバティブを開発する契機となる金融革新を組み込んでいた点である．このデリバティブを用いた国際金融仲介業務の発展が，エマージング・マーケットと呼ばれる中南米諸国に「過剰な資本流入」と「過剰な資本流出」といった国際資本移動の不安定性を増幅させたのである．

90 年代の対途上国民間投資の特徴は，直接投資，FPI（対外ポートフォリオ投資），貸出（特に短期）が急増した点にあった（表 4-1 参照）．直接投資は外資導入・輸出志向型開発戦略を採用する国々で急増した．短期貸出はタイの BIBF（バンコック・オフショア市場）に代表されるように金融自由化によりドルの「内―外」取引を認めたアジアの国々で急増した．そして FPI は，広義の意味においては，エマージング・マーケットで直接購入される株式や債券だけでなく，海外で発行される株式（公募及び私募のアメリカ預託証書 ADRs

やグローバル預託証書 GDRs), 外債, ユーロ・ボンドを含む.

 FPI の投資主体は, 先進諸国の生命保険や年金等の機関投資家, ミューチュアル・ファンド (特にカントリー・ファンド, インターナショナル・ファンド, グローバル・ファンド等) が大きなウエイトを占めている. これらの機関投資家は現在20兆ドル以上の資金を管理しており, そのファンド・マネージャーは常に高収益とリスク分散といった相反する目標を課せられている. この目標を達成する方法が国際分散投資の拡大である. 彼らがその資金のわずか1%をエマージング・マーケットに振り向けるだけで2,000億ドルにも達するのである. さらに, ヘッジファンド, proprietary traders, 投機型ミューチュアル・ファンドが加わる. これら攻撃的な投機型ファンドの資本は合計1,000億ドル以上であり, 5〜10倍のレバレッジ倍率をもって運用されている.

 例えば, ヘッジファンド, 攻撃的な投機型ファンド, 大投資銀行はキャリートレード (carry trade) と呼ばれる巨額のドル (1991〜93年) や円 (1994〜98年) での短期資本取引を行っている[8]. 円キャリートレードの場合, 彼らは円・ドル相場が円高方向へ変化しないとの予想に基づき, 世界最低金利の円を日本で大量に借り入れ, それを海外でアンカバーのドルに転換してアメリカやアジア諸国に FPI か短期貸付の形態で持ち込んで高収益を獲得していた. この資金はヘッジしていないので逃げ足が非常に速いのが特徴である.

IV 「ドル本位制」下の通貨危機

1 「ドル本位制」下の国際収支調整問題

「ドル本位制」は, 金本位法をもつ国際金本位制や国際協定をもつブレトンウッズ体制とは違って, いかなる制度的基礎ももたない「ノンシステム (non-system)」である. その意味は, 国際収支の調整や国際流動性の供給をすべて市場 (外国為替市場と国際金融資本市場) にゆだねる「システムの民営化 (privatization of the system)」により運営される, ということである. このような「システムの民営化」を可能にした要因は次の2つであった. 1つは変動

相場である．もう1つは変動相場の下で進展した金融の自由化・国際化がもたらした金融のグローバリゼーションと膨大な国際資本移動である．

「ドル本位制」下では国際収支調整問題への対応が先進国と途上国では異なる．先進国は経常収支不均衡に対し，調整の大部分は外国為替市場で決定される相場の変化を通じて達成され，残りは民間国際資本移動でファイナンスされる．他方途上国は様々な形態があるにしても事実上の固定相場を採用していたので，経常収支不均衡に対する調整方法は民間国際資本移動でのファイナンスと国内マクロ政策であった．途上国の国際収支ファイナンスまでが民間国際資本移動で行われるようになったのは，70年代以降のことであり，それ以前はODAを中心とする公的資本だけであった．この変化の背後には，変動相場下で進展した金融の自由化・国際化がもたらした金融のグローバリゼーションと膨大な国際資本移動が途上国を国際資金循環に組み込んだ事実がある．

途上国の多くが固定相場を採用するのは次の3つの理由からである．第1の理由は，自国通貨価値の安定が民間資本流入を容易にするからである．途上国が開発戦略と「外資導入・輸出志向型工業化」路線を採用する場合はこの傾向が特に強くなる．第2の理由は，輸出促進のため自国通貨切り下げ以外で国際価格競争力を強化する方法として，主要国の中では最も弱いが最大の輸出市場をもつ国の通貨，すなわちドルに事実上ペッグすることが選択されたことである．ドル・ペッグ採用策は85年のプラザ合意以後10年間の円高・ドル安傾向の中でその効果が定着した．第3の理由は，小国や途上国が開放経済体制に移行するにはアンカーが必要だと考えられたことである．なぜなら，尻尾（国際資本移動や為替相場の変動）が犬（国内経済）を振り回すからである．

「ドル本位制」はシステムの民営化によって運営されるが，その柱の1つである国際資本移動が市場の制御を越えて展開すると通貨危機が発生する．つまり，通貨危機システム民営化の限界＝「ドル本位制」の限界を意味する．「国際資本移動が市場の制御を越えて展開」することを示す指標は，「経常赤字を大幅に上回る（下回る）資本流入」である．国際収支ファイナンスをまかなってもなお余る過剰な（不足する過少な）資本流入は，固定相場制採用の途上国の

外貨準備急増（急減）となり，固定相場維持を困難にする．

　本来，経常赤字国は外貨準備の減少から金融引締め政策が必要とされるはずである．だが，「経常赤字を上回る資本流入」により外貨準備が急増すると，国内に過剰流動性が発生し，金融緩和によるインフレ（特に資産インフレ）の可能性が高まる．このため通貨当局は過剰流動性を吸収すべく不胎化政策を実施すると金利が上昇し，それが作り出す内外金利差拡大のため資本流入をさらに促進させるといった悪循環に陥る．脆弱な金融システムの下でバブルが崩壊すると，巨額の不良債権が発生し金融システム不安を顕在化させる．その結果，外資は一斉に流出する．これがアジア通貨危機の基底にあるメカニズムであった．

　累積債務を抱えかつ経常赤字を継続させている途上国にとって，民間資本流入を維持するためには，債務支払能力と過大評価された固定相場のサステナビリティを両立させる必要がある．だが，このサステナビリティは，いつか貿易赤字から黒字への「転換」が発生するだろうとの期待に支えられている．そして，この「転換」がスムーズに行われるのか，それとも通貨危機といった突然の暴力的な強制力によって行われるかは，世界及び途上国国内の情況が規定する．

　問題は「転換」が通貨危機の形で突然訪れるときである．カルボ＆メンドーサ（G.A. Calbo & E.G. Mendoza）はメキシコ通貨危機を，またサックス＆ラデレ（S. Radelet & J. Sachs）もアジア通貨危機を「自己実現的予言危機（self-fulfilling-prophecy crisis）」論によって説明しようとした[9]．この通貨危機論は，92～93年のEMS通貨危機の分析から提案されたものであり，メキシコ通貨危機だけでなくアジア通貨危機にも適用できる．伝統的な通貨危機論はファンダメンタルズの悪化にその原因を求めるが，自己実現的予言危機論はファンダメンタルズが健全であっても通貨危機が起こりうると主張する点に特徴がある．例えば，アジア諸国はメキシコ通貨危機の伝染効果を耐え抜いたのであるが，その理由を世界銀行は，低貯蓄・低投資の中南米諸国と高貯蓄・高投資のアジア諸国の相違だと強調していた．しかし，高貯蓄・高投資であっても金融

仲介がうまく機能せず，資産バブルや過剰投資を発生させれば，通貨危機を招くのである．

2　グローバリゼーションの限界

　グローバリゼーションは時代の潮流であった．その起源は1970年代初めの金・ドル交換停止と変動相場採用である．旧IMF体制崩壊により対外資本取引規制の必要がなくなった先進諸国は，金融の自由化・国際化を通じてグローバリゼーションを推し進めたので膨大な国際資本移動が発生した．この膨大な国際資本移動が変動相場とともに国際収支調整問題を解決すると考えられたのである．

　グローバリゼーションは70年代にはユーロ市場を舞台に間接的統合を，80年代には先進諸国証券市場の直接的統合を推進してきたのだが，90年代にはエマージング・マーケット（新興市場）と呼ばれる一部途上国をも参加させるまでになった．途上国までが積極的に金融の自由化・国際化を推進した結果である．だが，グローバリゼーションは変動相場とともに為替リスクや金利リスクを飛躍的に高めたため，リスク対策として金融派生商品＝デリバティブが開発された．このデリバティブを世界的規模で縦横に駆使して高収益をあげるのが時代の寵児ヘッジファンドであった．

　しかし，グローバリゼーションという時代の潮流は今転換点を迎えようとしている．97年夏に始まるアジア通貨金融危機は，インドネシア暴動によるスハルト体制崩壊を経てますます混迷を深め，ロシアから中南米へと危機を伝染させて世界デフレの可能性を高めている．米国から途上国に流入していた国際資金循環が，アジア危機を契機に逆流し始めた結果である．世界中の資金が米国1極に吸収され，途上国に還流しなくなっただけでなく，危機は米国にも伝染し始めた．

　98年8月，ロシア通貨危機で欧米の有力金融機関やヘッジファンドが巨額の損失を出した．なかでもヘッジファンドのLTCM（ロング・ターム・キャピタル・マネジメント）は倒産の危機に追い込まれた．9月末，このLTCMを救

済するため，ニューヨーク連邦準備銀行が仲介して35億ドルの緊急救済融資がまとめられた．LTCMは40億ドルの純資産で借入れにより1,200億ドルの運用資産を保有し，デリバティブ契約の想定元本が1兆ドルを超えていた．LTCMが破綻すれば，LTCMに巨額の貸出を行っている欧米の有力金融機関が経営危機に陥るとの不安から，米国債を担保にした短期貸借市場であるレポ市場から締め出されそうになった．これにより米国金融市場でヘッジファンドと彼らに巨額の貸出を行っている金融機関に対する警戒感が一挙に高まった．多額の借入れをテコに巨額の取引を世界的に展開するヘッジファンドが破綻すれば，貸し手である金融機関が苦境に陥り，システミック・リスクが発生することが明らかになったのである．

　危機がアジアの国々に限定されていた98年春までの段階では，IMFや世界銀行は「アジア的価値」のマイナス面である不透明，不公正を「クローニー（仲間内）資本主義」として危機の原因だと指摘し，その代表例である金融システムの脆弱性を批判した．だが，98年夏，ロシア通貨危機によるヘッジファンドの破綻がシステミック・リスクを引き起こすとの危機感からニューヨーク連銀が救済の手を差し伸べた．米国もまた不透明な「金持ち仲間」といった「クローニー資本主義」的要素をもっていたのである．これ以後，アジア通貨危機の原因に関する論争は「クローニー資本主義」説から国際資本移動の不安定性説へとシフトした．

　確かに，途上国金融システムの脆弱性は危機の原因の1つではある．だが，より重要な原因は，途上国が国際資金循環に組み込まれたことにより膨大な国際資本移動に翻弄された点にある．途上国は経常収支不均衡を大幅に上回る「過剰な資本流入」から一瞬のうちに「過剰な資本流出」へと急変するのを経験した（表4-1参照）．そうであるなら，IMFが強制する構造調整策（米国型資本主義への改造）が成功したとしても，危機の可能性は残ると考えられる．

V　むすび:「ドル本位制」と通貨危機

　通貨危機の続発を経験したことから，国際資本移動を規制しようとの意見が有力になりつつあり，また途上国の金融自由化・国際化の歩みも鈍化してきた．だが，国際資本移動の自由化こそが「ドル本位制」を支える基礎であることを考えると，システムの民営化路線が限界にきているとみなさざるをえないようである．

　現在2つの面でシステム民営化が行き詰まり「ドル本位制」の限界が明らかになったと考えられる．1つはドル危機である．それは85～87年と95年のドル暴落とその防止のため国際通貨協力が形成されたときであった．債務大国アメリカは巨額の経常赤字を継続させており，そのファイナンスを不安定な国際資本移動にゆだねている．もう1つは途上国の通貨危機である．ドルを中心とした国際資金循環に組み込まれた一部途上国は，不安定な国際資金移動に翻弄され，弱い環の部分で通貨危機を発生させている．国際収支ファイナンスが民間資本移動だけで不充分なときに為替相場の暴落が発生する．その結果，国際通貨協力による公的資本移動で国際収支ファイナンスを補完し，為替相場の安定を確保しなければならなくなる．

　現在のアメリカ1極に世界の資金を集中する国際資本移動のあり方は，絶対的なものではなく，不安定な構造を内包している．ドルは周期的に暴落を繰り返しており，アメリカの経常収支ファイナンスが民間資本移動だけでは不充分であり，安定性を確保できないことは明らかである．このような不安定なドルに振り回されることを拒否し，自立しようとするのがEUと共通通貨「ユーロ」である．国際資本移動と金融自由化を進めそのメリットを享受し，他方でそのデメリットである通貨危機をなくす方法は，域内に共通通貨を導入して為替相場を廃棄することである．EUはユーロを導入することによって域内資金循環を形成し，不安定なドルから自立しようとしている．国際通貨システムは「ドル本位制」という1極構造からドル・ユーロの2極構造へと移行しつつあ

ることは確かである．問題はドルとユーロの 2 極の狭間にあるアジアと円の行方である．

注

1) 拙稿「世界デフレ回避のために日本がなすべきこと—アジア通貨危機と円・ドル関係のゆくえ—」『世界』1998 年 8 月号，66-7 ページ．
2) 拙著『国際通貨システム』岩波書店，1997 年，135-42 ページ．
3) 拙稿「開発金融とエマージング・マーケット」『証券経済研究』第 9 号，1997 年 9 月，45-7 ページ．
4) R.C. Smith and I. Walter, "Rethinking Emerging Markets", *The Washington Quarterly,* Winter 1996, p. 50. 寺西重郎『経済発展と発展途上国』東京大学出版会，1995 年，152-4 ページ．
5) ポール・クルーグマン『資本主義経済の幻想』(北村行伸編訳) ダイヤモンド社，1998 年，169 ページ．
6) C.A. Calvo, L. Leiderman, and C.M. Reinkart, "Capital Inflow and Real Exchange Rate Appreciation in Latin America : the Role of External Factors", *IMF Staff Papers,* Vol. 40, No. 1, March 1993, p. 121. 拙稿「開発金融とエマージング・マーケット」，56 ページ．
7) J.A. Kregel, "Derivatives and Global Capital Flows: applications to Asia", *Cambridge Journal of Economics,* Vol, 22, No. 6, Nov. 1998, pp. 682-84.
8) G.A. Calbo & E.G. Mendoza, "Mexico's balance-of-payments crisis : a chronicle of a death foretold", *Journal of International Economics,* No. 41, 1996, S. Radelet & J. Sachs, "The East Asian Financial Crisis: Diagnosis, Remedies, Prospects", April 20, 1998.
9) C. Adams, D.J. Mathieson, G. Schinasi, and B. Chadha, *International Capital Markets,* IMF, 1998, pp. 44-5.

第5章 「ドル本位制」と金

I 問題の所在：国際通貨論争のサーベイ

　従来，マルクス経済学には独自の概念として国際通貨は存在せず，貨幣論において世界貨幣金と外国為替の関連を問題にするだけであった．しかし，1971年8月の金・ドル交換停止以降，金との関連をもたないドルが国際通貨の地位を放棄するどころか，以前にもましてその地位を強化したと思われるような状況が出現した．いわゆる「ドル本位制」的世界が出現したのである．「ドル本位制」は20年以上も存続しており，もはや過渡期の現象として片づけるわけにはいかず，不換のドルの国際通貨としての概念及びその流通根拠を問題にせざるを得なくなった．以後，マルクス経済学は大別すれば3つのアプローチから国際通貨論を展開してきた．それぞれのアプローチを簡単に整理したうえで「ドル本位制」の基本構造を明らかにしたい．

　第1のアプローチは国際通貨＝世界貨幣金債務説である．このアプローチは不換銀行券論争での1つの立場を継承しており，貨幣論のレベルでのみ国際通貨論を展開した．すなわち，ドルは世界貨幣金の直接的代理物であるからこそ信用貨幣であり，国際通貨として流通するのだと考えた．しかし，金・ドル交換停止によりドルの信用貨幣性が失われたことによって，このアプローチは2つの立場に別れる．1つは国際通貨協力や国際的強制通用力によって国際通貨ドルの根拠を説明しようとする立場である．もう1つは，不換制下で現実に金が流通せずまた価値尺度機能を果たさなくても，金は世界貨幣の役割を果たしているとみなす徹底した観念的立場であり，伊藤武氏がその代表である．伊藤

氏は「不換制下の世界貨幣金の機能の理論的分析」の必要性を強調され，この問題意識から以下の第2，第3のアプローチの論者を批判される．だが，伊藤氏はこの問題について具体的な分析を全く行っていない．

第2は国際通貨と国際収支の関連を問題にするアプローチ＝世界的資金循環論である．国際通貨＝金債務説はドル残高の全額に金の裏付けが必要だと主張するいわば通貨主義原理に立脚していたが，国際銀行主義原理を主張する滝沢健三氏は，ドルの信認問題にとって全額が金の裏付けを必要としているわけではないことを明らかにされた．ドルの信認を維持するにはネットの対外短期債務を発生させないこと，すなわち基礎収支を均衡させることが必要であり，金交換は国際通貨安定の条件であっても流通の必要条件ではないことを明らかにされた．

山田喜志夫氏は滝沢氏の基礎収支の均衡という国際通貨安定の条件を「世界市場における国際的規模での資本の還流」と翻訳されて，不換のドルが信用貨幣として国際的に流通する根拠とみなされた．山田氏も不換銀行券論争におけるもう1つの立場すなわち不換銀行券＝信用貨幣説を継承されており，国際通貨は国際的信用貨幣だと規定される．氏によれば，この信用貨幣性は，①再生産の流動化に基づく円滑な資本の還流，②金債務，の2つの側面から規定される．それゆえ，氏は金・ドル交換停止によって金債務でなくなっても「資本の還流」＝基礎収支の均衡があれば，ドルの国際的信用貨幣性は維持されると主張された．

しかし，現実のドルはその条件を満たしていなかった．その結果，山田氏のドル＝国際信用貨幣説は，民間市場だけでの資本還流論が成立しなくなり，国際協力に支えられた世界的資金循環論（松村文武氏の体制支持金融論）に変容する．松村氏はアメリカの基礎収支赤字の継続という現実を踏まえ，黒字国が行う体制支持金融という国際的ドル防衛協力によってのみドルが還流している現実を分析された．松村氏は，「そうした状況（アメリカ国際収支赤字の継続）のもとでは，国際間の資金のゼロサム・ゲーム以外に資金循環と決済の矛盾を回避する方法はないのである．それゆえ，それを『債務による決済』と形

容する」と主張された．

　だが，国際決済において「債務による決済」はありえず，資産決済が必要となる．金・ドル交換停止後の資産決済を考える上で注意すべき点は外国為替取引の視点である．累積債務国アメリカがこれ以上経常収支赤字をドルでファイナンスできず，為替相場の暴落を望まないのであれば，外国為替取引による決済が残されているだけである．つまり，アメリカの資産決済とは外貨による決済である．アメリカが外貨を調達する手段は2つある．第1は金を担保にした通貨当局からの外貨建て借入であり，第2は外貨建て国債（例：ローザ・ボンド）の発行である．世界的資金循環論に立つ村松氏には外国為替取引の視点が欠如していたのである．

　世界的資金循環論では国際収支の不均衡概念がなくなり，国際通貨の非対称性の世界における一方の立場，すなわち中心国の立場からみた国際収支ファイナンスの安定条件を検証することに議論が集約される点に特徴があった．中心国の視点からは，国際決済であっても結局は国内通貨＝中央銀行券で行われると考えるため，国内決済と国際決済との間に区別がなくなる．この区別がない「閉じたシステム」の世界では，現金化した中央銀行券が不換紙幣（強制通用力）であろうが，信用貨幣（還流の法則）であろうが，その授受によって国際決済は完了すると考えることができたのである．

　第3のアプローチは国際通貨は世界貨幣金とは異なる独自の範疇の概念であり，外国為替取引を基礎に展開される国際決済の問題だと主張する．このアプローチは，①世界的資金循環論には中心国の立場からの国際決済だけが問題にされており，もう1つの立場すなわち国際決済には外国為替取引を必要とする周辺国の立場からの視点がない点，②国際決済は中心国の中央銀行券の授受（貨幣論レベル）ではなく，中心国にある預金通貨＝コルレス残高の振替（国際金融市場レベル）で行われる次元の問題である，との共通認識から出発した．木下悦二氏，深町郁彌氏，片岡尹氏等がこのアプローチの代表者であるが，報告者もこのアプローチに基礎をおいた国際通貨論，「ドル本位制」論を以下で展開したい．

第3のアプローチから国際通貨を以上のように規定できるにしても，次に国際通貨と金はどのような関連をもっていたのかが明らかにされる必要がある．この点に関連した第3のアプローチに対する批判として，国際通貨論を国際決済問題にのみ矮小化しすぎているといった議論がある．その反面，第1のアプローチの論者には国際決済の分析はまったくないのが特徴である．それはともかく，こうした批判の背後には，世界貨幣金の機能は国際通貨論を超えるもっと広い範囲＝貨幣論全体をカバーしているにもかかわらず，第3のアプローチの論者はそれを切り捨てているとの認識がある．しかし，世界貨幣金の役割が問題になるのは，観念の世界においてではなく現実に金が流通し，そして価格の度量標準が固定されていることによって金が価格体系の基礎となり，市場メカニズムをコントロールしている場合だけである．それ以外の場合は世界貨幣ではなく国際的資産としての金の役割が問題となるだけである．

　マルクス『資本論』で展開される貨幣論の議論を不換制下の現実に直接適用して解釈することは出来ないのである．この論理次元の相違を認識することが重要である．例えば，三宅義夫氏もこの点について「『資本論』での『貨幣論』は金貨幣が直接に用いられていることを前提として考察し，記述しているのであって，これをそのままこんにちの状態のなかに持ち込んで適用しようとすることは，次元のちがいを認識していないことになる」（『資本論体系 2 商品・貨幣』有斐閣，1984年，111ページ）と指摘されている．

　本稿では国際通貨と金の関連を為替銀行の為替リスク回避行動＝為替操作の視点から分析する．その際に注意すべきは，為替銀行が外国為替市場と金市場の裁定取引を保証する制度的な基礎＝金本位法があるかどうかという点である．この制度的基礎がなくなって金裁定取引が禁止された段階から金の世界貨幣としての役割が終わり，国際的資産にすぎなくなったのである．その結果，国際決済が二重化（対顧客取引の為替取引と銀行間の為替取引）し，また国際通貨の機能分化＝階層化が明確になる．そして為替媒介通貨概念が自立化し，国際通貨の諸機能のなかで最も重要な役割を果たすようになった，と考える．「ドル本位制」はこのような為替媒介通貨機能をドルが独占したことを基礎に運営

される国際通貨システムである．

II 「ドル本位制」の基本構造

1 国際金本位制下の外国為替市場の構造と国際決済

　最初に，国際金本位制下の外国為替市場の構造と国際決済の特徴を確認しておこう．為替銀行は対顧客（企業，個人，国家）取引では様々な通貨建ての対外債権債務を肩代わりすることになる．そこで為替銀行の為替リスク回避の基本策は，金市場との裁定取引が禁止される段階では様々な通貨建ての対外債権債務を国際通貨建てのそれに，すなわち為替持高に転換してネットのポジションを0（スクェア）にすることである．だが，その対外債権債務が金本位制を採用している先進諸国通貨建てであるならば，為替銀行は為替リスクを回避するための為替持高操作を実施する必要がなかった．なぜなら，国際金本位制下では，各国は戦争や恐慌といった一時的な理由から金交換を停止しても直ちに旧平価へ復帰するだろう，という長期的な通貨価値への信頼が存在したからである．それゆえ，国際金本位制下での国際決済は，基本的には「ドル本位制」下のように対顧客決済と銀行間決済とに二重化してはいなかったと考えられる．

　注意すべきは，国際金本位制とは金貨本位制を採用していた先進諸国をモデルに考えている点である．もちろん，第1次大戦前でも金為替本位制は，インドに代表されるような植民地や日本のような発展途上国によく見られる例であった．植民地や発展途上国は金貨本位制を採用する宗主国通貨を国際準備として保有したのである．それゆえ，植民地のような金為替本位国や中国のような銀本位国との国際取引の結果，為替銀行が肩代わりすることになる対外債権債務は為替リスクを被る危険があった．そこで為替銀行はこうした国々の通貨建ての債権債務をオープンなまま放置せず，金ではなく国際通貨（ポンド）建て債権債務に転換し，為替持高として保有した．図5-1のポンド残高のバランス・シートが他通貨よりも大きいのはこのためである．だが，これはマイナーな取引であり，金貨本位制を採用する先進諸国通貨に対しては一般化しなかっ

図 5-1 国際金本位制下の外国為替市場の構造

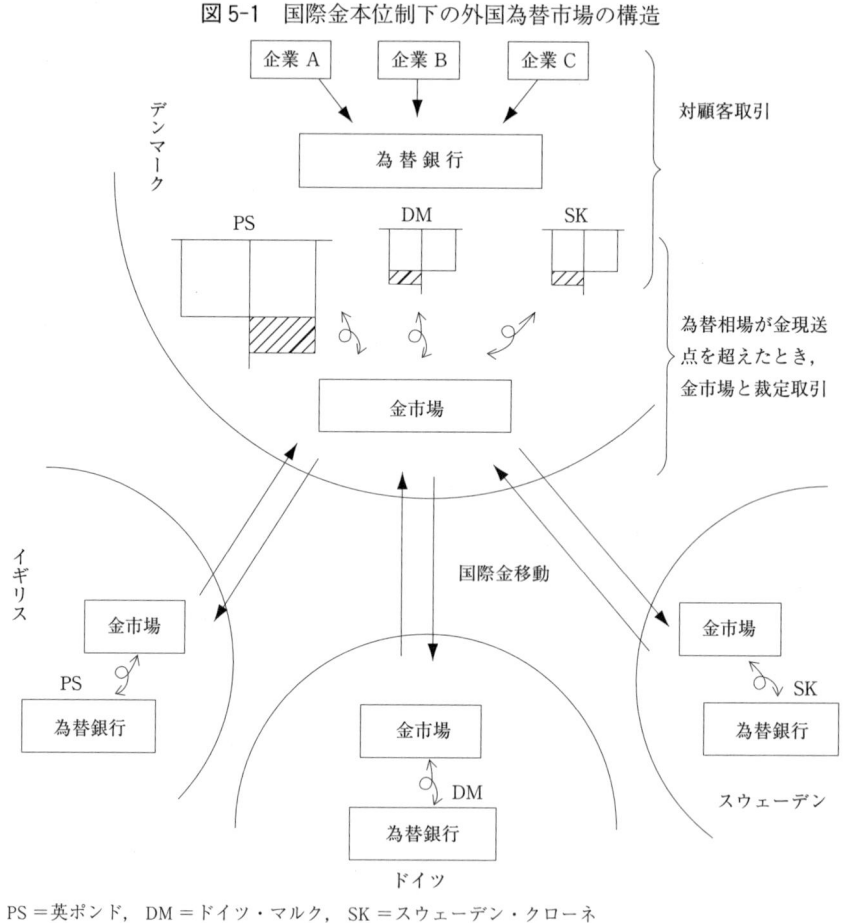

PS ＝英ポンド，DM ＝ドイツ・マルク，SK ＝スウェーデン・クローネ

た．

　国際金本位制下の為替銀行は，対顧客取引を通じて肩代わりすることになった金貨本位国通貨建て対外債権債務をオープンなまま保有した．というのは，長期的な通貨価値への信頼がある金貨本位国通貨建てであれば，それをさらに為替リスクを回避するため為替持高に，すなわち国際通貨建ての債権あるいは債務に転換する必要はなかったからである．この点を図 5-1 を参照しながらさらに詳しく説明しよう．例えば，デンマークの為替銀行は，対顧客取引を通じ

て肩代わりすることになった金貨本位国通貨建ての対外債権あるいは債務を，スクェアにするため国際通貨（ポンド）建ての為替持高に転換せず，通貨別にオープンにしたまま保有する．その結果，為替銀行は売持あるいは買持のままの通貨別ポジションを保有することになる．

しかし，金貨本位国通貨は長期的な通貨価値への信頼があるが，短期的には金貨本位国通貨といえども通貨価値は変動する．金貨本位国通貨の短期的な通貨価値変動とは一時的に金現送点を超える為替相場の変動である．これも図5-1 に従って説明しよう．デンマークの為替銀行は対ポンド相場が金輸出点を超えて下落すると，ポンド建ての純債務額は為替差損を破る．これを回避するために為替銀行は金市場と裁定取引を行う．つまり，為替銀行は自国通貨であるクローネを国内金市場で金に交換してイギリスに現送し，それをイギリスの金市場で売却してポンドに交換する．こうして手に入れたポンドでもって純債務額の決済資金とすれば，為替差損は最小限（金輸出点内）に押さえることが出来る．また，デンマークの為替銀行は対ドイツ・マルク相場が金輸入点を超えて上昇すると，ドイツ・マルク建ての純債権額は為替利得を得る．だが，反対に為替差損を被るドイツの為替銀行が，先のポンド建ての純債務額を保有するデンマークの為替銀行の例と同じように，金市場との裁定取引を行って金をデンマークに現送することによって国際決済するため，デンマークの為替銀行の為替利得は最小限（金輸入点）に押さえられる．

国際金本位制下の国際決済のための為替取引は，基本的には「ドル本位制」下のように対顧客決済と銀行間決済とに二重化し，階層化していなかったと考えられる．つまり，対顧客取引は同じであるが，それを肩代わりした為替銀行の銀行間為替取引のあり方が「ドル本位制」下と大きく異なっていた．為替銀行の銀行間為替取引は行われるにしても為替相場が金輸出入点の範囲内にある限りでのことであり，基本的には為替リスクが金現送点内に制限されている限り為替持高操作は行わず，金本位国通貨別に対外債権債務はオープンのまま保有されていた．そして，対金本位国通貨の為替相場が金現送点を超えると金市場との裁定取引が行われ，金の国際的移動によって国際決済が行われたのであ

る．各国の外為市場は孤立しており，金裁定取引を通じて世界的に統合されていたのである．国際金本位制下での銀行間決済は金市場が中心であり，為替取引は狭い範囲内でのことであった．それゆえ，国際金本位制下では為替媒介通貨機能は自立していなかったと言えよう．

2 ブレトンウッズ体制下の外国為替市場の構造と国際決済

次に，ブレトンウッズ体制下の外国為替市場と国際決済の構造的特質を確認しておこう．ブレトンウッズ体制は別名「金・ドル体制」とも呼ばれたように一種の国際金為替本位制であった．金為替本位制が一般化したのは再建国際金本位制下であった．だが，再建国際金本位制下ではまだ為替銀行の金市場との裁定取引が認められていた．為替銀行の金市場との裁定取引が禁止されたのは，ブレトンウッズ体制下においてである．

ブレトンウッズ体制下では，各国が不換制を採用しながらアメリカだけが各国通貨当局に金交換を実施した．金裁定取引を行ったのは中央銀行だけであり，為替銀行ではなかった点に特徴がある．アメリカの対外金交換の意味は，ドル平価を採用した不換の各国通貨の為替相場体系を固定する上での基礎，すなわち各国中央銀行の為替介入義務に対応して保有することになる準備通貨ドルの価値保証を金という資産決済によって保証した点にある．ブレトンウッズ体制下での金は，価値尺度機能は果たさず，資産決済にのみ用いられていた．この段階で先進諸国の為替銀行は，為替リスク回避のための為替持高操作を一般化させたことによって為替媒介通貨機能が自立したと言えよう．

図5-2は為替銀行の金市場との裁定取引が禁止された段階での外国為替市場構造と国際決済の特徴を示したものである．これを手がかりに為替銀行の為替リスク回避行動が為替媒介通貨を生み出す論理を説明しよう．

為替銀行は対顧客取引を通じて肩代わりした対外債権債務を様々な通貨建てで保有することになる．だが，為替銀行は金市場との裁定取引が禁止されているのであるから，それが可能であった国際金本位制下のようにオープンなままにしておくことはできない．そこで為替銀行は為替リスク回避のための為替持

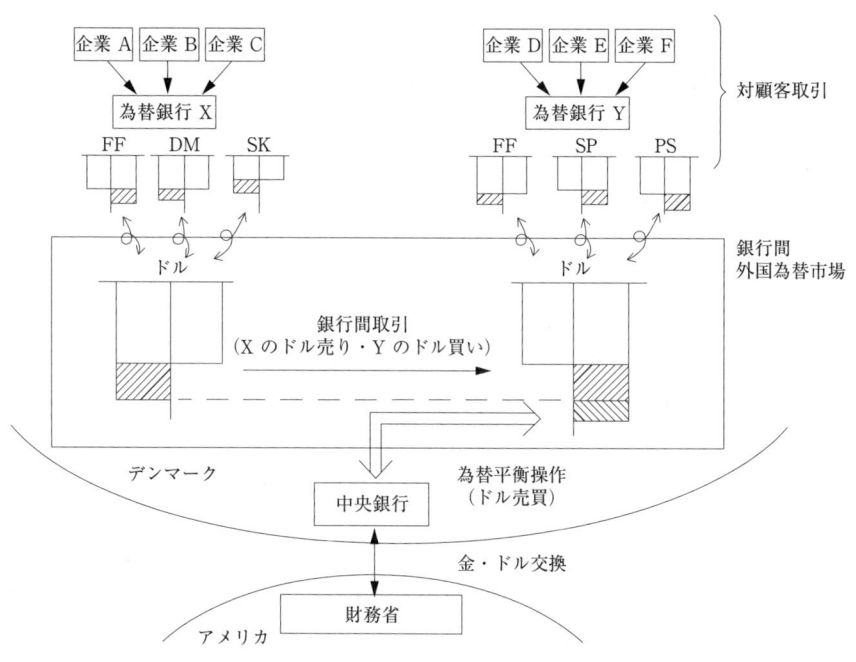

図 5-2 ブレトンウッズ体制下の外国為替市場の構造

高操作が必要となる．様々な通貨建てごとに債権債務をスクェアにするのではなく，売持あるいは買持のポジションにある通貨のネット・ポジション（純債権額あるいは純債務額）を銀行間外国為替市場で特定の通貨すなわち為替媒介通貨建ての債権債務に転換するのである．なぜなら，通常は各国通貨の外国為替市場は広さと深さを欠くので，様々な通貨建てごとに債権債務をスクェアにしようとしても，出会いが容易にとれないからである．この出会いの容易さとは，具体的には手数料と為替リスクを表した bid-ask spread に表される取引コストに示される．そして手数料は規模の経済が働くので取引量に反比例し，為替リスクは相場変動の大きさに比例する．

銀行間外国為替市場において十分な広さと深さをもつ，すなわち出会いが容易な通貨が為替媒介通貨である．例えば，図 5-2 に示されているように，デンマークの為替銀行は対顧客取引ではスウェーデン・クローネと交換にフラン

ス・フランを要求する貿易会社の取引に直ちに応ずるが，その結果発生するスウェーデン・クローネ建ての買持とフランス・フラン建ての売持をスクェアにする場合に，必ずドル建ての為替持高に転換して，ドル建て債権債務のスクェアにする．なぜなら，銀行間外国為替市場においてはスウェーデン・クローネとフランス・フランを直接交換することはないからである．スウェーデン・クローネとフランス・フランの交換は必ず US ドルを媒介にして次のように行われる．SK → US$・US$ → FF．直接交換では出会いがとりにくいだけでなく，出会いが容易にとれる国際通貨を媒介にした二重取引の方がかえって取引コストも低くなるからである．それゆえ，あらゆる通貨の売持あるいは買持を一旦ドル建ての為替持高に転換して保有しておけば，いつでも容易に必要な通貨に交換することができる．これが為替媒介通貨の機能である．

　問題は，ブレトンウッズ体制下でドルがどのようにして為替媒介通貨の地位を獲得したのか，ということである．第 2 次大戦直後，国際通貨はドルだけでなく，ポンドもその地位を占めていた．大戦直後のアメリカは，他の先進諸国が政治経済的に不安定な状態を続けていただけでなく IMF 14 条国規定の適用を受けて厳しい為替管理を実施していたこと，さらに 1930 年代のデフォルト問題がまだ解決していないこと等が加わって，国際的信用制度の再建及び長期資本輸出に消極的であった．他方，イギリスは，旧自治領や植民地を中心にした国々との 1930 年代のスターリング・ブロックを戦後直ちに解体しなければならなかったのが，米ソ冷戦の下で西側陣営の結束を図るためその存続を認められたことにより，それをポンドを域内基軸通貨とする対ドル差別クラブに再編していた．それゆえ，ドルは世界最大の金準備と資本輸出能力をもちながらも，市場メカニズムを通じては直ちにグローバルな国際通貨になれなかったのである．このスターリング・ブロックが解体され，ドルがグローバルな国際通貨に発展するのは，イギリスや他の先進諸国が IMF 8 条国に移行して為替管理の自由化を進めたことにより，銀行間外国為替市場に市場メカニズムが作用するようになった 1960 年代に入ってからである．

　先進諸国が IMF 8 条国に移行すると為替銀行の為替持高操作は活発化する．

為替持高の調整の場である銀行間外国為替市場も急速に拡大した．なぜなら，中央銀行は為替相場の管理を，IMF 14条国時代の為替全面集中制のように直接的規制に頼ることは出来ず，市場メカニズムを通じて行わなければならないからである．中央銀行は対ドル平価維持義務を規定したIMF協定に従って銀行間外国為替市場において為替平衡操作を実施しなければならない．具体的には，中央銀行は集中相場をドルだけに限定し，ポンドを市場の裁定にゆだねることを意味した．中央銀行は対ドル相場が介入点（平価の上下1％）に達すると，銀行間外国為替市場で無制限にドルの売買に応じた．

これを為替銀行の立場から見ると，ドルで為替持高を保有すれば持高操作において最終的には対中央銀行取引で調整することができた．別言すると，為替銀行は持高操作をドルで行う限り必ず国内でカバーが取れ，為替リスクを回避できることを意味した．中央銀行が国内銀行間外国為替市場で為替尻の最終的な清算を保証したからである．以上の取引をまとめたのが図5-2の下段の銀行間取引と中央銀行の平衡操作である．そして中央銀行がドル平価を採用し，ドルで為替介入し，そしてドルで準備通貨を保有するのは，アメリカが金1オンス＝35ドルでの交換を保証していたからであった．

他方，平価維持義務がなく金交換もないポンドに対しては，中央銀行は為替介入を行わないのであるから，為替銀行はポンドで為替持高を保有してもカバーをとれる保証はない．そこで為替銀行は国内銀行間外国為替市場でカバーをとれない部分のポンドを一旦カバーのとれるドルに転換し，ドルでの持高にして保有せざるをえなくなった．このようにして為替銀行は為替持高として保有する国際通貨＝為替媒介通貨をポンドからドルへと統一していったのであり，それとともにスターリング・ブロックも解体していった．ドルが為替媒介通貨の地位を獲得したのは，ドル平価の採用（基準通貨機能），固定相場維持義務による平衡操作（介入通貨機能），金・ドル交換（準備通貨機能）といったIMF協定に基づいて「制度的に先取り」された基軸通貨ドルの役割に負うところが大きかったと言えよう．

3 「ドル本位制」下の外国為替市場の構造と国際決済

1970年代初めに出現した「ドル本位制」の特徴は，金本位法や国際協定といった制度的基礎をもたないことから「ノンシステム（non-system）」と呼ばれたように，国際収支の調整や国際流動性の調整をすべて市場（国際金融市場と外国為替市場）にゆだねる点にあった．つまり，制度的枠組み＝貨幣論的規定をもたない国際通貨システムである．「ノンシステム」とは「システムの民営化（privatization of the system）」を意味したのであり，それが可能になったのは変動相場下で金融の自由化・国際化が進展してブレトンウッズ体制とは比較にならないほどの高い水準で国際的金融統合が実現され，国際資本移動が活発化したからであった．変動相場下の「ドル本位制」では，金の役割は資産決済にさえ用いられなくなり，中央銀行間での信用供与の際の担保としての役割にまで後退している．この段階では中央銀行も金裁定取引を行っていない．

また変動相場の特徴は，中央銀行が原則的には為替介入を行わない点にあるから，国内銀行間外国為替市場で為替尻の最終的な清算がなされる保証はない．為替銀行は持高操作をドルで行っても必ずしもカバーが取れるとは限らなくなったのである．さらに，変動相場とは為替相場の変動幅の上下限（為替介入点）がなくなったこと，すなわち為替リスクが大幅に拡大したことを意味した．以下で，このような変動相場下の外国為替市場の構造と国際決済の特徴を分析しよう．

為替銀行の為替操作は変動相場下では固定相場下とは大きく異なる．固定相場下の為替相場は単純に為替リスク回避のための「裁定志向型」が中心であった．なぜなら，自国通貨が対ドル平価の上下1％の介入点の範囲内にある限り，為替持高を長期間オープンにしておいてもそれほど問題はなかったからである．そして為替相場が介入点に近づくと，中央銀行を相手に為替尻の決済を行って為替持高をスクェアにすればよかった．だが，変動相場下での為替操作は積極的な「投機志向型」が中心となった．「投機志向型」の為替操作とは「計算されたリスクを冒す」という意味でのマーケット・メーキング活動である．変動相場下では為替銀行は自身の責任で為替相場の上下限を「計算」して取引しな

第5章 「ドル本位制」と金　103

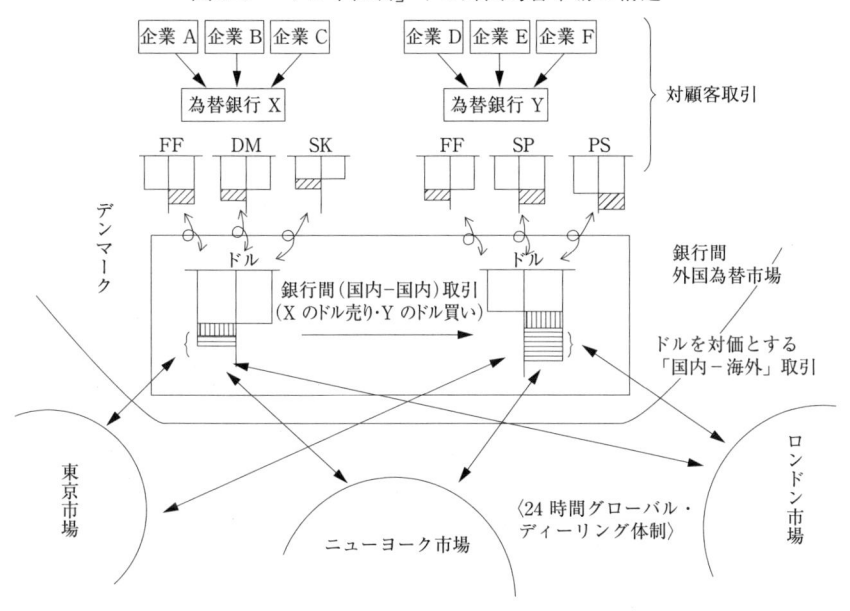

図5-3 「ドル本位制」下の外国為替市場の構造

ければならない．特に大手の為替銀行は，自己勘定で為替相場の上下限（two-way quotation，買い相場と売り相場）を同時に提示することによって，市場を形成するマーケット・メーカー（market maker）になる．

　マーケット・メーカーとなる為替銀行は取引相手に提示する買い相場と売り相場を「計算」する．この相場水準に為替銀行の市場についての独自の予想と判断が示され，この相場での売買において，買いが超過すれば買持に，売りが超過すれば売持になる．この取引は自己勘定で行っているのであるから，現実の為替相場が予想した水準と異なれば，予想外の買持あるいは売持を抱え為替リスクや金利リスクを負担することになる．それゆえ，為替銀行はこれらのリスクを回避するために，取引相手に提示する相場水準や売買鞘（bid-ask spread）を直ちに変更することによって取引量に影響を与える．為替銀行の為替持高を固定相場下のように長期間オープンにしておくのではなく，1日のマーケット・メーキング活動の過程で一時的に（数十秒から長くて数十分間）オープンにしておくだけで直ちにスクェアにする．そしてその操作を1日のう

表5-1 東京為替市場の1営業日平均総取引高

(単位:億ドル, ( )内はシェア%, 〈 〉内は前回比%)

	95年4月中	92年4月中	89年4月中
インターバンク取引	1,185 (73.4) 〈+34.8〉	879 (73.2) 〈+13.7〉	773 (69.7) 〈 2.4倍〉
国　内	350 (21.7) 〈+18.5〉	295 (24.6) 〈 −2.3〉	302 (27.2) 〈+96.7〉
海　外	835 (51.7) 〈+43.0〉	584 (48.6) 〈+23.9〉	471 (42.5) 〈 2.8倍〉
対　顧　客　取　引	428 (26.5) 〈+32.9〉	322 (26.8) 〈 −4.3〉	337 (30.3) 〈 2.1倍〉
国　内	383 (23.7) 〈+36.1〉	281 (23.4) 〈 − 〉	− (−) 〈 − 〉
海　外	46 (2.8) 〈+10.7〉	41 (3.4) 〈 − 〉	− (−) 〈 − 〉
ブローカー経由海外間取引	1.1 (0.1) 〈 6.6倍〉	0.2 (0.0) 〈−36.5〉	0.3 (0.0) 〈 − 〉
総　　取　　引　　高	1,614 (100.0) 〈+34.3〉	1,202 (100.0) 〈 +8.2〉	1,110 (100.0) 〈 2.3倍〉

注:国内は調査対象先と居住者との取引,海外は調査対象先と非居住者との取引.
出所:日本銀行「東京外国為替市場の取引高調査」(1995年4月中).

表5-2 イギリスにおける外国為替取引の構成

(単位:%)

		1986年3月	1989年4月	1992年4月
インターバンク取引		88	85	81
	国内取引	30.2	29.8	23
	海外取引	57.8	55.8	54
対　顧　客　取　引		11	15	23
総　　取　　引		100	100	100

出所:Bank of England, "The foreign exchange market in London",
　　　Quarterly Bulletin, Sept. 1986, Nov. 1989, Nov. 1992.

ちに何度も繰り返し行うのである.この繰り返しの中で,為替銀行は為替リスクを回避するだけでなくオフ・バランス・シート取引の重要な収益源としていくことから「投機志向型」の為替操作だとみなされるのである.

だが,変動相場下では中央銀行の平衡操作がないのであるから,為替銀行は国内市場で為替持高をスクェアにできる保証はない.その結果,変動相場下の銀行間外国為替市場の構造は,国内市場でのマーケット・メーキング活動だけ

では完結するものではなくなった．この点を図示したのが図5-3である．為替銀行のマーケット・メーキング活動は常に予想外の買持あるいは売持を抱え為替リスクや金利リスクを負担することから，為替持高をスクェアにしなければならなくなる．だが，中央銀行の平衡操作が行われないのであるから，「国内—国内」取引だけでカバーが取れる保証はない．それゆえ，為替銀行はカバーをとるため国内市場から海外市場へ出動していくのである．この海外市場との取引こそが変動相場下の為替操作の特徴である．

変動相場下の為替操作は「国内—国内」取引よりも「国内—海外」取引が中心となる．この点については統計資料（表5-1, 表5-2）を参照されたい．そして銀行間外国為替市場での「国内—海外」取引は，時計の針が回るのに従ってオープンしている海外の外国為替市場を次々（ロンドン→ニューヨーク→東京）に取引相手とする24時間グローバル・ディーリング体制へと発展していった．この24時間グローバル・ディーリングによって各国の銀行間外国為替市場が結びつけられ世界的に統合された．その接着剤となった「国内—海外」取引は対ドル取引を媒介にした為替取引であったことに注意すべきである．銀行間外国為替市場でのドルを対価にした取引は95〜100％近くを占めた．このように銀行間外国為替市場でドルが為替媒介通貨機能を独占したことが「ドル本位制」の根拠となったのである．

参考文献

拙著『「ドル本位制」下のマルクと円』（日本経済評論社，1994年），拙稿「三極通貨体制の構造—為替媒介通貨論からの分析—」（『福岡大学商学論叢』第39巻第3・4号，平成7年3月）

第6章　オフショア金融センターと国際金融システムの不安定性

I　はじめに

　1997年7月のタイ・バーツ暴落に始まるアジア通貨危機はその原因をめぐり興味深い論争を展開させた．途上国の通貨危機は債務危機と連動していることが多い．この論争が重要なのは危機対策のコストを債務者あるいは債権者のどちらが負担するのかといった問題と関連しているからである．アジア通貨危機の原因について，国内説（アジア固有の構造問題：クローニー資本主義）と対外説（国際資本移動の不安定性：ブームからバーストへの突然の反転）が論争を展開したのであるが，当初は前者が圧倒的に優勢であった．国内原因説を主張する米政権やIMFは，アジア通貨危機の原因をクローニー資本主義がもたらした国内構造問題とみなし，「ワシントン・コンセンサス」に基づいたIMFの構造調整策と高金利・緊縮財政策により危機を克服できると考えていた．IMFは緊急融資と引き換えにこのような危機対策の実施を約束させたのであるが，それは債務者にコストの大部分を負担させるものであった．

　本来，国際金融危機の原因は債務者（過剰借入）と債権者（過剰貸付）の両方にあるはずである．歴史を振り返ると，国際金融危機は必ずその前に国際投資のブームがあり，それが何らかのきっかけで突然バーストに反転した後に発生している．1930年代の国際金融危機では，20年代米国の対外証券投資ブームがあった．80年代のラテンアメリカ債務危機では，70年代のNICsや資源保有国向けユーロ・シンジケート・ローンのブームがあった．そして，94年メキシコ通貨危機や97年アジア通貨危機では，90年代以降の新興市場国向け

投資ブームがあった.だが,国際金融危機の歴史は,その原因を債務国(途上国)の側に求め,またそれゆえに危機対策を実施するうえでのコストの大部分を債務国に負担させてきたことを示している.

論争のターニング・ポイントは1998年夏のロシア通貨危機であった.ロシア通貨危機は一方では,大規模な国際的デリバティブ取引を行っていた大手ヘッジファンドのロング・ターム・キャピタル・マネジメント(LTCM)を倒産寸前にまで追い詰める巨額の損失をもたらし,国際金融の中心ニューヨーク市場にシステミック・リスクを顕在化させる可能性をみせた.また他方で,ブラジル通貨危機へと伝染した.ニューヨーク連銀の仲介によるLTCM救済劇は米国にも「金持ち仲間」のクローニー資本主義が存在するとの印象を世界に与えることになった.また,ロシアやブラジルの通貨危機の原因はアジアに固有のクローニー資本主義ではなく世界中の新興市場国に共通する原因すなわち不安定な国際資本移動によるものであることを明らかにした.こうして98年秋になると,国際金融危機の原因をめぐる論争は国内説(債務者責任論)から対外説(債権者責任論)へとシフトした.

本稿の課題は,対外原因説がどのような意味において国際金融危機の原因とみなされるようになったのかを,オフショア金融センター(Offshore Financial Centres: OFCs)の活動に焦点をあてて明らかにすることである.最初に,G7が対外原因説を認め,OFCsに規制を導入することを通じて国際金融システム安定化を確保しようと考えるに至ったプロセスを明らかにする.次に,G7が国際金融システムの脆弱性の原因だと指摘したOFCsと高レバレッジ機関について分析する.最後に,OFCsを舞台に展開された短期資本フローのブームとバーストがアジア通貨危機において果たした役割を明らかにする.

II G7と金融安定化フォーラム

国際金融中心地ニューヨーク市場にシステミック・リスクの可能性を顕在化させたLTCM危機は世界に衝撃を与えた.早速,LTCM危機の調査が実施さ

れた．BIS のバーゼル銀行監督委員会は『銀行とレバレッジの高い業務を行う機関との取引』を 1999 年 1 月に，また BIS のグローバル金融システム委員会は『1998 年秋の国際金融危機』を同年 10 月に公表した．また，米国も金融市場問題調査部会を設置し，同年 4 月に『ヘッジファンド，レバレッジ及び LTCM 危機からの教訓』と題する大統領報告を公表した．債権者責任論を正当に位置付け，不安定な国際資本移動を危機対策の中心に組み入れることなしには，国際金融システムの安定を確保できないことがようやく認められた．これは LTCM 救済劇を契機に米国の態度が変化した結果である．

こうした動きを受けて，1998 年 10 月の G7 蔵相・中央銀行総裁会議はアジア通貨危機を現行の国際金融システムの危機と位置付け，制度改革に向けての報告書作成に着手した．その報告書は『国際金融システムの強化：G7 蔵相からケルン経済サミットへの報告』として 99 年 6 月のケルン・サミットに提出された．同報告を承認した G7 首脳は，共同声明の中で「アジア・ロシア及びラテン・アメリカにおける過去 2 年間の金融危機は，多くの開発途上国における弱い政策や制度及び先進国における銀行や投資家の側のリスクに対する不適切な注意を含む国際金融システムの重大な脆弱性を明らかにした」[1] と述べた．

G7 やサミットに国際金融システムの欠陥を公式に認めさせたのは，先進諸国が変動相場を採用した 70 年代初め以来の出来事であった．G7 はようやく対外原因説を認め，先進国の債権者責任を問うようになったのである．このような危機認識をもつに至った G7 首脳は，「国際金融システムの大幅な強化」のため次のような一連の措置の実施に向けて努力することを約束する声明を発表した[2]．

A　国際金融機関及び国際的アレンジメントの強化及び革新．
B　透明性の強化と最良の慣行の促進．
C　先進国における金融規制の強化．
D　新興市場国のマクロ経済政策及び金融システムの強化．
E　危機の予防・管理の改善及び民間セクターの関与．
F　貧困かつ最も脆弱な層を保護するための社会政策の促進．

Bは途上国の公的部門だけでなく先進国のヘッジファンドなど高レバレッジ機関にも適用されるものである．高レバレッジ機関（Highly Leveraged Institutions）とは，レバレッジ（自己資本に対して借入を行い，これを梃子として自己資本への収益率の増大を図る投資戦略）やデリバティブ取引を利用して高収益を獲得しようとする機関投資家である．その代表がヘッジファンドなどの投機的な国際投資信託であるが，それだけでなく大規模な自己勘定トレーディングを行っている大商業銀行や大投資銀行（証券会社）も含まれる[3]．CとEは債権者責任論を認めた結果であり，危機予防と危機対策のコストを債権者にも負担させようとする試みである．そうすれば，債権者のモラル・ハザードを防止できると考えられた．アジア通貨危機では，IMF緊急融資のかなりの部分が民間の国際金融機関への返済に流用されてしまい，無謀な対外貸付を行った彼らの債権者責任を問えなかった，との反省がある．

さらに，G7首脳はAの具体的措置の1つとして金融市場の監督及び規制の国際協力を向上させるため「金融安定化フォーラム」を設置した．金融安定化フォーラムは直ちに，「国際金融システムの重大な脆弱性」を形成すると考えられる高レバレッジ機関，OFCs及び短期資本フローの3つの論点に焦点をおいた作業部会を設立した．そして2000年4月5日，作業部会はそれぞれの論点に関する3つの報告書（『オフショア・センターに関する作業部会の報告書』，『資本フローに関する作業部会の報告書』，『高レバレッジ機関に関する作業部会の報告書』）を発表した．

2000年4月15日，G7蔵相・中央銀行総裁会議はこれら作業部会の報告書を承認し，その実施の進展を促進することに合意した．そして5月25日，金融安定化フォーラムは，報告書に基づき表6-1に示されているような，世界のOFCsについての金融監督や情報開示，法制度の充実度合いを評価した報告を公表した．金融安定化フォーラムは「国際金融システムの安定化」の視点から世界の43のOFCsを体制整備の良好な第1群，改善が必要な第2群，問題がある第3群といった3つのグループに分類した．

同報告の意義は，IMFやBISが国際金融危機や不正金融取引の舞台になっ

表6-1 世界のオフショア市場　監督・透明度評価

第1群	金融取引額に応じて法制度や監督体制が比較的充実している．①は進んでいる②はなお改善途上 ①香港，ルクセンブルグ，シンガポール，スイス ②ダブリン（アイルランド），ガーンジー島（英），マン島（同），ジャージー島（同）
第2群	体制整備が第1群に比べ劣る アンドラ公国，バーレーン，バルバドス，バミューダ諸島，ジブラルタル，ラブアン島（マレーシア），マカオ，マルタ，モナコ公国
第3群	体制が不備で国際金融の安定に潜在的な影響を及ぼす懸念がある アンギラ，アンティグア・バーブーダ，アルバ，ベリーズ，英領バージン諸島，ケイマン諸島，クック諸島，コスタリカ，キプロス，レバノン，リヒテンシュタイン，マーシャル諸島，モーリシャス，ナウル，オランダ領アンティル，ニウエ，パナマ，セントクリストファーネビス，セントルシア，セントビンセント・グレナディーン，サモア，セーシェル，バハマ，タークスカイコス諸島，バヌアツ

出所：Financial Stability Forum, *Press Release* 26 May 2000.

たOFCsの整備につなげる具体策を立案するうえでの基本認識を提供することにある．そしてOECDも98年からこの動きに歩調を合わせている．OECDの財政問題委員会は，租税回避地のOFCsが国際金融・資本取引に歪みをもたらすだけでなく各国の税収確保にも支障が生じるとの懸念から検討を始め，2000年4月に『グローバルな租税協力に向けて』と題する報告書を発表した．OECDは2000年7月の沖縄サミットで，国際金融システムの不安定化要因となっている有害な租税制度をもつOFCsへの規制導入についての合意を得たいと考えている．その規制とは，問題があると認定されたOFCs（第2群と第3群から35の国や地域の租税回避地）に1年以内の税制改革を求め，応じない場合には先進諸国の税担当局が協調してそのOFCsを利用した国内企業への課税強化など対抗措置をとる，というものである．

　もしOFCs利用の国内企業への課税強化で先進諸国が協調できるのであれば，大幅な進展である．なぜなら，国益の壁があるため直接規制や先進諸国間の協調行動は不可能であり，ループ・ホールが必ず発生すると考えられたからである．それゆえ，LTCM危機以後，先進諸国はヘッジファンドだけでなく彼らが活動拠点としているOFCsに対して情報開示や監視といった直接規制を義務づけることは不可能との立場を堅持してきた．先進諸国が当初可能だと考えた対

策は，有力金融機関に対しヘッジファンド向け融資に関する情報開示を義務づけるといった間接的規制だけであった．しかし，OECDの圧力により，すでに6つのOFCs（バミューダ諸島，ケイマン諸島，キプロス，マルタ，モーリシャス，そしてサン・マリノ）から2005年までに制度是正の約束が得られている．

III　金融グローバリゼーションとOFCsの発展

OFCsや高レバレッジ機関はどのようにして国際金融システムの安定を脅かすほど危険で大きな存在になったのだろうか？　OFCsや高レバレッジ機関は金融グローバリゼーションの産物であった．金融グローバリゼーションは1990年代に入って新たな2つの展開を見せた．1つは，80年代に進展した先進諸国間の証券市場の直接的統合が90年代には新興市場国のそれをも統合し始めたことである．国際分散投資の対象に新興市場国証券が組み入れられるようになった．国際投資家は新興市場国が海外で発行する国際債（外債とユーロ債）だけでなく新興市場の国内証券市場への投資をも急増させたのである．もう1つは，OFCsがインターバンク市場を通じて先進国だけでなく新興市場国をも統合したことである．その結果，OFCsがニューヨーク金融市場と共に先進諸国間だけでなく先進国と途上国間をも結びつける「国際資金フローを仲介する重要なチャネル」となった．

金融グローバリゼーションは新興市場国を証券市場とインターバンク市場の2つのルートを通じて国際資金循環の環の中に組み込んだのである．こうした動きは国際流動性が90年代になって急増したことを背景にもつ．国際流動性の供給ルートは2つある．1つは米国経常収支の赤字である．もう1つは変動相場下で各国の金融自由化・国際化の進展が国際金融市場（OFCs）へのアクセスを容易にしたことである．つまり，OFCsを利用した国際金融仲介が発展し，各国は米国金融市場を経由せずに国際資本取引を行うことができるようになった．また，過剰な国際流動性の存在は情報・通信技術の発達と結びついて

デリバティブに代表される金融革新を生み出した．その結果，変動相場下でリスクと不確実性が高まったにもかかわらず，デリバティブを介在させることによって膨大な民間国際資本取引が行われるようになった．こうしてOFCsは米国金融市場とともに「国際資金フローを仲介する重要なチャネル」となったのである．

OFCsは，金融安定化フォーラムによると，「非居住者の高水準の金融活動を惹き付ける区域」と定義され，以下の条件が非居住者を惹き付けると指摘した[4]．

- ビジネスや投資からの所得に対し非課税か軽課税．
- 源泉徴収税の廃止．
- 法人設立や事業免許取得の規制が緩やかか弾力的である．
- 監視体制が緩やかか弾力的である．
- 投資信託や特定目的会社の弾力的な利用が可能．
- 金融機関や法人のペーパー・カンパニー設立が可能．
- 頑固な秘密厳守法に基づく不適切なほど高水準の顧客秘密の保持．
- 同様のインセンティブは居住者には利用不可能．

非居住者は上記のような魅力的な条件を利用して，①ユーロ・バンキング・サービス（ユーロ預金とユーロ・ローン，ユーロ・ボンドの引受，OTCデリバティブ取引），②プライベート・バンキング・サービス（預金，信託），③私募の国際投資信託業務，等の「高水準の金融活動」を行っている．そしてこれらの業務を行うため，商業銀行，投資銀行，証券会社が支店や子会社を設置し，またヘッジファンド，特別目的会社等が本社を設置する．

OFCsは1950年代末以降ユーロ市場として知られているロンドン市場があり，「国際資金フローを仲介する重要なチャネル」となっていた．また80年代に設立された米国のIBFsや日本のJOMもそのような役割を果たしている．だが，90年代の特徴は，ロンドン市場，IBFs，JOMといったPrimary OFCsではなく，地域の国際資金フローを仲介するSecondary OFCs（東アジアでは香港，東南アジアではシンガポール，中東ではバーレーンとレバノン，ラテンア

メリカではパナマ,ヨーロッパではルクセンブルグや租税回避,規制回避目的の Booking OFCs または Shell Branches（カリブ海 OFCs）の役割が重要になってきたことである.

その理由の1つは,先進諸国では金融の自由化・国際化の進展の結果,オフショアとオンショアの間の区別が曖昧になり,その魅力が低下したことである.もう1つの理由は,新興市場国での金融の自由化・国際化の進展が彼らの OFCs へのアクセスを容易にしたことである.このため,ロンドンを除くと,米国 IBFs,日本の JOM,そしてルクセンブルグは90年代以降,その金融活動を相対的に低下させている.先進諸国 OFCs 間の取引が相対的に低下し,先進国対 Secondary OFCs やカリブ海 OFCs の取引,さらに新興市場国対 Secondary OFCs やカリブ海 OFCs の取引が増加している.

OFCs の中心的な金融活動の1つがユーロ・バンキングである.OFCs 銀行全体のクロス・ボーダー債権は,1992年末の3兆5,250億ドルから97年末の4兆7,960億ドルへと増加した.地域別にみると,カリブ海 OFCs は5,890億ドルから7,390億ドルへ,アジア OFCs は1兆870億ドルから1兆3,440億ドルへ増加した.他方,OFCs 銀行全体のクロス・ボーダー債務は,同じく3兆5,830億ドルから4兆9,730億ドルへと増加した.地域別にみると,カリブ海 OFCs は5,740億ドルから7,470億ドルへ,アジア OFCs は1兆3,080億ドルから1兆7,140億ドルへ増加した.そして,OFCs 銀行のクロス・ボーダー債権の70%以上が,またクロス・ボーダー債務の60%近くが銀行相手のインターバンク取引であった[5]．

OFCs の対新興市場国向け取引の重要性をクロス・ボーダー銀行取引から確認しておこう.先進国向け取引が中心のイギリスとルクセンブルグを除くと,OFCs のクロス・ボーダー銀行債権に占める対新興市場国シェアは91年の58.5%から97年の66.8%へと上昇した.同様に,OFCs のクロス・ボーダー銀行債務に占める対新興市場国シェアは91年の36.4%から97年の42.6%へと上昇した.これら OFCs の対新興市場国取引の増大を示す数字には特別の注意を払う必要がある.なぜなら,97年には,世界は全体として銀行債権のわ

ずか21％，また銀行債務の29.8％しか新興市場国と取引していなかったからである[6]．

IV　カリブ海OFCsと高レバレッジ機関

　OFCs特にカリブ海諸島のような租税回避・規制回避を目的にしたOFCsの資金源は何か，そしてそこでの「高水準の金融活動」とはどのようなものなのか？　まず，資金源について統計数字で確認しておこう．1997年の世界の運用可能資産総額は57.1兆ドルであった．国別シェアでは，米国51％，日本18％，他の先進5ヵ国13％である．保有者別シェアでは，個人67％，保険17％，年金16％である．そして富裕層の資産総額は25兆ドルであり，そのうち6兆ドルがOFCsで運用されている[7]．

　金融の自由化・国際化は，先進諸国にとっては実現されてしまったものと考えられていたが，そうではなかった．先進諸国の富裕層は次の2つの理由からさらなる自由を求めてOFCsに巨額の資金を移転させるようになった．第1の理由は，先進国特に欧州諸国はEMU加盟基準の財政赤字比率を遵守するため歳入増加策として徴税システムを強化（脱税摘発や新税導入）していることである．第2の理由は，スイスに代表される従来から「秘匿性・安全性」を看板にしてきた欧州金融市場でマネー・ロンダリングなど国際金融犯罪防止のため情報開示義務などの規制が強化されたことにより，富裕層の資金運用方針が「低い自由度・高い安全性」をもつ従来型のOFCsから「低い安全性・高い自由度・高収益・低コスト」をもつハイリスク・ハイリターン型のOFCsへと変更されつつあることである．

　富裕層の資産運用先の代表がユーロ預金，プライベート・バンキング，ヘッジファンドなどである．これらは「低い安全性・高い自由度・高収益・低コスト」をもつハイリスク・ハイリターン型で運用されており，カリブ海OFCsがその中心である．図6-1はハイリスク・ハイリターン型OFCsで運用されている投資家資金源の国別構成を表したものである．総額でみると，1996年の

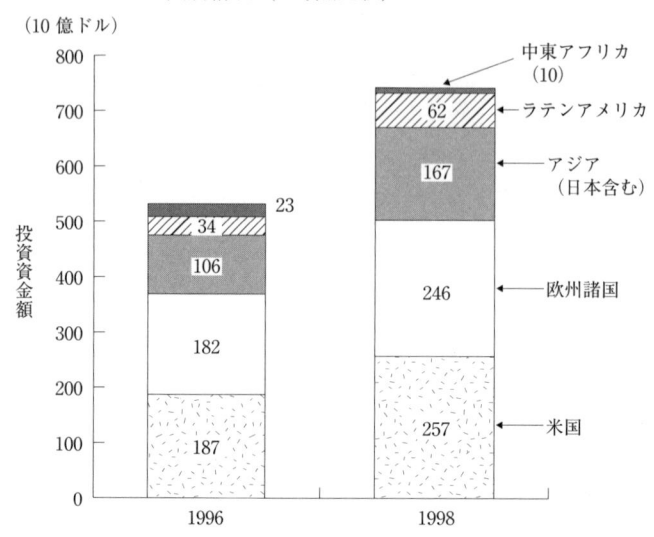

図6-1 ハイパワード・オフショア投資家資金源の
国別構成（2時点比較）

（10億ドル）

1996年：米国 187、欧州諸国 182、アジア 106、ラテンアメリカ 34、中東アフリカ 23

1998年：米国 257、欧州諸国 246、アジア（日本含む）167、ラテンアメリカ 62、中東アフリカ 10

原資料：英国政府 Foreign & Commonwealth Office 作成資料，Intersec 社データより野村證券金融研究所作成．
出所：野村證券金融研究所投資調査部『グローバル・マネーシフト』東洋経済新報社，2000年，239ページ．

5,320億ドルから98年の7,420億ドルへと2年間で2,100億ドルも増加している．ハイリスク・ハイリターン型OFCsはOFCsを利用する富裕層全体（6兆ドル）の約10％を占めていることがわかる．また国別でみると（1998年），米国が35％，欧州諸国が33％，アジア（日本を含む）が23％であった．

ヘッジファンドの大部分は本社をOFCsに設置している．IMFの推計によるヘッジファンドの居住地域別運用資産（1997年）をみると，第1位は米国の318億ドル（29％），第2位は蘭領アンチル島の226億ドル（24％），第3位は英領ケイマン島の174億ドル（16％），第4位は英領バージン諸島の158億ドル（14％），第5位はバミューダの66億ドル（6％）であった[8]．ヘッジファンドの資産の約70％がカリブ海OFCsに集中していた．

次に「高水準の金融活動」の内容を検討しよう．高レバレッジ機関は1990年代になって活動の規模，グローバル性，デリバティブを用いた複雑性を拡大

している．そしてカリブ海 OFCs はイギリスとともに彼らの対米証券投資を軸とする国際投資戦略の拠点になっている．

　カリブ海 OFCs の最大の取引相手は米国金融市場である．前掲図 2-4 と図 2-5（51 ページ）は地域別にみた米国の対外短期債権・債務を表したものである．これらの図から米国の国際短期資本取引において対外短期債権・債務の両方ともに，カリブ海 OFCs が他の地域を大きく引き離して第 1 位であることがわかる．米国はイギリス，その他欧州，日本といった先進諸国を大幅に上回る国際短期資本取引をカリブ海 OFCs と行っていた．なぜこのように巨額の国際短期資本取引が行われるのかは，カリブ海 OFCs が行う巨額の対米証券投資と関連している．高レバレッジ機関の「高水準の金融活動」とは以下のようなマージン・トレードを意味する[9]．

　高レバレッジ機関は自己資本で，または信用取引で米国証券（財務省証券）を購入する．次に，彼らはそれを担保に米国のレポ・マーケットで資金を借り入れて，さらに高利回りの米国証券（政府機関関連債→民間社債→株式→ジャンク・ボンド）を次々に購入する．この取引を繰り返してレバレッジを高めるのであるが，その間に様々な OTC デリバティブ取引を介在させる．また，米国の大商業銀行や大投資銀行は自己勘定トレーディングを世界的経営戦略に従ってカリブ海 OFCs に所在する自行の支店や銀行子会社を積極的に利用する形で行っていることから，自分達の支店や子会社向けに巨額の融資を行っている．高レバレッジ機関の対米証券投資が増加すれば，米国の対カリブ海 OFCs 短期債権も増加する構造になっていたのである．他方，彼らは証券の短期売買を頻繁に繰り返すので，売却すれば借入れの返済を行うことになり，米国に短資が還流する[10]．

　表 6-2 は外国人による米国長期証券のネット購入額の地域別分類を表したものである．同表をみると，1992 年以来第 1 位はイギリスが占めている．イギリスはピークの 97 年に 1,749 億ドル（45％）であったが，常に 40％ 前後を占めている．カリブ海 OFCs はピークの 95 年には第 2 位となって 483 億ドル（21％）であったが，常に 10％ 前後を占めている．カリブ海 OFCs が対米長期

表6-2 外国人による長期米国証券のネットの購入額

(単位:100万ドル)

地域・国	1992	1993	1994	1995	1996	1997	1998	1999
イギリス	33,304	30,442	55,847	98,911	130,645	174,918	137,970	128,424
その他ヨーロッパ	−1,171	430	26,474	24,663	71,073	104,375	84,047	71,492
カリブ海OFCs[1]	2,112	12,345	−3,581	48,344	41,081	24,999	11,738	45,220
日本	5,769	32,464	36,441	16,388	55,167	34,504	20,261	43,366
その他アジア	24,428	20,089	21,424	25,625	59,327	26,669	11,050	34,193
小　　　計	64,442	95,770	136,605	213,931	357,293	365,465	265,066	322,695
その他の残りの国々	8,790	15,360	3,994	16,218	12,925	22,514	12,725	28,979
合　　　計	73,232	111,130	140,599	230,149	370,218	387,979	277,791	351,674

注:1) バハマ,バミューダ,英領西インド諸島,蘭領アンチル島,パナマを含む.
出所:U.S. *Treasury Bullettin*, Sept. 1996, March 2000.

証券投資において重要な地位を占めていた.

注意すべき点は，カリブ海OFCsの対米長期証券投資が米国のレポ・マーケットだけでなく，他のOFCsからも巨額の短期資本を借り入れてファイナンスされていることである．そのことは，図6-2と図6-3を比較すると，米国はネットで130～150億ドルの短期資本流入となっていることからも確認できる．カリブ海OFCsは他のOFCs（主に日本のJOMやロンドン市場）からクロス・ボーダーのインターバンク貸付を取り入れ，それを対米短期貸付に転用している．このことは，カリブ海OFCsが対米投資を仲介する中継拠点となっていることを意味する．

他方，カリブ海OFCsの高レバレッジ機関は米国だけでなく全世界と国際資本取引を行っている．そしてレバレッジを高めるレポ取引も米国市場でのドル借入だけでなく，低コストであればドル以外の通貨でも積極的に利用する．その代表が円（マルクさらに金）キャリートレードであった．高収益を求める彼らの国際証券取引は，米国証券→その他先進諸国証券→新興市場国証券と拡大させ，さらにそれらにOTCデリバティブを介在させながら次々に短期の購入・売却を繰り返していく．カリブ海OFCsは対米投資だけでなく世界中への投資を仲介する中継拠点なのである[11]．

V OFCsとアジア通貨危機

OFCsと高レバレッジ機関はどのような意味において国際金融システムの脆弱性の原因となったのだろうか？　OFCsは1990年代になって新興市場との短期資本取引を増大させている．この動きが国際金融システムの脆弱性と結びついていた．この点に注目しながらアジア通貨危機を考察しよう．

1990年代になって東アジア新興市場国向け国際投資ブームがあった．だが，97年7月のタイ・バーツ暴落とともにバーストが発生すると，国際投資家達の信任が突然変化し，タイだけでなく東アジア諸国から銀行貸付やポートフォリオ投資が次々に回収された．こうして危機が伝染したのである．特に銀行貸付の回収額が大きかった．資本流入の内訳を地域別にみると，東アジアとラテンアメリカでは少し内容が異なる．東アジアでは銀行貸付のシェアが相対的に高く，ラテンアメリカではポートフォリトのシェアが高い．この特徴を反映して，東アジア諸国の対外短期債務／対外債務総額比率は90年末の20％から96年末には32％へと12％も上昇した．他方，ラテンアメリカ諸国のそれは14％から19％へと5％上昇した．また，96年の東アジア諸国の対外短期債務／国際準備比率は124％から153％に上昇し，ラテンアメリカ諸国のそれは143％から84％に低下した[12]．そして，対外短期債務の大部分が外貨建てであった．

対外短期債務の累積は流動性リスク及び為替リスクを高め，通貨危機に対する脆弱性の原因となる．問題は巨額の銀行貸付がどこから貸し付けられ，どこへ回収されていったのか，である．注意すべきことは，銀行（本店）の国籍ではなく，貸し付けた場所（支店）である．

図6-2は本店の国籍別でみた銀行の対東アジア貸付残高の変化を表している．対東アジア貸付残高シェアにおいて，日本国籍の銀行は97年6月末にシェアが31.7％（1,238億ドル）と最大であったが，危機後1年半の間に380億ドルも貸付残高を減少させたので，98年末には28.8％（858億ドル）と低下した．

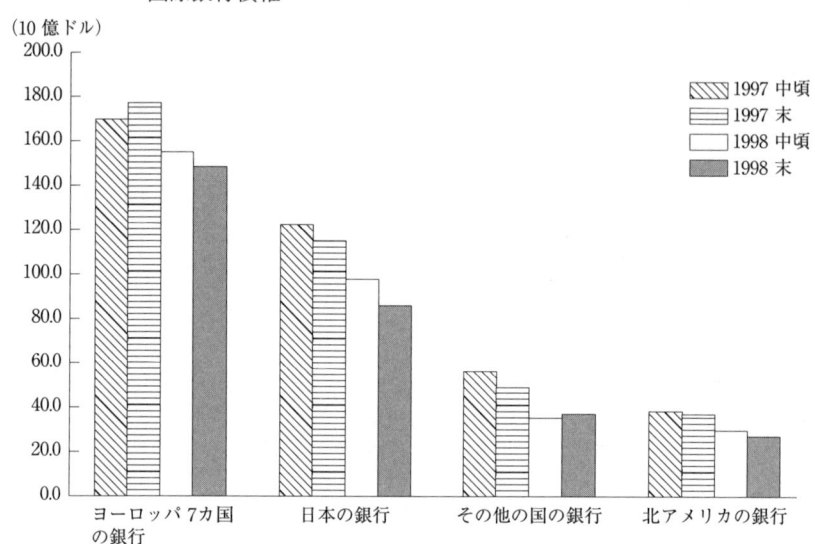

図6-2 銀行の国籍別にみたBIS報告地域以外のアジア諸国に対する国際銀行債権

(10億ドル)

凡例:
- 1997中頃
- 1997末
- 1998中頃
- 1998末

カテゴリ: ヨーロッパ7カ国の銀行、日本の銀行、その他の国の銀行、北アメリカの銀行

原資料: BIS, The BIS Consolidataed International Banking Statistics, Various issues.
出所: C. Van Rijckeghem & B. Weder, "Spillovers through Banking Centers: A Panel Data Analysis", *IMF Working Paper*, wp/00/88, May 2000, p. 32.

他方, ヨーロッパ7ヵ国に国籍をもつ銀行全体で, 同じく97年6月末の43.9%(1,714億ドル)から, その間に219億ドルしか貸付残高を減少させなかったために, 98年末には50.2%(1,495億ドル)と上昇した. その他のOFCsに本店を置く銀行は14.3%(558億ドル)から, 貸付残高を192億ドル減少させて, 12.3%(366億ドル)になった. 北米に本店を置く銀行は10.1%(394億ドル)から, 貸付残高を135億ドル減少させて, 8.7%(259億ドル)になった. 国籍別にみた対東アジア銀行貸付は合計926億ドルが回収された.

しかし, 貸付銀行の国籍では国際資金フローのチャネルはわからない. なぜなら, 銀行の国籍ではなく実際に貸付活動を行った場所(多くは支店銀行の所在場所)でみると, 事態は違ってくるからである. 例えば, 巨額の対東アジア貸付残高をもつ日本の銀行は, 日本から直接東アジアの新興市場国に国際銀行貸付を行っている部分は非常に少なく, 大部分は香港やシンガポールといった

図 6-3 BIS 報告銀行の地域別にみた東アジア 4 ヵ国[1] へのネットの銀行貸付[2]

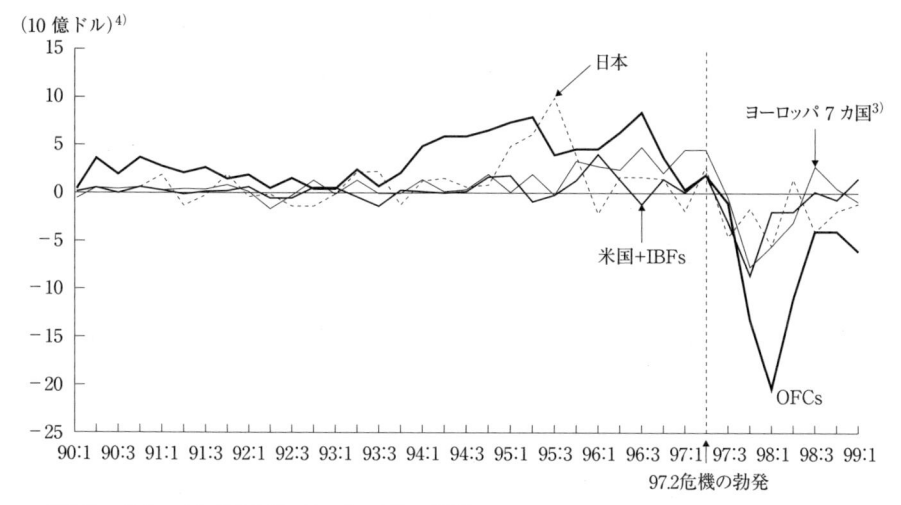

注：1) タイ，インドネシア，フィリッピン，韓国．
2) 為替相場の変化を考慮して調整したフロー額．
3) イギリス，ドイツ，フランス，イタリア，オランダ，スペイン，スイス．
4) 為替相場で調整．

原資料：IMF, *International Financial Statistics,* Various issues.
出所：Eric van Wincoop & Kei-MuYi, "Asian crisis post-mortem: where did the money go and did the United States benefit?" in Conference paper No. 8, *International Financial Markets and The Implications for Monetary and Finacial Stability,* March 2000.
http://www.bis.arg/publ/confer08htm.

東アジア OFCs に開設している支店銀行を通じて貸し付けていた．このことはヨーロッパ 7 ヵ国や米国に本店を置く銀行にも当てはまるが，彼らには東アジア OFCs だけでなくカリブ海 OFCs も加わる．

　図 6-3 は BIS 報告銀行の所在地別にみた東アジア 4 ヵ国（タイ，インドネシア，フィリッピン，韓国）へのネットの銀行貸付の変化を表したものである．同図から以下の特徴を確認することができる．東アジア 4 ヵ国へのネットの銀行貸付が 1994～97 年中頃にかけて急増しているが，その貸付がどこから行われていたのかをみると，OFCs（香港，シンガポール，カリブ海諸島，その他）が，日本，ヨーロッパ 7 ヵ国，米国＋IBFs よりもずっと大きい．また通貨危機が始まった 97 年中頃以降，ネットの銀行貸付が急減しているが，どこへ回収されていったのかをみると，やはり OFCs が飛び抜けて大きい．

図6-2と図6-3を比較すると，東アジア4ヵ国へのネットの銀行貸付は，日本やヨーロッパから直接行われたのではなく，東アジアOFCsやカリブ海OFCsを仲介して行われていたことがわかる．この銀行貸付は対銀行向けだけではなく，対ノンバンク向けをも含む．タイのケースでは，対銀行貸出の代表例はBIBFであり，対ノンバンク貸出の代表例はファイナンス・カンパニーであった．そしてそのかなりの部分がOFCsを中継拠点にした円キャリートレードやデリバティブ取引と関係していた．

デリバティブを利用した東アジア新興市場国への貸付は主にカリブ海OFCsに設立された特定目的投資会社を介して行われていた．この特定目的投資会社を設立したのは欧米の有力金融機関だけでなく東アジアの投資銀行も含まれる．地場の代表的存在は香港のペレグリン投資銀行（日本を除く東アジア最大の投資銀行であり，1998年1月に倒産）であった．ペレグリン投資銀行は約200の子会社を保有し，そのうち175がOFCsに設立された特定目的投資会社であった．ペレグリン投資銀行や欧米の有力金融機関はOFCsに設立した特定目的投資会社を介して為替スワップや東アジアの債務や株式を用いたトータル・リターン・スワップのような多様なデリバティブを取引していた[13]．

東アジア通貨危機の中でデリバティブ関連の貸付に巨額の損失が発生した．この損失について世界銀行の報告書は次のように評価している．「韓国の商業銀行はウォン暴落とともにOTCデリバティブ契約で25億ドルの損失を発生させた．インドネシア危機も巨額の損失を発生させた．香港に拠点を置くペレグリン投資銀行は1998年1月に倒産したとき，インドネシア関連の通貨スワップや金利スワップなど合計100億ドル保有しており，ペレグリンのオン・バランス・シート債務対オフ・バランス・シート債務の比率は1対10であった．外国人はルピア暴落で倒産したインドネシア企業との各種スワップ取引で150億ドルの損失を被ったと思われる」[14]．損失は取引額の一部にすぎないことを考慮すると，東アジア諸国で巨額のデリバティブ取引がカリブ海OFCsを介して行われていたことがわかる．

では，東アジアOFCsやカリブ海OFCsに対し国際流動性を供給したのは誰

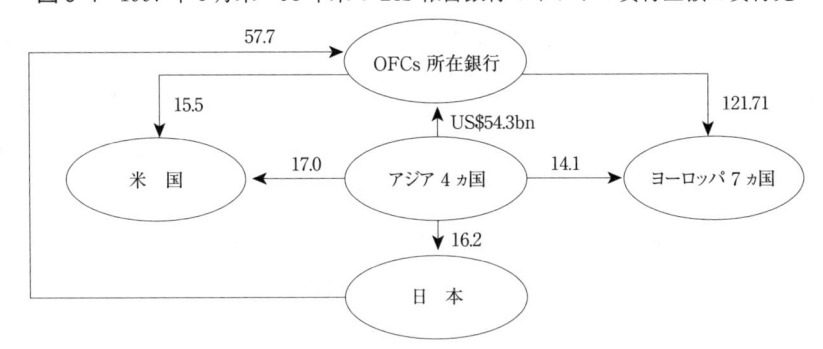

図6-4　1997年6月末～98年末のBIS報告銀行のネットの貸付金額と貸付先

```
              57.7
        ┌─────────────→ OFCs所在銀行
        │          ↑              │
      15.5      US$54.3bn      121.71
        │          │              │
        ↓          │              ↓
      米 国 ←─17.0── アジア4ヵ国 ──14.1→ ヨーロッパ7ヵ国
                     │
                    16.2
                     ↓
                    日 本
```

注：The flows out of Asia-4 correspond to an increase in net liabilities via-à-vis Asia-4 of the BIS reporting banks in the offshore countries, the United States, Europe-7 and Japan. The flows of the offshore countries via-à-vis the United States, Europe-7 and Japan correspond to net lending by banks in the offshore countries to both banks and non-banks in the United States, Europe-7 and Japan.
・アジア4ヵ国からの資金流出は，OFCs，米国，ヨーロッパ7ヵ国，そして日本に所在するBIS報告銀行のアジア4ヵ国に対するネットの債務増加額に対応する．
・米国，ヨーロッパ7ヵ国，日本に対するOFCsの貸付資金の移動は，米国，ヨーロッパ7ヵ国，日本に所在する銀行及びノンバンクの両者に対するOFCs所在の銀行によるネットの貸付に対応する．
・アジア4ヵ国とは，タイ，インドネシア，フィリピン，韓国である．
・ヨーロッパ7ヵ国とは，イギリス，ドイツ，フランス，イタリア，オランダ，スペイン，そしてスイスである．
出所：図6-5と同じ，p. 286.

か？　それは日本やヨーロッパなど先進諸国からのクロス・ボーダーのインターバンク貸付であった．つまり，先進国→東アジアOFCs及びカリブ海OFCs→東アジア新興市場国，といったインターバンク貸付のチャネルを通じて国際流動性が供給された．円キャリートレードはこのチャネルを用いて供給された国際流動性の一部であった．OFCsは東アジア新興市場国への銀行貸付を仲介する「国際資金フローの重要なチャネル」となっていたのである．そして通貨危機の際には，このチャネルを逆流して資金が回収された．

図6-4は97年6月末から98年末までの通貨危機の1年半の間に，東アジア4ヵ国に対する銀行貸付金がどこへ回収されたのかを表したものである．OFCsは銀行貸付をネットで543億ドルも回収し，米国は170億ドル，日本は162億ドル，ヨーロッパ7ヵ国は141億ドルをネットで回収した．危機後1年半の間に合計1,016億ドルもの銀行貸付資金が東アジア4ヵ国からネットで回

収された．

　次に問題となるのは，東アジア OFCs やカリブ海 OFCs へと回収された巨額の銀行貸付資金がどのように運用されたのか，という点である．OFCs は，上記の図 6-4 に示されているように，東アジア 4 ヵ国から 543 億ドルもの銀行貸付金を回収したのであるが，さらに日本からの銀行貸付 577 億ドルが流入した．OFCs は合計 1,120 億ドルもの銀行資金を吸収した．これに他の東アジア諸国からの銀行貸付金の回収が加わったのであるから，OFCs はこの時期に 1,400 億ドル前後の銀行資金を吸収したことになる．この巨額の銀行資金は，一部（155 億ドル）は米国に貸し付けられたが，大部分（1,211 億ドル）はヨーロッパ 7 ヵ国の銀行に貸し付けられた．

　ここから先の追跡は不可能である．けれども，2 つのルートでヨーロッパから米国へ資本が還流したと考えられる．1 つはヨーロッパの対米証券投資のルートである．前述の表 6-2 をみると，イギリスと他のヨーロッパからの対米長期証券投資が 1997，98 年に急増している．また，BIS 報告銀行の対外資産に占める証券のシェアをフローでみると，96 年には対外資産増加額の 46.4％ であったのが，98 年には 68.1％ に上昇している[15]．もう 1 つのルートは米国国際収支に占める誤差脱漏（errors and omissions）の急増である．97〜98 年の期間に，米国の誤差脱漏はネットで 1,527 億ドルも増加した[16]．これは事実上の短期資本流入である．こうして OFCs が先進国から吸収し新興市場国に再配分した巨額の国際流動性は，通貨危機を契機に「質への逃避」となって米国へ流入した．

VI　むすび

　以上のことは，東アジア OFCs やカリブ海 OFCs が「国際資金フローの重要なチャネル」となり，国際金融システムの脆弱性及び国際資本移動の不安定性の原因となっていたことを意味する．それゆえ，金融安定化フォーラムや OECD は，OFCs に国際標準の税制や金融規制を遵守させることにより，国際

金融システムの脆弱性を克服できると考えたのである．

　しかし，OFCs は国際資金フローの再配分者にすぎず，国際資金そのものすなわち国際流動性を創造することはない．国際流動性を供給するのは米国とともに日欧先進国である．日欧先進国は OFCs へのインターバンク預金貸付を通じて国際流動性を供給する．ユーロ市場として知られる国際インターバンク預金市場の発展が米国金融市場を経由せずに国際流動性の供給を可能にした．先進国と OFCs を結び付けているのが国際インターバンク預金市場なのである．

　国際インターバンク預金市場とは，「世界的な預金の配分を推進することにより銀行の流動性調節手段を提供するものであり，外国為替リスクの管理を補助し，また国内規制により課せられたコストを最小化あるいは回避するものであった」．ところが，1990 年代に市場リスクを管理する様々なデリバティブの開発が進展した結果，国際インターバンク預金市場はますます資金調達市場（funding market）としての性格を強めてきた[17]．

　OFCs は国際インターバンク預金市場を介して先進国から国際流動性を調達し，それを世界中に再配分するのであるが，その際に高レバレッジ機関の「高水準の金融活動」が不安定性を増幅してきた．OFCs に国際標準の規制を遵守させることは，この増幅部分を抑制する効果をもつだろうが，不安定性の源泉である過剰な国際流動性そのものをなくすことにはならない．過剰な国際流動性の源泉は米国の経常収支赤字と先進国の国際インターバンク預金市場への貸付である．先進国の中でも日欧は，90 年代中頃以降長期化する不況下で経常収支黒字と国内過剰資金（低金利と弱い国内貸付需要）の圧力を受け，国際インターバンク預金市場への貸付を急増させてきた．この 2 つの過剰な国際流動性供給源をコントロールすることなしには国際資本移動の不安定性はなくならないであろう．

注
1) 「G7 首脳声明」，1999 年 6 月 18 日，http://www.mofa.go.Jpmofaj/gaiko/economy/summit.

2) *Ibid.*
3) LTCM のレバレッジは 28 倍，デリバティブの想定元本が 1.4 兆ドルであった．米国の銀行持株会社の最大手 5 社の自己資本に対するレバレッジの平均は 14 倍，また投資銀行の最大手 5 社は 27 倍であった．さらに，デリバティブの想定元本が 1 兆ドルを超えているのは，銀行持株会社が 6 社，投資銀行が 2 社である．これらの数字を見れば，ヘッジファンドだけが大きなレバレッジを利用し，巨額のデリバティブ取引を行っているわけではない．Report of The President's Working Group on Financial Markets, *Hedge Funds Leverage, and the Lessons of Long-Term Capital Management,* April 1999, p. 29.
4) Financial Stability Forum, *Report of the Working Group on Offshore Centres,* 5 April 2000, p. 9.
5) L. Errico & A. Musalem, "Offshore Banking : An Analysis of Micro- and Macro-Prudencial Issues", *IMF Working Paper,* 99/5, Jan. 1999, pp. 41-2.
6) *Ibid.,* pp. 12-3, 18-20.
7) I. Walter, "The Global Asset Management Industry", *Financial Markets, Institutions & Instruments,* Vol. 8, No. 1, Nov. 1999, pp. 5-6.
8) B. Eichengreen, D. Mathieson, B. Chadha, A. Jansen, L. Kodres, S. Sharma, *Hedge Funds and Financial Market Dynamics,* IMF, 1998, 松崎延寿訳『ヘッジファンドの素顔：IMF 報告書』シグマベイスキャピタル，1999 年，112 ページ．この IMF 報告書はヘッジファンドの資産総額を 1,096 億ドルと推計しているが，これは過小評価だとの批判が他方面からなされている．別の推計値は 3,000 億ドル近いと報告している．Deutsche Bundesbank, "Hedge funds and their role in the financial markets", *Monthly Report,* March 1999, p. 34.
9) ヘアー・カットと呼ばれる担保証券の比率は原証券のリスク度により異なる．株式は 50％，外国為替は 3〜10％，米国財務省は 1〜2％ である．それゆえ，通貨投機を前提としたレポ・マーケットの証拠金率は 3％ の場合，レバレッジは最高 33 倍にまで拡大できた．Eichengreen, Mathieson, Chadha, Jansen, Kodres, Sharma, *op. cit.,* 同訳書，35，84 ページ．
10) 米国商務省月報は次のように説明している．米国の対外短期債権は 1995 年には 690 億ドル増加して総額 7,613 億ドルに達した．「この増加の大部分は，米国証券の購入をファイナンスするため，レポ協定を通じてカリブ海 OFCs やイギリス所在の国際投資信託に対する米国証券ブローカー＆ディーラーによる貸出の結果であった」．R.B. Scholl, "The International Investment Position of the United States in 1995", *Survey of Current Business,* July 1996, p. 37.
11) ロシア危機のような予想外のショックが発生し，世界の金融商品価格が高レバレッジ機関の予想とは異なる方向に大幅に動くと，キャピタル・ロスだけでなく担保割れが生じてマージン・コールが発生するので，彼らは流動性を求めて一連の国際投資の手仕舞い（損切り売り）をせざるを得なくなり，最後に国際金融中

心地ニューヨーク金融市場に流動性危機が顕在化する．またBISの推計によると，1998年6月の時点で円キャリートレードは400億ドルを超えていた．その約70％が日本で調達した米系の商業銀行や投資銀行による融資であった．この円を重要な資金源にしてヘッジファンドなど高レバレッジ機関は国際投資を展開していた．だが，ロシア危機直後から米系の商業銀行や投資銀行はヘッジファンドにマージン・コールをかけ，円貸付金の回収に動いた．その結果，98年9月の1ドル140円から1ドル＝110円への大幅な円高となって，彼らは巨額の為替差損を発生させた．BIS, *A Review of Financial Market Events in the Autumn of 1998* (日本銀行訳『1998年秋の国際金融危機』), 1999, p. 22.

12) World Bank, *Global Development Finance 2000,* March 2000, p. 79.
13) C. Adams, D.J. Mathieson, G. Schinasi, & B. Chadha, *International Capital Market,* IMF, 1998, pp. 44-5. また，トータル・リターン・スワップなどデリバティブ関連の新興市場国向け貸付については，拙稿「エマージング・マーケットとデリバティブ」（山本栄治編著『アジア経済再生』日本貿易振興会，1999年）を参照されたい．
14) World Bank, *Global Development Finance 1999,* April 1999, pp. 39-40.
15) F. Fornari & A. Levy, "Global Liquidity in the 1990s: geographical allocation and long-run determinants", Conference No. 8, *International Financial Markets and The Implications for Monetary and Financial Stability,* March 2000, http://www.bis.drg/publ/confer 08. htm, p. 4.
16) Eric. van Wincoop & Kei-Mu Yi, "Asian crisis post-mortem: where did the money go and did the United States benefit?", Conference No. 8, *International Financial Markets and The Implications for Monetary and Financial Stability,* March 2000, http://www.bis.drg/publ/confer08. htm, p. 290.
17) H. Bernard & J. Bisignano, "Information, Liquidity and Risk in the International Interbank Market: Implicit Guarantees and Private Credit Market Failure", *BIS Working Papers,* No. 86, March 2000, p. 3.

第7章　1920年代米国の対ラテンアメリカ証券投資

I　はじめに

　1997年7月のタイ・バーツ変動相場移行に始まるアジア通貨危機はその原因と対策に関して興味深い論争を展開した．従来，国際通貨危機やそれをきっかけに発生するデフォルト（債務不履行）などの債務危機の原因は，債務国の側に求められ，またそれゆえに危機対策を実施するうえでのコストを債務者に負担させてきた．アジア通貨危機も初期段階においては債務者責任論が優勢であった．すなわち，アジア通貨危機の原因は銀行危機に代表されるように国内の構造問題（馴れ合い資本主義）にあると見なされ，危機対策はIMFが主張する高金利・緊縮財政策と構造調整策が有効だとされた．この処方箋の遵守がIMF緊急融資の条件とされたのである．だが，IMF処方箋の早期実施を約束させられたインドネシアでは，経済危機が政治・社会危機へと発展し，30年も続いたスハルト体制を崩壊させてしまった．さらに，アジア危機は1次産品価格の下落を招き，それらの輸出に依存するロシアやラテンアメリカに通貨危機を伝染させた．

　国際通貨危機の原因をめぐる論争のターニング・ポイントになったのは，1998年秋ロシア危機においてデリバティブ取引の失敗から巨額の損失を出したロング・ターム・キャピタル・マネジメント（LTCM）など大手ヘッジファンドが倒産寸前にまで追い詰められ，ニューヨーク金融市場にシステミック・リスクを顕在化させたときである．このLTCM危機を契機に，議論は債務者責任論から債権者責任論（国際資本移動の不安定性：ブームとバストのサイク

ル）へとシフトした．その結果，1998年10月のG7は，不安定な国際資本移動が通貨危機の原因の1つであり，国際資本移動の監視や規制を含めた現行の国際通貨システム改革が必要なことを認めた．

　国際通貨危機の原因をめぐる論争が重要なのは，それに伴って発生する債務危機への対応策を債権者と債務者のどちらの負担で行うのかといった問題と結びついているからである．歴史的にみると，国際通貨危機は必ずその前に国際資本移動のブーム期があり，なんらかのきっかけでこのブームが突然バストに反転した後発生している．1930年代の債務危機においても，20年代米国の対外証券投資ブームがあった．1980年代のラテンアメリカ債務危機においても，70年代の対NICsや資源保有国向けユーロ・シンジケート・ローンのブームがあった．さらに，1994年のメキシコ通貨危機や97年のアジア通貨危機も，90年代以降の対エマージング・マーケット向け投資ブームがあった．

　国際通貨・債務危機は債務者（過剰借入の側）だけでなく債権者（過剰貸付の側）の原因とも深くかかわっている．本稿の目的は，1920年代米国の対ラテンアメリカ証券投資を30年代の債務危機との関連で分析することにある．1930年代のラテンアメリカ債務危機が注目されたのは，80年代のラテンアメリカ債務危機との歴史比較分析が行われるようになってからのことである．本稿でも歴史比較分析の視点に着目し，1920年代米国の対ラテンアメリカ証券投資を分析する．

II　1910年代のドル国際化とラテンアメリカ

1　第1次大戦前の米国とラテンアメリカ

　世紀転換期に今日の米国資本主義の原型が確立されたといわれている．この時期，活発に展開された合併運動はビッグ・ビジネス（巨大産業資本）を産み出すとともに，米国を世界最大の工業国へと発展させた．独占段階に移行した米国資本主義は，フロンティアの消滅とともに，過剰資本の圧力の下でビッグ・ビジネスが海外に活動の中心を移しつつあった．この動きは1898年の米

西戦争が契機となって加速され，米国の商品と資本を海外市場に駆り立てた．ビッグ・ビジネスが南部や西部の農産物生産者に替わって米国対外経済関係の中心になると，「オープン・ドア」を旗印に世界市場の再分割競争に参加していった．

　米国の貿易取引や国際資本取引が世紀転換期をターニング・ポイントにどのように変化したのかを検討しよう．まず，米国の貿易構造の変化をみると，1897年までに米国の輸出品構成に占める工業製品の比率が50％を超え，農産物を上回った．それまでの米国貿易の基本構造は，対欧州貿易において小麦や綿花など1次産品を輸出し工業製品を輸入するといった途上国型貿易であった．だが，世紀転換期までには，対ラテンアメリカ及びアジア貿易において工業製品を輸出し1次産品を輸入するといった先進国型貿易を確立していた．そうしたことを反映して，米国貿易を地域別にみると，これまで対欧州が中心であったが，次第にその比率が低下し，対ラテンアメリカやアジアといった途上国の比率が上昇した．例えば，米国の輸出先は対欧州が1880年の86％から1913年の60％へと低下したのと対照的に，対カナダが3.5％から16.8％へ，対ラテンアメリカが7.7％から14.1％へ，対アジアが1.4％から5.7％へと上昇した[1]．

　こうして20世紀初めには，ラテンアメリカ市場において米国は英独と工業製品の輸出をめぐり激しい競争を展開するようになっていた．プラット（D. C.M. Platt）はこの点を次のように説明している．「アメリカ合衆国はメキシコ及びカリブ海諸国の近隣市場で指導権を握り，南アメリカ北部の共和国においてイギリスに挑戦しつつあった．ドイツはすべての市場，すべての商品においてイギリスと競争していた．当初の30年間，すなわち1870年代，80年代，90年代にはイギリスの製造業者と貿易業者は明らかにドイツとの競争に強い脅威の念を抱いていた．しかし，結局，アメリカ合衆国こそが最も危険な競争相手であることが明らかになった．……（1893年から1913年までにラテンアメリカへの工業品輸出は―引用者）イギリスが121％，ドイツが239％，そしてアメリカ合衆国が563％増加した」[2]．

表7-1　アメリカの対外投資残高と地域別構成

(単位：100万ドル)

	1897	1914	1919
ヨーロッパ	151.0(131.0)	691.8(573.3)	1,986.8(693.5)
カナダ・ニューファンドランド	189.7(159.7)	867.2(618.4)	1,542.8(814.3)
ラテンアメリカ	308.3(308.3)	1,648.7(1,281.1)	2,406.1(1,988.0)
アフリカ	1.0(1.0)	13.2(13.0)	31.2(31.0)
アジア・オセアニア	24.5(24.5)	262.9(136.5)	363.7(227.7)
その他の世界（銀行を含む）	10.0(10.0)	30.0(30.0)	125.0(125.0)
長期債権の合計	684.5(634.5)	3,513.8(2,652.3)	6,455.6(3,879.5)
短期債権	—	—	500.0
対外投資残高の総計	684.5	3,513.8	6,955.6

注：カッコ内は直接投資額．
出所：C. Lewis, *America's Stake in International Investment,* The Brookings Institution, Washington D.C., 1938, p. 606, より作成．

　最後に，米国の国際資本取引について検討しよう．米国は建国以来1世紀以上の間純資本輸入国であったが，1897年以降は資本輸出が資本輸入を上回り，純資本輸出国へと変化した．米国の対外ポジションを見ると，対外純債務が1897年には63億1,000万ドルに達する世界最大の債務大国であったが，1914年には10億ドルに減少していた．その内訳は，対外債務残高が1897年の71億5,000万ドルから1914年の45億ドルへと減少したのに対し，対外債権残高が6億8,000万ドルから35億1,000万ドルに増加した．

　米国の対外債権とその内訳を表した表7-1をみると，直接投資が1897年の92.3％から1914年の75.4％へと低下し，証券投資が7.7％から24.6％へと上昇した．地域別にみると，直接投資はラテンアメリカ向けが1897年の3億1,000万ドルから1914年の12億8,000万ドルへと4倍も増加したが，投資全体に占める比率は48.5％から48.3％へと変化がなかった．他方，証券投資は1897年の5,000万ドルから1914年の8億6,000万ドルへと17倍も増加した．地域別にみると，証券投資のラテンアメリカ向けは，1897年の0％から42.8％へ，アジア向けが0％から14.7％へと上昇した[3]．

　他方，ラテンアメリカの側からみると，地域全体の対外債務残高（直接投資を除く）は1914年には約20億ドルに達していた．そのうち半分の10億ドル

が1904～14年の10年間に借り入れられたものであり，債権国シェアではイギリス，ドイツ，フランス，そして米国の順であった．但し，ニューヨーク市場で発行されたラテンアメリカ債は約1億ドル（10％のシェア）にすぎなかった．残り7億ドルの大部分は欧州で発行され，その後米国内に流入したものである．その理由は以下の2つである．①米国が単独でラテンアメリカ債を発行することはきわめて少なく，大部分が英独仏のいずれかの投資銀行が幹事行となる国際金融シンジケート団に参加するといったものであったため欧州で発行することになった．②米国投資家は外債になじみがなく興味を示さなかった．ニューヨーク証券市場で発行された外債はキューバ（1904，1909年），メキシコ（1904，1912年），アルゼンチン（1909年）だけであった[4]．

米国の投資銀行は外債発行に関しては対欧州（特に対英）協調路線を採用していたが，直接投資においてはビッグ・ビジネスと組んで積極的にラテンアメリカに進出した．米西戦争以後，キューバなどカリブ海諸国とメキシコは「ドル外交（dollar diplomacy）」の対象地域となって政治的結びつきを強めたことから，ビッグ・ビジネスの直接投資を活発化させた．この地域に設立された米系現地子会社の証券（株式と社債）が，モルガン商会やクーンローブ商会といった個人投資銀行の引受でニューヨーク証券市場において発行された．例えば，メキシコの米系鉄道建設会社，キューバの米系砂糖会社，カリブ海諸国の米系フルーツ会社などの証券である．こうした証券は外債であるとはいっても米系子会社のそれであることから米国投資家に抵抗なく購入されたのである[5]．

2　ドル国際化と第1次世界大戦

ビッグ・ビジネスは世紀転換期以降貿易と直接投資の分野で米国対外経済関係の中心になった．彼らはラテンアメリカで列強との激しい競争を展開するようになり，その過程で競争上のハンディ・キャップを自覚するようになった．それは米国の貿易がポンド為替手形によるロンドンを通じての貿易金融に依存していることである．ビッグ・ビジネスはポンド依存体制が自分達に以下のような国際競争上のハンディ・キャップを課していると考えるようになった．①

自国とロンドンの2つの銀行に支払う二重の手数料によるコスト高，②為替リスクの負担，③貿易取引の企業秘密（販売条件，価格，顧客リスト等）が貿易手形の引受を依頼するイギリスの銀行を通じて競争相手に知られる，④顧客の信用情報が得られない[6]．

こうした問題は米国が農産物輸出国であった19世紀末までは意識されなかったが，20世紀に入り工業製品輸出国としての比重を高めまたイギリスとの競争を激化させるに従って大きなものになっていた．米国の工業製品輸出は主に輸出委託商会が行っており，1910年でも対ラテンアメリカ輸出の約70%を彼らが取り扱っていた[7]．しかし，ビッグ・ビジネスは彼らの輸出サービスに不満を持つようになっていた．そこでビッグ・ビジネスは，彼らに替わって直接海外販売に乗り出すべく，海外販売子会社を設立して現地に販売網を形成しようとし始めた．例えば，U.S.スチールは1903年に海外販売子会社 United Steel Products Company を設立したが，この子会社は1913年までに約60ヵ国に260の現地販売代理店を確立していた[8]．

他方で，競争相手のドイツやフランスは，ポンド依存体制から自立するためラテンアメリカに海外銀行支店網を設立し，貿易金融だけでなく現地の顧客に短期及び中期の信用を供与することによって輸出市場を拡大していった．ラテンアメリカ地域に設立された各国の海外支店銀行数をみると，イギリスは5つの銀行が70支店を，またドイツは5つの銀行が40支店を保有していたが，米国は小さな個人銀行が数支店保有しているだけであった．1913年の時点でドイツの外国為替手形の約40%がマルク建てであり，残りの60%がポンド建てであったといわれている．ドイツは積極的に海外支店銀行網を拡大することにより自国の貿易手形をポンド建てから自国通貨建てへとシフトさせ始め，ロンドンへの貿易金融依存体制から脱却しようとしていた[9]．

米国のビッグ・ビジネスも競争相手のこうした動きに対抗するため，ドル建て貿易金融や現地貸出を求めて自国の商業銀行と連携して海外支店銀行設立を要求するようになった．だが，当時の米国の商業銀行（国法銀行）は海外支店設立を禁止されていたし，為替手形の引受（acceptance）も禁止されていた．

さらに，全国的な割引市場が存在しないだけでなくそれを支える中央銀行も存在しなかった．ビッグ・ビジネスと商業銀行の連携は，1908年恐慌後に活発化した銀行改革運動の中で具体化され，1913年の連邦準備法（Federal Reserve Act）に結実した．同法は中央銀行である連邦準備銀行を設立しただけでなく，第13, 14条で貿易金融の基礎であるドル建て為替手形の引受を国法銀行に許可し，その割引市場の創設を認めるとともに，第25条で国法銀行に海外支店設立を許可して国際金融業務への道を開いた[10]．

ビッグ・ビジネスと大商業銀行が連携してラテンアメリカを手始めにドル国際化を進めようとしていたとき，第1次大戦が勃発した．イギリスは新規の長短資本輸出を停止するとともに，世界中から債権を回収し始めた．その結果，主要国の証券市場は国際流動性を求めてのパニック売りに抗しきれずに相次いで閉鎖された．また，ロンドンに向けての一方的な債務返済はポンド相場の金輸入点を超える急騰をもたらしたので巨額の金移動が発生した．1914年の国際金融危機である．この危機に対処するため各国政府は法律上あるいは事実上の金輸出禁止や金兌換停止を行ったので，国際金本位制は崩壊した．

第1次大戦はドル国際化の動きを一時停止させることになったが，長期的には以下の3つの意味でドル国際化のためのより強固な基礎を形成することになった[11]．第1は安定通貨ドルの確立である．大戦中（1914年下半期〜18年末）に米国は交戦国への「資本と商品の供給者」となったことから，累積経常収支は108億ドルの黒字，累積資本収支が123億ドルの赤字，累積金収支が10億ドルの純流入となった．その結果，米国の対外投資ポジションは大戦前の10億ドルの純債務国から1918年末には60億ドルの純債権国へと変貌した．また金準備も1913年末の13億ドルから1918年末には27億ドルへと倍増した．米国は巨額の対外債権や金準備を背景に，先進国の中で最も早い1919年6月に金本位制復帰を実現してポンドやフランに対する優位を確立した．

第2はニューヨーク外債市場の確立である．米国参戦前は，交戦国双方がニューヨーク証券市場で戦費を調達した．その方法は以下の2つであった．ドル資金調達の第1の方法は，37億ドルに達する海外保有の米国証券（大部分が

鉄道債）の本国還流であり，第2の方法は30億ドルに達する海外保有の米国証券を担保にした外債発行であった．米国参戦後は，自由公債と呼ばれた米国政府債発行により調達されたドル資金に基づく政府借款になった．ニューヨーク証券市場は，まず海外保有の米国証券売却により流通市場を，次いで海外保有の米国証券を担保とする外債発行により発行市場を整備・確立させる段階を経て国際化し，戦後に本格的な外債市場として発展する基礎を準備した．

　第3はドル建て貿易金融の確立である．1914年の国際金融危機と第1次大戦がもたらした混乱の中で，米国やラテンアメリカはロンドンに依存していた貿易金融が利用不可能になった．このため早期にポンド建て貿易金融依存体制から脱却する必要に迫られ，米国の大商業銀行はビッグ・ビジネスとの協力を深め，連邦準備法成立によって可能となったドル建て貿易金融の確立を急いだ．米国の海外銀行支店数は1913年の26から1920年の181へと急増し，そのうちラテンアメリカには99の支店が設置された．なかでも，ナショナル・シティ・バンクは85の海外支店網（ラテンアメリカに56店，アジアに17店，ヨーロッパに12店）を保有する全米1位の多国籍銀行になっていた．米国商業銀行は海外支店銀行網を通じて収集した信用情報を基にドル建て為替手形を引き受け，優良短期金融資産である銀行引受手形（Banker's Acceptance）に改造して市場に供給し始めた．こうして1916年にはニューヨークに銀行引受手形（BA）市場が創設された．また，連邦準備銀行がBA市場を育成する目的で銀行引受手形を再割引し始めた．ニューヨークBA市場の規模は1916年の2億5,000万ドルから1920年には10億ドルへと急増した．

　他方，ラテンアメリカ諸国は，第1次大戦による貿易の混乱と資本輸入の突然の停止にもかかわらず，金本位制を維持しまた債務サービスを続けていた．一時的な混乱の後，ラテンアメリカ諸国は交戦国への物資供給者として対欧州輸出を増加させたし，また欧州からの製造品輸入の減少を米国からの輸入や自国の工業化で埋め合わせた．特に，ドル建て貿易金融の供与は，第1次大戦による欧州からの貿易金融が停止されていたため，ラテンアメリカと米国の貿易量拡大に寄与した．しかし，大戦期，長期資本輸出において米国は欧州諸国の

役割を代替することはなかった．

　大戦前，ラテンアメリカ諸国の資本輸入は主に政府財政赤字のファイナンスと対外債務の債務サービスに必要な外貨調達に用いられていた．大戦による欧州からの長期資本輸入の突然の停止は，ラテンアメリカ諸国に資金不足を招いたが，彼らは次の2つの資金源を確保することにより対応した．1つは，ラテンアメリカ諸国が対欧州貿易を中心に巨額の貿易黒字を獲得したことである．彼らはこの黒字により対外債務に対する債務サービスを継続することができた．もう1つは，ラテンアメリカ諸国が国内銀行貸付，短期国債の発行，さらに紙幣の増発などの国内資金調達ルートを確保することにより財政赤字をファイナンスするようになったことである．ラテンアメリカ諸国が深刻な資本不足に陥って外資調達に向かうのは，1921年の戦後世界恐慌を経た後である[12]．

III　1920年代米国の対外証券投資とラテンアメリカ

1　1920年代のドル外交とラテンアメリカ

　1920年代の米国外交政策は，議会がウィルソン大統領の提案した国際連盟への参加を拒否して孤立主義を採用したことにより，ジレンマを抱えることになった．なぜなら，米国はイギリスと並ぶ軍事的金融的大国となったにもかかわらず，欧州の政治紛争や安全保障問題に直接的な介入ができなくなり，世界政策を展開する手段を経済外交＝ドル外交に限定せざるをえなくなったからである．ハーディング，クーリッジ，フーバーと続いた1920年代の共和党政権は一貫したビジョンの下に世界政策を展開しようとしていたことが確認されている．それは政府の外交・安全保障政策に基づくものではなく，米国のビッグ・ビジネス，金融界，そして政策立案者が協力してドル外交を展開する中で，ニューヨークを国際金融の中心地にし，やがてポンドに替わってドルが国際金融の支配を確立する，というビジョンであった[13]．

　だが，このビジョンは直ちに実現できるものではなく長期的な目標にすぎず，相当な期間にわたって国際通貨の地位をめぐるドルとポンドの角逐が続くこと

が予想された．その間，米国はドル外交を通じてイギリスとの競争と協調の時代を経験しなければならない．大戦後の混乱した世界経済を安定化するためには欧州の再建が必要であるが，それには戦債・賠償問題の解決と国際金本位制の再建が必要であった．この問題に関しては，米国が単独では解決不可能なことから，イギリスとの競争よりも協調を前面に出さざるをえなかった．他方，途上国の安定化と開発の問題に関しては，イギリスとの協調よりも競争を前面に出した．このように1920年代のドル外交は，対英協調路線が基本の欧州と対英競争路線が基本の途上国（ラテンアメリカやアジア）を区別した二面的なものとなった[14]．

ラテンアメリカにおけるドル外交では，国務省は表面的には小さな役割しか果たさず，代わりに「ケメラー・ミッション（Kemmerer Missions）」と呼ばれる経済安定化のための民間金融アドバイザーと銀行家が活躍した．その代表であるケメラー（E.W. Kemmerer）はプリンストン大学教授であり，1926年には全米経済学会会長になった人物である．また彼は政財界に多くの人脈をもっていた．彼は投資銀行 Dillon, Read 会長の友人兼顧問，フーバー大統領の友人，そして彼の教え子であったヤング（A.N. Young）は1922～28年に国務省の経済顧問であった．彼はメキシコ（1917年）をはじめ，グァテマラ（1919年），コロンビア（1923年），チリ（1925年），エクアドル（1926年），ボリビア（1927年），ペルー（1931年）といったラテンアメリカ7ヵ国の経済アドバイザーや金融ミッションの委員長を務めた．彼は他にもフィリピン（1903年），南アフリカ（1924年），ポーランド（1926年），中国（1929年）にも金融ミッションの委員長として出かけたし，ドーズ委員会の顧問（1925年）でもあった．

ケメラー・ミッションはラテンアメリカ諸国に以下のような3つの基本政策から構成される経済安定化プランを勧告した[15]．①金本位制の確立による通貨の安定化を実現すること，そのためには②米国の連邦準備法をモデルにした政府から独立した中央銀行を設立し，中央銀行の通貨発行権を規制する法律を制定すること，また③税収の増加と経済の効率化を高めるため税構造と財政シ

ステムを改革して財政均衡を実現することが必要である．これらの勧告の中でも①と②が直ちに実施され，ペルーは1922年，コロンビアは1923年，チリは1925年，エクアドルは1927年，ボリビアは1929年に中央銀行を設立した．このようなケメラー・ミッションの勧告は，今日の状況に当てはめればIMFコンディショナリティまたは「ワシントン・コンセンサス」に類似した役割をもっていたと考えられる．そしてそれは米国とラテンアメリカの双方において以下のような役割を果たした．

　ケメラー・ミッションは次の3つの理由からドル外交において大きな役割を果たした16)．第1の理由は，米西戦争以後の米国のカリブ海諸国や中央アメリカ諸国への軍事介入の歴史を南アメリカ諸国が恐れており，米国はその不安を解消する必要から民間金融アドバイザーが利用されたことである．第2の理由は，ラテンアメリカが採用する金本位制は実際には金為替本位制とならざるをえないが，金為替はポンドではなくドルで保有することを勧め，準備通貨ドルの形成を支援することであった．1922年のジェノア会議で大戦後の金偏在を理由に金為替本位制が推奨されたこともあり，欧州の新興独立国や途上国の中央銀行金為替準備をどの国の通貨で保有するかをめぐり英米の競争が展開されていた．多くの場合，外債発行の手取金の一部が金為替として準備金に繰り入れられた．第3の理由は，彼が勧告したプランは当時の米国経済をモデルに作成されたものであったから，イベリア半島からの制度的遺産 (Iberian institutional heritage) を引き継ぐラテンアメリカ諸国に進出しようとする米国の投資家やビッグ・ビジネスの不安を軽減する役割を果たしたことである．健全な通貨と米国的な自由市場をラテンアメリカに定着させることは，米国の貿易と金融の国際的拡大にとって重要な意味をもっていた．特に，外債なかでも途上国のそれに慣れていない米国の投資家にとって，ケメラー・ミッションの勧告を遵守する途上国の外債は信用度 (creditworthiness) を高める効果があると考えられた．つまり，ケメラー・ミッションは米国投資家と途上国外債を結びつける役割を果たすとみなされたため，ドル外交において大きな役割を果たしたのである．

他方，ラテンアメリカの側でもケマラー・ミッションを積極的に受け入れて，それを利用したいと考える理由があった[17]．第1の理由は，欧州の資本輸出国からの資金調達が大戦後は多くを期待できないと思われたことである．なぜなら，イギリスは大戦後資本輸出能力を大幅に低下させたことにより帝国や自治領を優先させる政策を採用しようとしていたし，ドイツは資本輸入国に転落し，そしてフランスはロシア投資失敗の経験から長期資本輸出を禁止してしまったからである．このためラテンアメリカ諸国はニューヨーク金融市場へのアクセスを是非とも獲得する必要があった．さらに，大戦後のロンドン金融市場の新規発行利回りはニューヨークのそれを1％前後上回っていたため，資金調達コストの面からもニューヨーク市場へ向かわざるをえなかった．

　第2の理由は，1921年の戦後世界恐慌後ラテンアメリカ諸国の経済が停滞し，深刻な外資不足に陥ったことである．戦後世界恐慌後，世界市場で1次産品価格の下落と需要の低迷が長期化したことから，ラテンアメリカ諸国の貿易赤字が拡大した．また不況による輸入の減少は輸入関税に大きく依存した政府の財政赤字を拡大させた．こうして貿易赤字ファイナンス，対外債務サービス，海外利潤送金などによる外貨流出が大戦中に蓄積した金準備を枯渇させたことから，外資導入が必要となった．

　第3の理由は，工業化と都市化を進めて自国を近代化させることにより，従来の1次産品輸出国から脱却したいと考えるラテンアメリカの政治エリートの要望とケマラー・ミッションの勧告が一致したことである．政治エリートは外資導入が為替安定化，経済成長，そして近代化のための積極的な公益事業活動（学校，病院，電気，ガス，下水道，道路といった都市化と工業化の進展にみあったインフラストラクチュアの整備）を可能にする近道だと考えたのである．このため，ラテンアメリカの対外借入主体は従来からの中央政府だけでなく地方自治体（州政府や大都市）へと拡大した．

2　ニューヨーク外債市場の特徴

　大戦後，米国は債務大国から債権大国に変貌しただけでなく，1920年代を

通じて巨額の経常黒字を産み出したことから，イギリスを上回る最大の資本輸出国となった．米国の対外投資の特徴は，大戦前から直接投資中心であったが，1920年代には活発な直接投資を上回る巨額の証券投資が展開された点にある．だが，対外証券投資はその国の証券市場の性質と構造に大きく影響される．1920年代の国際資本移動は，王立国際問題研究所が指摘するように，「アメリカ的な方法と習慣が重要性を高めたので，国際投資の性格はロンドンのシティーのより旧式で保守的な伝統よりも，ニューヨークによってより多く影響された」[18]．この指摘からもわかるように，1920年代の米国対外証券投資の特徴を明らかにするにはニューヨーク外債市場の性質と構造の検討が必要である．

　大戦前，ニューヨーク証券市場はモルガン商会（J.P. Morgan）に代表される個人投資銀行を中心に構成されており，外債発行も彼らが主に取り扱っていた．個人投資銀行はイギリスのマーチャント・バンク（発行商会）をモデルに外債発行を行っていたので，「旧式で保守的な伝統」の下に行動していた．だが，1920年代には大商業銀行（国法銀行）はアメリカ型「ユニバーサル・バンク」[19]となり，個人投資銀行と並んでニューヨーク証券市場を構成する中核的存在となった．その結果，外債市場をも含めた証券市場全体の構造変化が起こり，「アメリカ的な方法と習慣」が確立される．

　アメリカ型「ユニバーサル・バンク」とは，大商業銀行が証券子会社を保有し，また債券部や信託業務を兼営して経営の重心を証券業務に大きくシフトさせたことを意味する．国法銀行は従来から内部に債券部を持っていたが，証券業務をさらに発展させるため1920年代には独立した証券子会社を保有するようになった．国法銀行は，1922年にはわずか10行だけが証券子会社を保有しており，他の62の国法銀行は債券部を通じて証券業務を行っていた．ところが，ピークの1931年には，国法銀行は114の証券子会社と123の債券部を保有するに至った．証券子会社は国法銀行と違って全国に支店網を設立することができた．例えば，ナショナル・シティ・バンクの証券子会社ナショナル・シティ社は60支店を，チェース証券子会社は26支店を全国に保有していた．また，国法銀行は連邦準備法により信託業務の兼営を認められた．この措置によ

り，国法銀行の信託業務兼営数は 1917 年の 481 行からピークの 1930 年には 2,465 行に達した．そして信託部門を兼営する国法銀行は預金に匹敵する信託資産を保有しており，なかでも個人信託の大部分は株式・債券等の証券投資によって運営されていた．こうして 1920 年代には，国法銀行は証券子会社や債券部，そして信託部を含めた証券業務に経営の重心をシフトさせるアメリカ型「ユニバーサル・バンク」に変貌していった[20]．

　大戦後，大商業銀行が「ユニバーサル・バンク」化する契機は，ビッグ・ビジネスの直接金融と自己金融が進展して貸出が停滞する中で，国内会社証券の年間発行高が 1920 年の 28 億ドルから 1929 年の 90 億ドルへと 3 倍以上も増加した証券市場の発展をみて，資金の運用先とより高い収益を求め証券関連業務に乗り出して行ったことにある．そして，このような国内証券発行の活況に拍車をかけたのが，外債発行ブームであった．なぜなら，「外債は投資家と銀行の双方から人気を博した」[21] からである．

　まず，外債は内国債よりも高い利回りなので投資家を引き付けた．表 7-2 は 1920 年代の新規の外債と国内債券の平均発行利回りを比較したものである．同表から新規外債の平均発行利回りは国内一流債券（格付けは Aaa）のそれよりも 1920 年代を通じてみると 1.56％ も上回っていたことが確認できる．また，同表から新規外債の平均利回りの地域別分類をみると，欧州とラテンアメリカの外債の平均利回りが他の地域のそれよりも高かった．これは両地域が政治経済的不安から他の地域よりもリスク・プレミアムが高いと評価されていたことの結果であった．さらに，ラテンアメリカ債や欧州債の利回りは，外債と同レベルの格付けをもつとみなされていた格付けが Baa の国内中級債券と比較しても，9～99 ベイシス・ポイントも高く設定されていた[22]．他方，外債の発行・分売にあたる銀行や証券子会社は，大幅な創業者利得（発行価格マイナス引受価格），高い手数料（引受手数料は 4％）や財務代理人手数料を得られた．このため外債を引受，分売する大商業銀行は，互いに熾烈な競争を展開した．

　1920 年代米国証券市場のもう 1 つの特徴は証券の販売方法にあった．つまり，「外国債をあたかも内国債と同じように取り扱う」[23] 販売方法である．内

表 7-2 新規外債発行利回りと Standard Statistics Company インデックスの優良内国債発行利回りの比較*

年 \ 利回り	外債	優良内国債	外債—内国債	内国債を100とする外債の平均利回り指数	ヨーロッパ債	カナダ債	ラテンアメリカ債	極東債
1919	5.97	5.25	0.72	114	5.93	5.92	6.81	5.69
1920	7.69	5.88	1.81	131	8.14	7.03	7.47	6.93
1921	7.54	5.79	1.75	130	7.84	6.71	8.00	6.49
1922	6.63	4.94	1.69	134	7.16	5.48	7.48	6.15
1923	6.42	4.98	1.44	129	7.03	5.53	6.63	6.66
1924	6.56	4.85	1.71	135	7.18	4.82	7.83	7.06
1925	6.51	4.72	1.79	138	7.25	4.87	6.44	6.15
1926	6.51	4.60	1.91	141	7.16	5.28	6.71	6.66
1927	6.14	4.47	1.67	137	6.53	4.97	6.55	5.54
1928	6.09	4.49	1.60	136	6.21	5.08	6.29	6.16
1929	5.81	4.69	1.12	124	6.25	5.31	6.50	7.05
平均1919-24	6.80	5.28	1.62	129	7.21	5.92	7.37	6.50
平均1925-29	6.21	4.59	1.52	135	6.68	5.12	6.50	6.31
平均1919-29	6.53	4.97	1.56	132	6.97	5.55	6.97	6.41

注:＊Standard Statistics Company, 15 industrial, 15 railroad, 15 public utility, 15 municipal bonds.
原資料:U.S. Department of Commerce, *Bureau of Foreign and Domestic Commerce, Trade and Promotion Series,* 104, pp. 44 and 54.
出所:Allin W. Dakin, "Foreign Securities in the American Money Market, 1914-1930", *Harvard Business Review,* Vol. X, No. 2, Jan. 1932, p. 235.

外証券とも引受から分売までを分担する大規模なシンジケートが組織された．大戦前も引受に関してはシンジケートが組織されたが，それは元引受の段階に限られており，最終的なリスクを負担する証券購入者（金融機関や富裕な個人）への販売は自発的な応募が一般的であった．これに対して1920年代には，元引受と分売の2つのシンジケートが組織された．そして分売における販売過程の円滑化に重点がおかれ，発行証券の売れ残りリスクを極力低下させようとした．その際，威力を発揮したのが大商業銀行が組織する分売シンジケートである．大商業銀行は1回の証券発行において証券子会社を中心に数百から千に達する証券販売業者からなる分売シンジケートを組織し，「債券セールスマン」を全国に派遣した．さらに，Harper'sやAtlantic Monthlyといった有名雑誌への広告を通じて短期間（通常は1ヵ月）で完売させようとしたのである[24]．

この分売シンジケートの基礎は，大商業銀行が大戦中に中産階級の貯蓄を集めまた彼らに自由公債を販売して形成していたリテール・バンキングのネットワークであった．少数の富裕な個人や金融機関しか相手にしない投資銀行と違って，大商業銀行は大戦中に開拓した小口の証券投資なら可能な膨大な数の中産階級投資家を顧客にもっていた．自由公債は最低50ドルという低い額面から投資可能であったため多くの一般庶民が購入した．自由公債発行の応募は，第1回が400万人であったが，第4回には2,280万人にも達した．大商業銀行はこうした小口の投資家に大戦後は国内証券から外債へと販売を拡大していったのである．1920年代のドル建て外債購入者は，大部分が5,000ドル以下の小口投資家であり，彼らが発行額の45～65％を購入していた．当時，募集されていた外債の平均投資額は3,000ドルであり，これは中産階級が最終的な購入者となっていることを示す数字である．また大商業銀行は個人では証券市場に参加できないさらに小口の投資家のために投資信託を多く設立した．大戦前イギリスで発展した投資信託が1920年代に米国でも定着した．そして米国の投資信託もイギリスと同じように運用の重点を外債投資に置いた[25]．

　1920年代の米国証券市場は，「旧式で保守的な伝統」に従って証券業務を行う個人投資銀行と「ユニバーサル・バンク」化した商業銀行という2つの行動パターンの異なるグループから構成された．そして，外債発行においても，この2つの金融グループは異なる行動パターンを示した．個人投資銀行は主に欧州を中心とした先進諸国の外債を引き受けた．それは大戦前からの国際シンジケート団参加の経験や古くからのコルレス関係を通じての情報収集が容易であったからである．特にモルガン商会は対英協調路線を代表し，ドーズ公債をはじめとする通貨安定化や経済復興の対欧州向け証券投資を引き受けた．これに対して大商業銀行は主にラテンアメリカを中心とした途上国の外債を引き受けた．なぜなら，新規参入者である彼らは，欧州など先進諸国関連の外債発行では元引受の幹事ではなく下位の共同引受の地位しか獲得できなかったが，ラテンアメリカなど途上国には自分達の海外支店銀行網を形成しており，独自に信用情報を収集し元引受の幹事行の地位を獲得できたからである．また，彼らは

ラテンアメリカではビッグ・ビジネスと組んで対英競争路線を採用していたことも大きな理由であった．

　この2つの金融グループの対照的な行動について次のような説明がある．「外国有価証券への投資という新しい流行で，アメリカ人の関心を集めた主要地域は，ラテン・アメリカ諸国だった．ウォール街の各銀行から派遣された債券販売員が零細な投資家にしつこく売り込んだのは，誰もがその名を知らぬほどのラテン・アメリカの中小国の債券ばかりだった．……ウォール街きっての一流投資銀行であるモルガン商会は，大衆投資家たちにまでラテン・アメリカ諸国の債券を無理に買ってもらう必要はなかった．同商会が好んで取引したのは，ヨーロッパの先進工業諸国，英連邦諸国（カナダ，オーストラリア），それにその周辺部の先進諸国（日本，南アフリカ）だった」26)．

　「旧式で保守的な伝統」を代表するモルガン商会は，1919～33年までの間に，総額で約60億ドルの証券発行引受を行った．その内訳は，外債（外国政府債と外国企業債）が20億ドル（33％），内国債が40億ドル（67％）であった．内国債の内訳は，鉄道社債が20億ドル（33％），公益企業および公益事業持株会社社債が10億ドル（17％），工業企業の社債および優先株が6億ドル（10％），地方債が1億6,000万ドル（2.7％），そして普通株が2億ドル（3.3％）であった．分売方法も一般大衆に直接売りに出されることはなく，機関投資家や富裕な個人に売られた27)．

　他方，「ユニバーサル・バンク」化の最先端を走っていたのがナショナル・シティ・バンクであった．表7-3は1920年代米国市場の新規発行債におけるナショナル・シティ社の役割を表したものである．ナショナル・シティ社は当該期新発債の合計503億ドルのうち107億ドル（21.3％）を取り扱っていた．内訳をみると，同社は内国債400億ドルのうち70億ドル（17.4％）をまた外債103億ドルのうち38億ドル（36.8％）を取り扱っていた．これらの証券は債券セールスマンを通じて全国の小口の中産階級投資家に直接販売されたり，系列の投資信託や商業銀行信託部の個人信託にはめ込まれた．

表7-3 合衆国での新発債におけるナショナル・シティ社の役割（1921～29年）

（単位：100万ドル）

債券の種類	発行総額	ナショナル・シティ社の発行額		
		合計	元引受	共同引受
鉄　　　　道	6,195	1,854	100	1,754
公　益　事　業	11,065	1,529	395	1,134
一　般　工　業	9,210	1,581	511	1,070
国内企業の合計	26,470	4,964	1,006	3,958
国内の自治体	11,892	1,422	1,016	406
連　邦　政　府	1,643	564	2	562
国　内　の　合　計	40,005	6,950	2,024	4,926
外　　　　国	10,267	3,783	1,195	2,588
総　　　計	50,272	10,733	3,219	7,514

出所：H. von B. Cleveland & T.F. Huertas, *Citibank: 1812-1970*, Harvard U.P., Cambridge, 1985, p. 140.

3　1920年代米国の対外証券投資とラテンアメリカ

　最初に，1920年代米国の対外証券投資の国際的地位について確認しておこう．表7-4は戦間期を4つの時期に区分して英米の対外証券投資を外国勘定資本発行でみたものを比較している．年平均対外証券投資額は，第1期の1919～23年には米国がイギリスの約1.3倍であったが，第2期の1924～28年には米国がイギリスの約2倍にも達し，そして第3期の1929～31年には米国がイギリスの約1.5倍であった．

　なぜ第2期が戦間期の対外証券投資の最盛期となったのか，については2つの理由がある．1つは政治的な理由である．1924年には相対的安定期が始まった．1924年はロカルノ条約が締結され，ドーズ公債が発行されたことにより欧州の政治経済的安定化の枠組みが確立されるとともに，イギリスが翌年の金本位復帰を発表したことにより世界中が国際金

表7-4　外国勘定資本発行（借換取引を除く）の年平均額

（単位：100万米ドル）

	1919-23	1924-28	1929-31	1932-38
アメリカ	531	1,142	595	28
イギリス	416	587	399	143

出所：United Nations, *International Capital Movements during the Inter-War Period*, 1949, 楊井克巳・中西直行訳『国際投資論』日本評論社，400ページ．

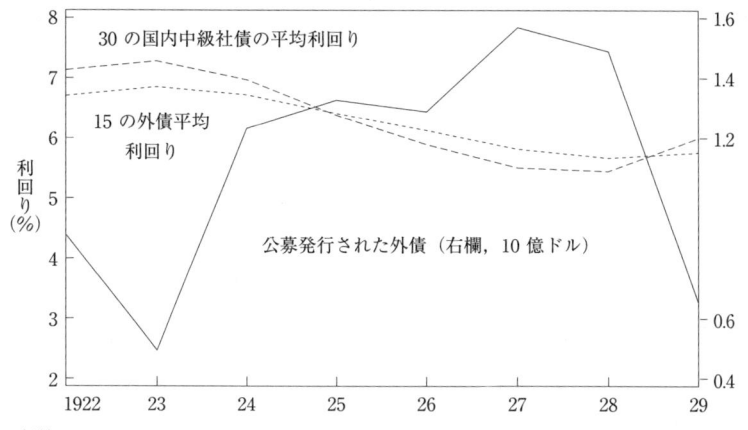

図 7-1 米国の債券利回り格差と外債発行（1922～29 年）

30 の国内中級社債の平均利回り
15 の外債平均利回り
公募発行された外債（右欄，10 億ドル）

出所：B. Eichengreen, "Til Debt Do Us Part: The U.S. Capital Market and Forigh Lending, 1920-1955", *NBER Working Paper* No. 2394, October 1987, p. 11.

本位制再建に向けて動き始めた．世界経済の安定化により国際資本市場が再開され，英米の対外証券投資競争が激しくなった．もう1つは米国の低金利政策といった経済的理由である．図 7-1 は 1920 年代ニューヨーク証券市場における各種債券利回りと外債発行を表したものである．1924 年後半になると，米国の低金利は中級の格付け（Baa）をもつ 30 の国内社債の平均利回りを 15 の外債の平均利回り以下に低下させ，スプレッドを拡大させた．米国では外債は中級社債とほぼ同じ格付けだとみなされていたので，利回りが高くなった外債が相対的に魅力を増したと考えられ，外債ブームとなったのである．

だが，1929 年になると，ウォール街の株式投機熱が高まり，資金が外債をも含めた債券市場から株式市場へとシフトしてしまったことにより，米国での外債ブームが終わる．米国の対外証券投資は，第 4 期の 1929～31 年には半減し，第 5 期の 1932～38 年には事実上停止してしまった．

表 7-5 は第 2 期における 4 大資本輸出国の地域別にみた年平均対外証券投資額を比較したものである．同表から 4 大資本輸出国の対ラテンアメリカ証券投資を比較しよう．第 2 期の対ラテンアメリカ証券投資総額（アルゼンチンを除く）は 2 億 6,000 万ドルであり，その内訳は米国が 1 億 9,700 万ドル（76％），

表7-5　4大債権国での外国勘定資本発行（1924～28年）(借換発行を除く)

(単位：年平均額面価格・100万米ドル)

	発行の行われた国			
	アメリカ	イギリス	オランダ	スイス
A. 債権国				
ベルギー	38	16	6	3
フランス	37	2	11	8
オランダ	9	4	—	—
スウェーデン	16	7	3	—
スイス	9	—	2	—
その他[1]	12	4	7	—
小　計	121	33	29	11
B. 開発または半開発債務国				
アルゼンチン	81	19	1	—
オーストラリア・ニュージーランド	45	171	1	—
カナダ	185	25	—	—
デンマーク	17	—	5	—
ドイツ	224	34	35	11
イタリア	69	4	1	1
日本	59	16	1	—
ノルウェー	26	—	—	—
南アフリカ連邦	—	30[2]	—	—
その他[3]	45	10	3	1
小　計	751	309	47	13
C. 低開発国				
ラテン・アメリカ諸国（アルゼンチンを除く）	197	52	9	2[4]
アジア諸国（日本を除く）	8	53	27[5]	—
ヨーロッパ低開発国	62	37	2	4
アフリカ諸国（南ア連邦を除く）	—	54[2]	2[6]	1[7]
その他	2[8]	—	—	—
小　計	269	196	41	7
D. 国際機関及び特記なきもの				
	1	48	1	—
合　計	1,142	586	118	31

注：1)　アイルランド・ルクセンブルグ・ポルトガル・イギリス・アメリカ.
　　2)　概数.
　　3)　オーストリア・チェコスロヴァキア・エストニア・フィンランド・ダンチヒ自由市・ザール・スペインの勘定での発行を含む.
　　4)　主としてブラジル・コロンビア.
　　5)　主としてオランダ領インド.
　　6)　主としてベルギー領コンゴ・西南アフリカ・モロッコ.
　　7)　モロッコ.
　　8)　ニューファンドランド.
　　表7-5への注―イギリス連邦及びオランダ海外領の勘定での発行は「外国」勘定発行としてある.

原資料：アメリカ借款については Department of Commerce, *Handbook of American Underwriting of Foreign Securities*, イギリス借款については1924-26年は *Economist*, 1927年及び28年は *Statist*, オランダ借款については *Economisch-Statistische Berichten*, スイス借款については1924年及び25年は *Zeitschrift für Schweizerische Statistik und Volkswirtschaft*, 1926-28年は *Monatsberichten des Schweizerischen Bankvereins*.

出所：表7-4に同じ, 402ページ.

イギリスが5,200万ドル (20%), オランダが900万ドル (3%), スイスが200万ドル (0.8%) であった. 対アルゼンチン証券投資においても同じような比率が得られる. 総額1億100万ドルのうち米国が8,100万ドル (81%), イギリスが1,900万ドル (19%), オランダが100万ドル (1%) であった. 1920年代の対ラテンアメリカ証券投資は事実上米英2国が支配しており, そのうち80%を米国が占めていた.

次に, 1920年代における米国の外債発行に占める地域別のシェアをみると, 第1位が約40%を占める欧州, 第2位がほぼ同じシェア (約25%) を占めるカナダとラテンアメリカ, 第4位が10%弱のアジアであった[28]. このようにラテンアメリカは米国の対外証券投資の約25%を占めたのであるが, より詳しくみると地域内で大きな変化が起こっている. この点については, 1930年末の米国の民間長期対外投資残高を地域別に分類した表7-6から確認することができる. 米国の対南アメリカ証券投資は, アルゼンチンを除くと, 大戦前はほぼ0であったと考えることができる. 1930年末の米国対外証券投資残高は, 対ラテンアメリカ全体が16億1,000万ドルであったが, そのうち対南アメリカが14億1,000万ドル (87.5%) であった. そして, アルゼンチンとブラジルの2国で半分以上のシェアを占めた. メキシコなど中米は4,000万ドル (0.2%), キューバなどカリブ海諸国が1億6,000万ドル (10%) であった.

米国の対ラテンアメリカ証券投資は, 大戦前はメキシコやカリブ海諸国に集中していたが, 1920年代には南アメリカ諸国に重点を移した. その理由の1つはメキシコ革命の影響である. 大戦前には米国の最大の投資先であったメキシコに革命 (1910～17年) が起き, 米国資本に対する債務サービスが停止されたことにより, 新規投資が行われなくなった. もう1つの理由は, すでに指摘したように, 大商業銀行がビッグ・ビジネスと連携して対英競争路線を推進することにより, 南アメリカの「商品と資本」市場を獲得しようとしたことである.

最後に, 米国の対南アメリカ証券投資の特徴を検討しよう. 表7-6からわかるように, 南アメリカの借入主体は, 中央政府が8.3億ドル (58.9%), 地方政

表 7-6 米国の民間長期対外投資残高（1930 年 12 月）

(単位：100 万ドル)

| | 直接投資 | 証券投資 | | | | | | 合計 | 対世界比 % |
| | | 政府及び政府保証 | | | その他 | 民間 | 合計 | | |
		中央	地方	地方団体					
ラテンアメリカ									
(a) メキシコ・中米									
コスタリカ	22	9	‥	‥	2	‥	11	33	0.2
グァテマラ	71	2	‥	‥	2	‥	4	75	0.5
ホンジュラス（英領を含む）	72	‥	‥	‥	‥	‥	‥	72	0.5
メキシコ	694	‥	‥	‥	‥	‥	‥	694	4.4 [1]
ニカラグア	13	‥	‥	‥	‥	‥	‥	13	0.1 [2]
パナマ	29	15	‥	‥	3	‥	18	47	0.3
サルヴァドル	30	5	‥	‥	‥	‥	5	35	0.2
合　　計	931	31	‥	‥	7	‥	38	969	6.2
(b) 西インド諸島									
キューバ	936	123	‥	4	‥	4	131	1,067	6.8
ドミニカ共和国	70	17	‥	‥	‥	‥	17	87	0.6
ハイチ	15	13	‥	‥	‥	‥	13	28	0.2
ジャマイカ	22	‥	‥	‥	‥	‥	‥	22	0.1
その他	29	‥	‥	‥	‥	‥	‥	29	0.2
合　　計	1,072	153	‥	4	‥	4	161	1,233	7.9
(c) 南アメリカ									
アルゼンチン	359	322	87	40	‥	‥	449	808	5.2
ボリヴィア	61	55	‥	‥	‥	‥	55	116	0.7
ブラジル	210	140	142	62	‥	3	347	557	3.5
チリ	441	155	‥	20	85	‥	260	701	4.5
コロンビア	130	44	63	23	14	28	172	302	1.9
エクアドル	12	‥	‥	‥	‥	‥	‥	12	0.1 [3]
ギアナ	6	‥	‥	‥	‥	‥	‥	6	‥
パラグアイ	12	‥	‥	‥	‥	‥	‥	12	0.1
ペルー	125	71	1	3	‥	‥	75	200	1.3
ウルグアイ	28	43	‥	10	‥	‥	53	81	0.5
ヴェネズエラ	247	‥	‥	‥	‥	‥	‥	247	1.6
合　　計	1,631	830	293	158	99	31	1,411	3,042	19.4
ラテンアメリカ合計	3,634	1,014	293	162	106	35	1,610	5,244	33.5
アジア合計	420	362	‥	47	38	156	603	1,023	6.5
オーストラリア・ニュージーランド合計	155	162	65	35	‥	2	264	419	2.7
北アメリカ合計	2,049	322	388	109	451	623	1,893	3,942	25.2
ヨーロッパ合計	1,468	1,396	151	388	632	894	3,461	4,929	31.4
世　界　総　計	7,841	3,259	897	780	1,188	1,710	7,834	15,675	100.0
国際証券移動控除	‥	‥	‥	‥	‥	‥	630	‥	‥
保険会社及び銀行	7,841	‥	‥	‥	‥	‥	7,204	15,045	‥
資本加算	‥	‥	‥	‥	‥	‥	‥	125	‥
差　引　総　計	‥	‥	‥	‥	‥	‥	‥	15,170	‥

注：1) Edgar Thurlington は証券投資を 1 億 1,600 万ドルと推計しているが，市場価格は 1,500 万ドルをこえない。
　　2) 証券保有高がいくらかあるが，その額は不明。
　　3) 政府及び鉄道債券保有高がいくらかあり，その額は不明であるが，そう大きなものではない。

出所：R.I.I.A., *The Problem of International Investment*, 1937, 楊井克巳・中西直行訳『国際投資論』日本評論社，1970 年，200-1 ページ。

府が2億9,000万ドル（20.5％），地方団体が1億6,000万ドル（11.3％），政府保証をもつその他が1億ドル（7.1％），そして民間が3,000万ドル（2.1％）であった．借入主体は中央政府が第1位であったが，中米やカリブ海諸国と比較すると，地方政府や地方団体の比重が大きいことがわかる．

　南アメリカの借入主体として地方政府や地方団体の比重が大きい理由は，1920年代のラテンアメリカ諸国の証券投資で調達した外資の支出先について調べたストーリングス（B. Stallings）の推計から知ることができる．彼女の調査によると，リファイナンス（満期の外資借換）が50.3％，インフラストラクチュアが37.6％，一般目的（財政赤字の補塡）が12.1％であった[29]．中央政府の借入れの大部分はリファイナンスに使用された．なぜなら，大戦前に欧州の債権国（ドイツやフランス）から借り入れた資金は，満期の際にも当該国における借換を期待できず，米国に依存せざるを得なかったからである．次に，インフラストラクチュア資金については，すでに指摘したように，中央政府だけでなく地方政府や地方団体を含む南アメリカの政治エリートが，自国の近代化（都市化と工業化）を推進するのに必要な基盤整備を外資導入により行おうとしたことの結果である．一般目的（財政赤字の補塡）は，まだこの時期では低いが，大恐慌の進行とともに輸出収入の減少や関税収入の減少により債務サービスに必要な外貨不足が深刻となるに従って急増する．

IV　む　す　び

　本章では債権者からの視点を中心に1920年代米国の対ラテンアメリカ証券投資を分析してきた．大戦後，債権大国となってドル国際化を推進する米国は積極的に対外証券投資に乗り出すが，それがブームとなって過剰貸付となり，30年代債務危機の原因の1つになった．この過剰貸付は次の2つの要因が関連していた．1つはドル外交であり，特に対ラテンアメリカ証券投資においてはケメラー・ミッションが果たした役割が重要であった．もう1つは米国の対外投資システム，すなわちアメリカ型「ユニバーサル・バンク」化した大商業

銀行が中心となった外債市場の構造的特質であった.

過剰貸付の責任については，経験の浅い多数の証券業者が外債発行に参加したことや証券を販売するこのシステム全体に欠陥があるといったアメリカ型対外投資システムそのものが問題であったとの指摘がある[30]. 1930年代に発生したドル建て外債のデフォルトは，主に25年以降のブーム期に発行された証券に集中しており，その地理的分布も第1位がラテンアメリカ，第2位が東ヨーロッパであった[31]. 特に，ラテンアメリカ向けドル建て外債のデフォルト率が高かった. 1935年までに，ラテンアメリカのドル建て中央政府債の約70%が，またラテンアメリカのドル建て州政府債，自治体債，民間企業債の約90%がデフォルトに陥っていた[32].

デフォルトの被害者は主にミドル・クラスの個人投資家，個人信託，保険であった. 1937年になっても，デフォルトに陥った外債を保有する個人投資家は70万人も存在したと評価されている[33]. 商業銀行は全体でみても外債保有額が6.6億ドルであり，銀行資産全体のわずか1%にすぎなかった[34]. 商業銀行は多額の発行手数料を手にしただけで，デフォルトの被害はほとんど受けなかったのである. そこで被害を受けた個人投資家たちが議会を動かすことになった. 1932年から34年にかけて，グレイ・ペコラ調査と呼ばれるウォール街の証券発行についての大がかりな議会調査が実施された.

ペコラ調査は，ナショナル・シティ・バンクとその証券子会社であるナショナル・シティ社の双方の会長を兼ねているC.E.ミッチェルや関係者を喚問した結果，両社がいかにひどい外債発行やその販売を行っていたかを明らかにした. 例えば，ナショナル・シティ社は1928年3月にブラジル共和国のミナス・ジェライス州の外債850万ドルを発行したが，この州政府が借り手としていかに無責任であるかを知っていたにもかかわらず，発行目論見書には州政府の財政管理に好意的な評価をしていた. またその翌年，同州政府は第2次借款として800万ドルの外債発行を取り決めたが，そのうち半分はナショナル・シティ社からすでに借り入れていた400万ドルの短期債務を返済するのにあてる予定であった. この事実は公表されず，目論見書には州政府の経済活動を拡大

させる目的と書かれていた．こうした無責任な例はブラジルだけでなくペルーやチリなどラテンアメリカのドル建て債に多くみられた．証券子会社や新興の投資銀行の多くが，欠陥証券を証券の「本当の価値」を知る方法を持たない無知な投資家に販売していたのである[35]．

1920年代後半の外債ブームは債権者の側から見ればバブルに酔った過剰貸付であり，また債務者の側から見れば過剰借入であった．これは外債だけではなく国内証券（社債や株式）についても当てはまる．それゆえ，米国議会はペコラ報告を基に1933年グラス・スティーガル銀行法を成立させ，商業銀行業務と投資銀行業務を分離してアメリカ型対外投資システムの柱である「ユニバーサル・バンク」化した商業銀行を解体したのである．また，33年証券法は証券取引所委員会（SEC）に詳細で正確な登録届出書提出と民事責任条項および20日間の待機期間を義務づけた．さらに，機関投資家の外債保有比率を規定した．こうして1920年代に形成されたアメリカ型対外投資システムは解体されたのである．

注

1) U.S. Bureau of the Census, *Historical Statistics of the United States: Colonial Times to 1957,* U.S. Department of Commerce, Washington D.C., 1960, pp. 550-3.
2) D.C.M. Platt, *Latin America and British Trade, 1806-1914,* London, 1972, p. 9.
3) C. Lewis, *American's Stake in International Investment,* The Brookings Institution, Washington D.C., 1938, p. 606.
4) Carlos Marichal, *A Century of Debt Crisis in Latin America: From Independence to the Great Depression, 1820-1930,* Princeton U.P., 1989, p. 172.
5) Barbara Stallings, *Banker to the Third World: U.S. Portfolio Investment in Latin America, 1900-1986,* University of California Press, 1987, p. 62.
6) C.W. Phelps, *The Foreign Expansion of American Banks: American Branch Banking Abroad,* The Ronald Press Co., New York, 1927, pp. 57-9.
7) W.C. Downs, "The Commission House in Latin America Trade", *Quarterly Journal of Economics,* Vol. 36, Nov. 1911.
8) Lewis, *op. cit.,* pp. 184, 292．ビッグ・ビジネスの本社と海外子会社間の貿易金融は，ポンド建て為替手形だけでなく，オープン・アカウント・クレジットも用

いられていた．オープン・アカウント・クレジットとは，為替手形の利用が発達しなかった米国で用いられていた企業間信用（帳簿信用の一種）であり，一定期間後に債権債務を相殺し，残った残高だけを決済する方法である．須藤功氏はこの方法の重要性を強調されるが，どの程度利用されていたかは明らかではない．須藤功『アメリカ巨大企業体制の成立と銀行』名古屋大学出版会，1997年，第6章．

9) S.W. Kies, "Branch Banks and Our Foreign Trade", *The Annals of the American Academy of Political and Social Science,* Vol. LIX, May 1915, p. 301.

10) F.M. Tamagna, & P.B. Willis, "United States Banking Organization Abroad", *Federal Reserve Bulletin,* Vol. 42, No. 12, December 1956, p. 1287. また，対外進出の方法をめぐり当時展開された論争についてウォーバーグ（J.P. Warburg）の次のようなコメントがある．「ある学派は海外支店銀行網を設立することが必要だとの理論を信じた．この理論を信奉するいくつかの大商業銀行は世界中に自前の支店銀行や代理店の設立に着手した．他の学派は海外にコルレス銀行のネットワークを建設する傾向があった．……アメリカの貿易業者は，欧州の競争者が自由に利用している自国の国際銀行システムや海上輸送システムのサービスと同じものを与えられた場合のみ，海外で対等の競争ができると考えた．もしイギリスの銀行が世界を支配し続けるならば，ドルはポンド・スターリングと名誉を共有できないことも真実である」．J.P. Warburg, "American Banks and American Foreign Trade", *Harvard Business Review,* Vol. III, No. 1, October 1924, pp. 20-1.

11) 拙著『国際通貨システム』岩波書店，1997年，32-3ページ．

12) Marichal, *op. cit.,* p. 173.

13) R.F. Smith, "Republican Policy and the Pax Americana 1921-1932", in W.A. Williams (ed.), *From Colony to Empire,* 1972. E.W. Hawley, "Herbert Hoover, Commerce Secretariat, and the Vision of an 'Associative State 1921-1928'", *The Journal of American History,* Vol. LXI, No. 1, June 1974. C. Parrini, "Hoover and International Economics", in L.E. Gelfand (ed.), *Herbert Hoover: The Great War and its Aftermath 1914-23,* 1979.

14) 拙著『基軸通貨の交替とドル』有斐閣，1988年，第1章「2つのドル国際化路線」を，また R.S. Mayer, *The Influence of Frank A Vanderlip and the National City Bank on American Commerce and Foreign Policy 1910-1920,* Garland Publishing Inc., 1987, を参照されたい．ドル外交が2つの側面をもったことは米国金融界を2分することにつながった．すなわち，対英協調路線は，J.P. Morgan を代表とする投資銀行が採用し，対英競争路線はナショナル・シティ・バンクを代表とする大商業銀行とビッグ・ビジネスの連合が採用した．

15) B. Eichengreen, "House Calls of the Money Doctor: The Kemmerer Missions to Latin America, 1917-1931", in G. Calbo, R. Findlay, P. Kouri, & J.B. de Macedo (eds.), *Debt, Stabilization and Development,* 1989, p. 60.

16) P.W. Drake, *The Money Doctor in The Andes: The Kemmerer Missions, 1923-1933,* Duke U.P., 1989, pp. 3-4. R.N. Seidel, "American Reformers Abroad: The Kemmerer Missions in South America, 1923-1931", *The Journal of Economic History,* Vol. 32, No. 2, June 1972. E.S. Rosenberg, *Financial Missionaries to the World: The Politics and Culture of Dollar Diplomacy, 1900-1930,* Harvard U.P., 1999.
17) Drake, *op. cit.,* pp. 14-9, 187-9.
18) Royal Institute of International Affairs, *The Problem of International Investment,* Oxford U.P., 1937, 楊井克己・中西直行共訳『国際投資論』日本評論社, 1970年, 179ページ.
19) Marcello de Cecco, "The Internationanl Debt Problem in the Interwar Period", Banca Nazionale del Lavoro, *Quarterly Review,* No. 152, March 1985, p. 56.
20) E.N. White, "Before the Glass-Steagal Act: An Analysis of the Investment Banking Activities of National Banks", *Exploration in Economic History,* Vol. 23, No. 1, January 1986, pp. 35-7. また, 証券子会社だけでなく債券部をも含めた商業銀行全体の新規証券発行の引受総額（元引受と共同引受）シェアは, 1927年の37%から1930年の60%へと上昇した. V.P. Carosso, *Investment Banking in America: A History,* Harvard U.P., 1974, 日本証券研究所訳「アメリカの投資銀行（上）」『証券研究』Vol. 55, 1978年, 432ページ.
21) Carosso, *op. cit.,* 同上書訳, 387, 384ページ.
22) E. Jorgensen & J. Sachs, "Default and Renegotiation of Latin American Foreign Bonds in The Interwar Period", *NBER Working Paper,* No. 2636, June 1989, p. 13.
23) de Cecco, *op. cit.,* p. 56.
24) B. Eichengreen, "Till Debt Do Us Part: The U.S. Capital Market and Foreign Lending, 1920-1955", *NBER Working Paper,* No. 2398, October 1987, p. 17.
25) 当時, 個人が証券市場に参加するには年所得が5,000ドル以上必要とみなされていた. このような中産階級以上の個人投資家は, 1914年には20万人, 1922年に60万人, 1929年に100万人いたと評価されている. V. van B. Cleveland & T.F. Huertas, *Citibank: 1812-1970,* Harvard U.P., 1985, p. 135.
26) Ron Chernow, *The House of Morgan,* The Atlantic Monthly Press, 1990, 青木栄一訳『モルガン家（上）』日本経済新聞社, 1993年, 295-6ページ. また, カロッソも次のように述べている.「1920年代を通じてアメリカ国内では外国証券の発行量が著しく増大した. このために, 新旧の商会いずれもその経営の規範をためされた. ……外国証券の多く, それも一般に良質の証券の発行は, 外国と密接な関係を保持する老舗の保守的な商会によって占められた」. Carosso, *op. cit.,* 同上書訳, 405ページ.
27) Chernow, *op. cit.,* 同上書訳, 319ページ.
28) Eichengreen (1987), *op. cit.,* p. 8.
29) Stallings, *op. cit.,* p. 131.

30) J.T. Madden, M. Nadler & H.C. Sauvein, *America's Experience as A Creditor Nation,* Prentice-Hall, Inc., 1937, p. 224.
31) I. Mintz, *Deterioration in the Quality of Foreign Bonds Issued in the United States, 1920-1930,* 1951, reprinted in 1978, ARNO Press, p. 38.
32) M.E. Skiles, "Latin American International Loan Defaults in the 1930s: Lessons for the 1980s?", *Federal Reserve Bank of New York Research Paper,* No. 8812, April 1988, p. 15.
33) B. Eichengreen & R. Portes, Settling Defaults in the Era of Bond Finance, *The World Bank Economic Review,* Vol. 3, No. 2, 1989, p. 214.
34) Madden, Nadler & Sauvein, *op. cit.,* pp. 93-5.
35) Carosso, *op. cit.,* 同上書訳, 517 ページ.

【補注：米倉茂氏への反論】
　1930年代のポンド・スターリングに関する私の文章について米倉茂氏が批判されている．米倉氏の批判は，私には理不尽なものと思われるだけでなく看過できない内容であることから，この場を借りて反論させていただく．米倉氏は最近出版された著書，『英国為替政策―1930年代の基軸通貨の試練―』（御茶ノ水書房，2000年）の「本書の課題」における16ページの註18で次のように私を批判された．
　「ちなみに，小林が「すぐれた研究」としてあげている1997年に公刊された山本の『国際通貨システム』の65-66ページと1985年に発表の拙稿「ポンド管理」（上）38-41ページ，（下）99-101ページは，興味深いことに，叙述が非常に似通っている．なお，山本のこの著作の中で，拙稿は「リーディング・リスト」にも入っていないし，引用文献としても紹介されていない．」（「ポンド管理」（下）に101ページは存在せず100ページまでしかないので，99-101ページとあるのは米倉氏の間違いであろう．この種の批判は不確かな記憶ではなく特別の慎重さと正確さが必要とされるはずであるのだが．）
　引用文にある「小林」とは，小林襄治「20世紀の国際通貨システム―国際金本位制からブレトン・ウッズ体制へ」（東京大学社会科学研究所編『20世紀システム1・構想と形成』東京大学出版会，1998年，第7章）であり，また「ポンド管理」とは，米倉茂「1930年代のスターリング地域とポンド管理(上)，(下)」（『金融経済』第214，215号，1985年）である．
　さて，米倉氏が「叙述が非常に似通っている」と指摘されている個所（拙著『国際通貨システム』岩波書店，1997年，第3章「大恐慌と通貨ブロック」，65-66ページ）に該当するとみられるのは，次の2つのパラグラフだと思われる．
　①「ポンドはブロック内通貨には自由に固定価格での交換性を，ブロック外通貨には変動為替レートではあるが自由交換性をもっていた．さらに南アフリカの新産金，インドの退蔵金等が定期的に流入するロンドン自由金市場を通じて他の金融センターよりも自由な金交換性があった．それゆえ，加盟国は基軸通貨ポンドを二重

の交換性をもつ当時最も便利な国際通貨だと考えることができた.」(拙著, 65-66ページ)

②「他方, イギリスにとってブロック内の国際決済がポンドで行われる限り, 加盟国の民間および公的な支払い準備がポンド残高として保有されるので, イギリスの対ブロック収支が黒字になると, 彼らが獲得した外貨・金はポンド残高に転換されるので, イギリスの外貨・金準備が増強されることになる. 問題となるのは, ブロック加盟諸国のブロック外収支（特に対米および対仏収支）が赤字になる場合, ポンド残高が取り崩されて金・外貨が引き出され, イギリスの国際準備が減少するときである. そこで EEA の役割が重要になる. EEA はもっぱらブロック外通貨（ドルとフラン）とポンドの調整に従事し, ブロック内通貨の調整は加盟国に委ねることとなった.」(拙著, 66 ページ)

米倉氏は, 拙著の上記①と②の 10 行足らずの短い 2 つのパラグラフがご自分の「ポンド管理」(上) 38-41 ページの 4 ページにわたる文章と (下) 99-101 (100 ?) ページの 3 (2 ?) ページにわたる文章を短く要約しただけのものではないのか, そうだとしたら, 原著者である自分の論文を引用文献あるいはリーディング・リストに書いておくべきであるのに, それがないのはおかしい, と主張されている. 私には米倉氏のこの批判は誤解に基づくものと考えられるので, 以下において反論させていただく.

拙書『国際通貨システム』はテキストブックであり, 問題の個所はその 10 年前に公刊した『基軸通貨の交替とドル』(有斐閣, 1988 年) の第 4 章「1936 年三国通貨協定とドル」をもとに, その後の欧米の研究成果を取り入れて一般読者向けに平易に書いたものである. パラグラフ①は拙著『基軸通貨の交替とドル』に書いた以下の文章に基づいている.

「基軸通貨国とは国際流動性をシステマチックに供給することのできる国際的信用制度をもつ国だと規定することができるならば, 当時の基軸通貨国はアメリカではなくイギリス（縮小された規模ではあるが）であったと言えよう. 確かにアメリカは巨額の金を保有しており, 金売却を実施していたが, 国際流動性を安定的に供給しうる国際的信用制度を構築していなかったからである. スターリングは, 固定価格ではなかったが, 自由に他の通貨に交換されることができたし, またロンドン金市場で自由に金に交換することができた 17).」(143-144 ページ).

私がこの文章で示した 1930 年代の国際通貨ポンドの評価は, 拙著『基軸通貨の交替とドル』の 144 ページにある註 17 として引用文献にあげた I.M. Drummond, *The Floating Pound and the Sterling Area 1931-1939* (Cambridge U.P., 1981, p. 257) に依拠したものであった. 米倉氏の論文に依拠したわけではない. しかし, 私は, このような 1930 年代の国際通貨ポンドの評価をドラモンドに依拠しながらも, 邦語文献として先に発表されていた米倉氏を無視して独占的に主張したわけではない. このことは, 同じ 144 ページの註 15 に書いた以下の私の文章を読んでいただければわかるはずである.

「この点についてはドラモンドだけではなく，米倉氏も彼に依拠しながら，三国通貨協定がドルを基軸通貨とすることにより為替相場安定化をもたらしたとみなす通説を批判されている．「1930年代のスターリング地域とポンド管理（下）」（前出）98-99ページ．」

『基軸通貨の交替とドル』の執筆時，私はすでに米倉氏の論文を読んでおり，氏の論文が私と同じドラモンドの研究成果に依拠したものであること，そして氏と私は共に通説を批判する当時の少数派に属することを同書の中で指摘している．さらに，今考えると不思議なのであるが，私が『基軸通貨の交替とドル』の書評を米倉氏に依頼したところ，氏は快諾して書評（「山本栄治著『基軸通貨の交替とドル』」『佐賀大学経済学論集』第23巻第2号，1990年7月）を書いてくださったことである．もし，米倉氏が拙著を真面目に読んで書評を書いてくださっていたのなら，上記の文章は読んでおられるはずである．しかし，米倉氏は10年前の書評において今回のような批判はなにも書いておられない．

パラグラフ②は EEA（為替平衡勘定）の役割についての説明であるが，これも①とほぼ同じような経緯であるため簡単に反論する．私がこのパラグラフの説明文を書くにあたって参考にした主要文献は，上記のドラモンドとホウソン（S. Howson, "Sterling's Managed Float: The Operations of the Exchange Equalization Account, 1932-39", *Princeton Studies in International Finance,* No. 46, 1980）である．これらの文献は拙著『基軸通貨の交替とドル』において引用しているし，また米倉氏の論文でも引用されている．2人は同じ文献に依拠していたのである．さらに，拙著『基軸通貨の交替とドル』の138ページにある註6において米倉論文の意義を認め，次のように指摘している．「対外通貨政策については，米倉茂「1930年代のスターリング地域とポンド管理（上），（下）」『金融経済』第214号，第215号，1985年10月，12月，を参照されたい．」さらに言えば，パラグラフ②の文章は1980年代以降のEUにおける基軸通貨マルクとEMS加盟国の関係を念頭においてそれと比較しながら書いたものである．

米倉氏は，山本の著書（『国際通貨システム』）において引用文献だけでなくリーディング・リストにも自分の論文が書かれていないのは，自分の研究成果を無視した不当な扱いである，と批判されている．この主張の背後には，米倉氏は，1930年代の国際通貨ポンドの評価に関して自分が山本よりも先に主張したのであるから，いわば特許権があるはずであり，山本は自分の特許権を侵害している，と考えられているようである．しかし，これまでの検討から氏への反論を次のようにまとめることができる．

(1) 米倉氏は新著『英国為替政策』では全面的に1次資科に依拠して自説を主張されているのかもしれないが，1985年の米倉論文は主にドラモンドやホウソンに依拠したものであることから（一部に Treasury Papers など1次資料を利用されているのは認めるが），特許権は米倉氏ではなくドラモンドやホウソンにある．

(2) 山本は 1988 年の著書（『基軸通貨の交替とドル』）においてドラモンドやホウソンだけでなく邦語文献として米倉氏の論文を引用し，氏の論文がドラモンドやホウソンに依拠していることを指摘したうえで，その評価を与えている．
(3) 米倉氏は私からの依頼を受けて拙著『基軸通貨の交替とドル』の書評を書かれるとき，上記の(2)で指摘した 1985 年の米倉論文に関する私の評価についてなんの意義申し立てもされなかった．それにもかかわらず，今回突然とも思われる批判を発表された米倉氏の意図は，私には理解不可能である．

さらに付け加えれば，拙著『国際通貨システム』は研究書ではなくテキストブック（『岩波テキストブック』シリーズの 1 冊として出版）である．テキストブックとは，自分のオリジナリティを研究者に対し主張する専門書ではなく，学界が到達した研究水準を維持しながらも一般読者向けに平易に解説するものである．私はテキストブックのこのような特徴を考え，出きる限り煩雑な引用文献をなくした．拙著で引用した邦語文献は西村閑也氏と円の国際化関連だけであり，他はすべて欧米の最近の文献に限定した．

またリーディング・リストに関してであるが，米倉氏はリーディング・リストの意味を理解されてないようである．テキストブックにおけるリーディング・リストとは，学生や社会人など一般読者が「本書を読了後，国際通貨システムの歴史と現状についてより深く学習する上で参考となる文献」（『国際通貨システム』，243 ページ）であり，一般読者が簡単に手に入るものである．それゆえ，私はリーディング・リストには日本語の本（外書であっても日本語訳になっている本）だけに限定し，論文は 1 本もとりあげていない．リーディング・リストとは，本書を執筆するうえで私が参考にした文献ではない点に注意していただきたい．私は米倉氏に拙著を献本しているので，もし真面目に読んでいただいたのなら，テキストブックのもつ特徴が理解されているはずである．それにもかかわらず，米倉氏はご自分の論文が引用されていないし，リーディング・リストにも取り上げられていない，と批判されている．しかし，氏の論文は研究専門誌である『金融経済』に掲載されたものであり，この雑誌は 10 数年前に廃刊されて今日では一般読者には入手困難な文献である．

研究者がプライドをもち自分の研究成果のオリジナリティを主張することは大事なことではある．だが，私にはこの度の批判は，米倉氏がご自身のオリジナリティを売り込もうとするあまり「ネガティブ・キャンペーン」（米国大統領選挙でよくみかけるもので，自分を売り込むためには競争相手の足を引っ張るだけでなく，中傷や非難など汚い行為をすること）を展開しているように思われる．米倉氏の新著に書かれた「本書の課題」を読むと，「ネガティブ・キャンペーン」を連想するのは私だけであろうか．私はこのような「ネガティブ・キャンペーン」の応酬に参加する気はないが，一度は米倉氏への反論を書き，事実を明らかにしておく必要があると考えた次第である．

第8章 1930年代ラテンアメリカ債務危機と米国の債務交渉

I はじめに

1929年ニューヨーク株式市場大暴落に始まる大恐慌の中で，デフォルトは3つの段階を経て世界的に拡大し，債務危機へと発展した．第1段階は1931年に始まるラテンアメリカのデフォルトである．第2段階は32年に始まる中央ヨーロッパと東ヨーロッパに拡大したデフォルトである．そして第3段階は，世界経済会議の失敗後に発生した最大の債務国ドイツのデフォルトである．それが契機となって，34年6月，イギリス政府は米国に一方的に戦債（大戦中の対米債務）の債務サービスを停止する決定を通告した．フランス，イタリア，ベルギーも直ちにこの決定に従った．債権国でさえもが債務サービスを停止したことにより，残りの債務国も簡単にデフォルトを宣言するようになった．米国はこうした動きを牽制するため，34年4月にジョンソン法（Johnson Act）を成立させ，対米政府債務をデフォルトにした外国政府への貸出を禁止した．だが，同法の効果はなかった．こうして米国の対外投資とドイツの賠償支払に支えられていた相対的安定期の国際資金循環が崩壊し，債務危機が世界的に拡大した．

1930年代債務危機の原因は20年代の過剰貸付（過剰借入）と大恐慌がもたらした予想を越えた大きな対外ショックが結びついたことにあった．20年代の過剰貸付（過剰借入）については前章で検討したので，本章では大恐慌が与えた対外ショックを中心に検討する．ドイツや英仏伊のデフォルトは大恐慌だけでなく債務返済意思の欠如あるいは意図的（政治的）な判断が大きな要因で

あった.だが,ラテンアメリカの場合は大恐慌が大きく影響した.その影響は対外要因と国内要因の2つに分けることができる.

　対外要因はトランスファー問題である.トランスファー問題とは,たとえ債務国の通貨で債務サービスに必要な資金を確保できたとしても,外貨不足のために債務国通貨建ての資金を債権国通貨に転換できないことを意味する.ラテンアメリカ債務国がトランスファー問題に陥らないためには,次の2つの条件を満たす必要があった.すなわち,ラテンアメリカ債務国は外貨獲得のため,①商品輸出を安定的に維持する必要がある,②資本輸入を安定的に維持する必要がある.だが,大恐慌はこの2つの条件をなくしてしまった.もう1つの国内要因とは,債務国通貨でも債務サービスに必要な資金を確保できないことである.これは債務返済能力の喪失であり,2つのケースがある.すなわち,①国内不況により政府の税収が大幅に減少した,②外債で調達した資金の運用に失敗した.

　デフォルトの原因は上記の対外および対内要因の複合的結果ではあるが,本稿の目的が国際資本移動との関連でラテンアメリカ債務危機を分析することにあるため,国内要因については直接とりあげることはしない.第2節において,対外要因を中心にラテンアメリカ債務国のデフォルトの原因を分析する.そして第3節において,デフォルトに陥ったラテンアメリカ債務国と米国の債務交渉を明らかにし,どのような形で債務再調整案が合意されたのかを分析する.

II　大恐慌とラテンアメリカのデフォルト

1　国際商品市場の崩壊とラテンアメリカ

　ラテンアメリカ諸国が1920年代に行った過剰な借入は,対外ショックに対する傷つき易さを増大させ,20年代末には債務サービス（対外債務の元利払い）維持能力を低下させていた.そのようなとき,大恐慌という未曾有の対外ショックが発生すると,ラテンアメリカ諸国は直ちに債務サービスを停止せざるをえなかった.米国は大戦後に世界最大の資本輸出国になっていただけでな

く，1929年の時点で先進工業諸国15ヵ国の工業生産高の約50%を生産し，また1次産品の40%近くを消費していた．このように巨大な米国経済が，1929年末から30年末までの1年間にGDPを25%も縮小させた[1]．米国経済の深刻な不況は世界経済に大きなショックを与えた．対外ショックは貿易取引と資本取引の2つの面において発生した．貿易取引に関する対外ショックとは1次産品を中心とする国際商品市場の崩壊であり，資本取引のそれは国際資本市場の崩壊である．

最初に，貿易取引に関する対外ショックがラテンアメリカ諸国に与えた影響の大きさを検討しよう．債務サービス維持能力を表す指標の1つは，当該国の債務サービス／輸出比率である．この比率が一定の数値（通常20%）を超えると，債務サービスが維持できずデフォルトに陥りやすいといわれている．この指標を用いてラテンアメリカ諸国の債務サービス維持能力を推計すると，ペルーの債務サービス／輸出比率は1926年の2.6%から29年に7.4%へ，さらに31年に16.3%，33年には21.7%へと急上昇している．同じくコロンビアも2.7%から11.9%へ，そして15.6%，29.6%に急上昇している．チリも5.5%から9.2%へ，そして32.9%，81.9%へと急上昇している．ボリビアも7.3%から7.8%へ，そして24.5%，38.5%へと急上昇している．アルゼンチンは10.0%から10.4%，そして22.5%，30.2%へと急上昇している[2]．

債務サービス／輸出比率上昇の原因は，分母の輸出額の減少と分子の債務サービスの増大といった2つの側面がある．戦間期の世界経済は1929年までは拡大していたのであるから，債務サービス／輸出比率が1926〜29年まで上昇したのは，主に分子にある債務サービス額の増加つまり債務残高の増加（過剰借入）によるものであった．しかし，1929年以降，対外証券投資は急減したのであるから，債務サービスの増大は債務残高ではなく実質金利の上昇によるものだと考えられる．1929年末に始まった米国物価の急落は実質金利を1931年には15%にまで上昇させた[3]．1982年の債務危機には実質金利が9%であったことから，15%という数字は債務国に極めて大きな負担をかけたことが理解できよう．

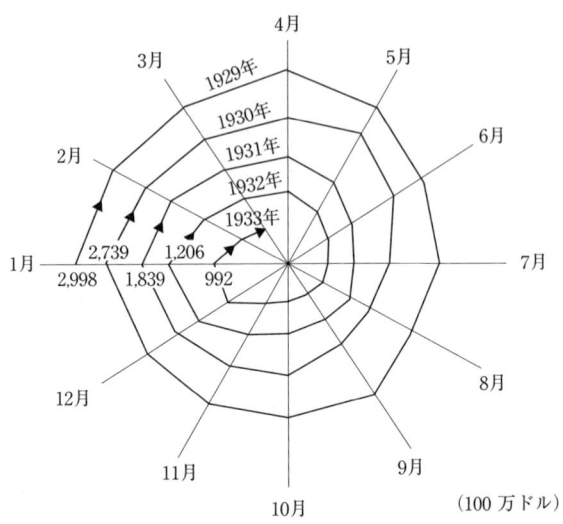

図8-1　1929年1月～33年3月における世界貿易の螺旋状の収縮

（100万ドル）

原資料：League of Nations, *Monthly Bulletin of Statistics*, February 1934, p. 51.
出所：C.P. Kindleberger, *The World in Depression 1929-1939*, 1973, キンドルバーガー／石崎昭彦・木村一朗訳『大不況下の世界 1929-39』東京大学出版会, 1982年, 148ページ.

　1931年以降の債務サービス／輸出比率を急上昇させたもう1つの原因は，分母にある輸出額の急減によるものであった．29年のニューヨーク株式市場の大暴落以後，米国経済が不況に入ると，世界経済は急速に縮小する．さらに，30年6月の米国ホーレー・スムート関税が契機となって世界中が一斉に関税引き上げや様々な貿易制限（双務貿易協定，輸入割当制，為替管理）を実施したので，世界貿易は動きが取れなくなってしまった．図8-1は世界貿易が29年以降急速に縮小していく様子を表したものである．世界貿易は29年からわずか4年間に1/3の規模に縮小してしまった．とりわけ，1次産品の価格と需要が急減した．

　ルイス（A. Lewis）によると，1次産品の国際商品市場の崩壊は次のようなものであった．「1929年から1930年にかけて，小麦の平均価格は19％下落したし，綿花は27％，羊毛は46％，絹は30％，ゴムは42％，砂糖は20％，

コーヒーは43％, 銅は26％, 錫は29％下落した. また, 世界貿易で取引されている商品価格インデックスでみると, 1929年から1932年にかけて原材料のインデックスが56％下落, 食料インデックスが48％下落, そして工業製品のインデックスが37％下落した」[4].

1次産品輸出国は, 大恐慌の中で1次産品の価格下落だけでなく先進工業諸国の需要縮小と貿易制限による輸出数量の減少も加わったことにより, 輸出額の大幅な減少を経験することになった. だが, 問題は相対価格の変化すなわち交易条件である. 食料や原材料といった1次産品価格の下落率は工業製品価格のそれよりも大きかった. つまり, 交易条件は1次産品輸出国 (ラテンアメリカ, 英自治領, アジア, 南及び東ヨーロッパ) に不利になったのである. ラテンアメリカの交易条件は1928〜31年に37％も下落し, 34年まで回復しなかった[5]. ラテンアメリカなど1次産品輸出国にとって交易条件の大幅な悪化は, 輸出代金の減少ほどには輸入代金が減少しないことから, 貿易収支が悪化したことを意味する. 債務サービスに必要な外貨資金源は貿易収支黒字と資本収支黒字のどちらかまたは両方である. だが, 大恐慌の中で1次産品の国際商品市場が崩壊したので, ラテンアメリカの債務国は貿易収支悪化により外貨資金源の1つが枯渇し始め, 債務サービス維持能力を低下させていった.

2　国際資本市場の崩壊とラテンアメリカ

次に, もう1つの外貨資金源である資本収支を検討しよう. ラテンアメリカの債務国にとって悲劇なのは, 貿易収支悪化をカバーするだけの資本収支の改善がなかったことである. 特に1931年のクレディート・アンシュタルトの破綻を契機とする中央ヨーロッパの国際金融恐慌が国際資本市場を崩壊させてしまったため, 債権国の対外投資は事実上停止してしまった. 前掲表3-2 (66ページ) は4大債権国の新規対外投資を表したものである. 4大債権国の1925〜28年の年平均対外投資を100としたとき, 31年に39, 32年には10に低下し, 長期国際資本移動は事実上停止してしまった. なかでも最大の資本輸出国であった米国は, 新規対外証券発行を31年には1925〜28年の年平均の1/5

表 8-1　1927〜31 年に米国で発行されたドル建て外債

(単位：100 万ドル)

	1927	1928	1929	1930	1931
外債全体					
1 月〜6 月	669	838	455	682	204
7 月〜12 月	641	408	159	206	50
ラテンアメリカ債					
1 月〜6 月	159	258	69	132	0
7 月〜12 月	194	99	23	0	0
米国で発行された外債全体に占めるラテンアメリカ債のシェア(％)					
1 月〜6 月	24	31	15	19	0
7 月〜12 月	30	24	14	0	0

原資料：Calculated from United Nations, Economic Affairs Department, *International Capital Movements during the Inter-war Period* (New York, 1949), pg. 36; and White, Weld & Co., *Foreign Dollar Bonds* (New York), various issues.

出所：M.E. Skiles, "Latin American International Loan Default in the 1930s: Lessons for the 1980s ?", Federal Reserve Bank of New York, *Research Paper*, No. 8812, April 1988, p. 12.

に減少させ，34 年には 0 にしてしまった．イギリスも新規対外証券発行を 31 年には 1925〜28 年の年平均の 1/3 に減少させ，以後その水準のままであった．

また，米国の対外証券投資を地域別に分類した表 8-1 をみると，米国の対ラテンアメリカ証券投資は 1930 年 7 月以降 0 となっていることがわかる．米国のその他の地域向け証券投資は 1931 年も，規模は 30 年の 30％ に縮小させてはいるが，継続している．だが，対ラテンアメリカ証券投資は停止したままである．米国の対ラテンアメリカ証券投資の停止は，貿易収支悪化をカバーできなくなっただけでなく，満期になる過去の債務をロールオーバー（借換）することさえやめてしまったことを意味した．他方，イギリスの対外証券投資は，米国のそれと比較すると，大幅に減少したとはいえ継続されていた．それはロンドン証券市場が満期になった外債の借換だけには応じていたからである．

債務国の負担を測定する方法の 1 つは，資源トランスファー（＝債務国の資本収支－債務サービス総額）と呼ばれる概念を用いることである[6]．1930 年代のラテンアメリカ債務国の資源トランスファーは，資本流入の停止と資本逃避によって資本収支が赤字となっていたので，これに債務サービスによる流出を加えると，ネットで，巨額の資源流出になっていたことは確かであると思わ

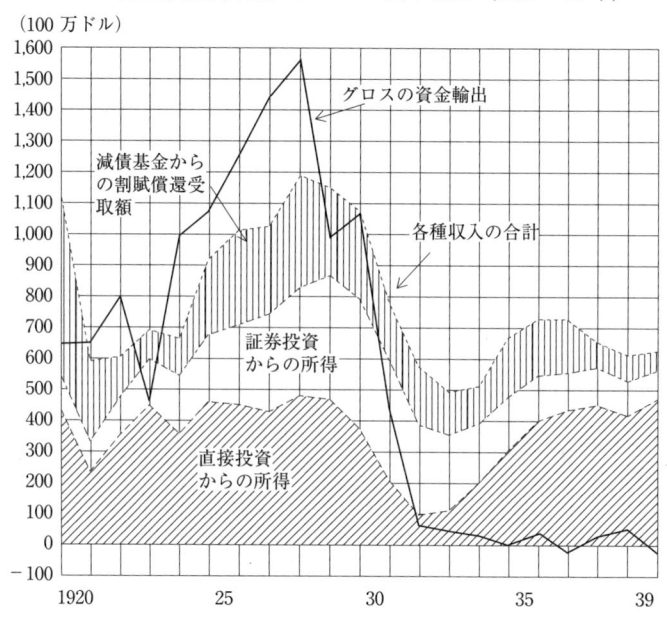

図 8-2 米国の長期対外投資からの所得及び減債基金による割賦償還受取額とグロスの資本輸出（1920〜40年）

原資料：Foreign Investment Experience of the United States, 1920-1940, Bureau of Foreign and Domestic Commerce, 19 March 1945, Mimeo.

出所：B. Eichengreen & R. Portes, "Debt and Default in the 1930s: Causes and Consequences", *European Economic Review,* No. 30, 1986, p. 603.

れる[7]．だが，資料制約のためラテンアメリカ債務国の国際収支表が利用もできない．そこで代わりに，債権国である米国の資源トランスファーを用いて逆の立場の視点から分析する．

米国の資源トランスファーを知るには新規対外投資額と債務サービスや直接投資の配当などの受取額を比較することである．この比較を表したのが図 8-2 である．図 8-2 は米国のグロスの対外投資（直接投資＋証券投資）と債務国からの各種所得の流入（主に配当金からなる直接投資からの所得，主に利払いからなる証券投資からの所得，減債基金による割賦償還受取額），すなわち債務サービスを比較している．

図 8-2 によると，1923 年中頃〜28 年末までの期間，米国のグロスの対外投

資が債務国からの各種所得の流入を上回っていた．そのことは，債務国がたとえ貿易収支が悪化しても，それを資本収支の黒字がカバーするので債務サービスを維持することが可能であったことを意味した．だが，28年末以降，米国はニューヨーク株式市場の投機熱の中でグロスの対外投資を急減させた．そしてこれを契機に悪循環が始まったのである．債務国の債務サービス維持能力に対する困難が増加し，その支払いが減少あるいは一部停止するにつれて，投資家がさらに気勢をそがれて投資意欲を失っていった．

米国は1930年以降，新規対外証券発行を事実上停止し，他方で外国人に対し自国保有の国内・国外証券を大量に売却したので，資本収支は黒字に転換した．さらに，米国はデフォルトによって減少したとはいえ巨額の債務サービスをその他の世界から吸収し続けた．つまり，30年代以降の米国の資源トランスファーはネットで巨額の流入となった．そのことは，対米債務国がたとえ貿易収支が悪化しなくても（実際には悪化したのだが），それを上回る資源トランスファーの赤字が発生したので債務サービス維持が不可能になったことを意味した．こうして，対米債務国は資源のネットの流出により深刻なドル不足に陥って債務サービス維持能力を一挙に低下させたのである．

ウォリック（H.C. Wallich）は，米国からの資本流入が停止した状態の下で，チリが債務サービス維持能力を喪失した原因について次のように説明している．「チリの輸出は，1929年22億8,000万ペソもあったが，32年には5億ペソに減少してしまった．他方，チリの債務サービスは利払いと減債基金による割賦償還を合わせて1億6,000万ペソが必要とされており，また対外短期債務の満期支払額が4億4,000万ペソに達していた．このチリのケースにみられるように，債務サービスの一時的な停止以外に選択の余地がほとんどなくなってしまった」[8]．

資本流入が停止しまた貿易収支が悪化している状態の下で，債務国が債務サービスを継続する唯一の方法は，ストックを食いつぶす，すなわち中央銀行の金準備を使用することである．キンドルバーガー（C.P. Kindleberger）は1930年代初めの金準備減少がどのような意味をもっていたのかについて次の

ように説明している．「1次産品国は外貨保有高が増減するのを放任し，その外国為替が危険なほど少ない時にだけ金を使用するであろう．こういう場合に限り，金喪失はその国が相当困窮していることを意味する」[9]．

ラテンアメリカ7ヵ国（アルゼンチン，ボリビア，ブラジル，チリ，ペルー，ウルグアイ，ベネズエラ）合計の金準備高をみると，1915年の5億ドルからピークの28年に14億8,000万ドルへと増加した後，翌29年から急減した．合計の金準備高は30年に8億9,000万ドルに，そしてボトムの32年には5億8,000万ドルにまで減少した[10]．ピークの28年から4年間で9億ドルも減少した．金準備減少は，当然のことであるが，債務サービスだけでなく資本逃避をも含む外貨流出の結果である．

債務国が金準備を枯渇させ，金本位制を放棄せざるをえなくなる時期が，トランスファー能力を失ってデフォルトすなわち債務サービス停止をするときでもある．金本位制を離脱したラテンアメリカの国々をみると，1929年には4月ウルグアイ，11月アルゼンチン，12月ブラジルであり，30年には9月ベネズエラであり，31年には8月メキシコ，10月ボリビアであり，32年には1月コロンビアとニカラグアとコスタリカ，4月チリ，5月ペルー，6月エクアドルであった．次に，デフォルトを宣言したラテンアメリカの国々をみると，1931年には1月ボリビア，5月ペルー，7月チリとエクアドル，10月ブラジルであり，32年には1月ウルグアイ，2月コロンビアとパナマ，6月パラグアイ，11月コスタリカ，33年には1月エルサルバドル，2月グァテマラであった．アルゼンチンを除くと，他のラテンアメリカの国々は金本位制停止前後にデフォルト宣言をしている．

III　ラテンアメリカ債務危機と米国の債務交渉

1　外債のデフォルトとラテンアメリカ

世界的にデフォルトが拡大する中で，債権国は大きな損害を蒙った．債権国の対外投資収入（利子・配当受取額）をみると，米国はピークの1930年から

34年には57％も減少した．イギリスは40％減少し，フランスは78％減少した．これら3ヵ国の対外投資純収入は合計で29年の21億4,000万ドルから33年の4億2,000万ドルへ62％も減少した[11]．王立国際問題研究所によると，米英仏3ヵ国のデフォルト発生率の差は主としてその対外資産の地理的分布の差に帰することができた．「準政治的ヨーロッパ証券保有を偏好するフランスは，主として中央および東ヨーロッパの情勢悪化のために損害を蒙り，ドイツでだけ大損害をどうにか回避した．アメリカはラテン・アメリカおよびドイツに対する余りに大きな貸付のため損失を蒙った．イギリスの投資家はイギリス領諸国に対する貸付に関する限り比較的幸運であったが，しかしラテン・アメリカではひどい損害を受け，より小さい程度ながら中央ヨーロッパでも損失を蒙った」[12]．

　米国が外債のデフォルトから受けた損害はイギリスよりも大きかった．その理由の1つは，最大の債務国ドイツがドーズ公債およびヤング公債，その他自治体債などの債務サービスの支払をイギリスに対しては継続したが，米国に対しては停止したからである．この相違は，イギリス政府が，非介入主義の米政府とは違って，ドイツ政府に対し債務サービス継続を求める強力な圧力をかけた結果でもある．もう1つの理由は，英米両国の対ラテンアメリカ投資デフォルト率の相違である．イギリスの対ラテンアメリカ投資残高12億1,000万ポンド（金平価で換算すると58億8,000万ドル）のデフォルト率は1934年には約40％であった．他方，米国の対ラテンアメリカ投資残高18億7,000万ドルのデフォルト率は80％を超えていた．

　米国の対外証券投資がどの国でどの程度のデフォルトを蒙ったのかについて表したのが表8-2である．1935年末の未償還ドル建て外債総額74億9,000万ドルのうち28億1,000万ドル（37.5％）が利払いのデフォルトに陥っていた．地域別にみると，対ヨーロッパ投資は23億8,000万ドルを占め，そのうち12億2,000万ドル（51.5％）が利払いのデフォルトに陥っていた．また対ラテンアメリカ投資は18億7,000万ドルを占め，そのうち15億ドル（80.5％）が利払いのデフォルトに陥っていた．ラテンアメリカでは，ハイチとドミニカ共和

国の2国だけが債務サービスを継続していた．残りの13ヵ国はなんらかの形でデフォルトに陥っており，未償還ドル建て債に対するデフォルト率はアルゼンチンの25.3%からブラジルの93.2%までの広い幅があった．

なぜラテンアメリカにおいて他の地域よりもデフォルト率が高かったのだろうか．その理由の1つは，前章で検討したように，1920年代米国の対ラテンアメリカ証券投資がブームになる過程で過剰貸付に陥ってバブル化したことである．もう1つの理由は，ラテンアメリカ債務国の側で，過剰借入による資金運用の失敗と対外ショックへの反発から生まれた排外主義の高まりである．大恐慌による対外ショックはラテンアメリカ債務国の国内不況を深化させた．対外ショックと国内不況は，ラテンアメリカ債務国に大きな社会的，政治的緊張をもたらし，南アメリカの事実上すべての国々がクーデターか革命運動の高揚に悩まされることになった．このような社会的，政治的緊張は，不況による失業の増加だけでなく，財政収入が激減したことにより政府が都市政策や社会政策を実施できなくなったからでもある．1920年代にラテンアメリカの国々は都市政策など近代化政策の財源をもっぱらニューヨーク市場での外債発行により調達した．そして，クーデターや革命運動の圧力を受けた政府は，ナショナリズムや排外主義の高まりの中で，債務サービスを維持することの意義を低くみるようになったのである[13]．

前述のチリの例をみると，チリ政府の財政収入は，他のラテンアメリカ諸国と同じように関税収入が大きな比重を占めていたので，29年と比較して1932年は75%も減少した．それにもかかわらず，チリ政府は債務サービスを続けたため，その海外送金額は政府支出の25%にも達していた[14]．金本位離脱後の為替下落が自国通貨建てでみた海外送金額を増加させた結果でもある．こうしてチリ政府の都市政策や社会政策の実行を担保する政府財源が枯渇してしまい，社会的，政治的緊張が高まったのである．そして31年，チリに革命が起こり，社会主義政府が誕生した．社会主義政権は，排外主義が高まる中で自国の経済的困難は外国の帝国主義によるものだと主張するようになり，債務サービスを維持し債権国との対外関係を保持することの意義を低くみるようになっ

表 8-2 外国ドル債権

発 行 国	中央政府			州・省・県		
	未償還額	うち利子滞納		未償還額	うち利子滞納	
	100万ドル		%	100万ドル		%
ブルガリア	16.9	16.9	100.0	‥	‥	‥
チェコスロバキア	18.7	‥	‥	‥	‥	‥
デンマーク	102.3	‥	‥	‥	‥	‥
ドイツ（ザールを含む）	150.9	150.9	100.0	84.3	84.3	100.0
ギリシャ	26.9	26.9	100.0	‥	‥	‥
ハンガリー	6.6	6.6	100.0	‥	‥	‥
ルーマニア	10.9	10.9	100.0	‥	‥	‥
ロシア	75.0	75.0	100.0	‥	‥	‥
スウェーデン	‥	‥	‥	‥	‥	‥
ユーゴスラヴィア	53.6	53.6	100.0	‥	‥	‥
ヨーロッパ	1,056.9[1]	340.8	32.3	106.6[1]	84.3	79.1
アルゼンチン	241.6	‥	‥	87.0	81.4	93.6
ボリヴィア	59.4	59.4	100.0	‥	‥	‥
ブラジル	144.7	144.7	100.0	140.8	119.3	84.9
チ リ	175.4	175.4	100.0	‥	‥	‥
コロンビア	51.2	51.2	100.0	60.	60.0	100.0
コスタリカ	8.8	8.8	100.0	‥	‥	‥
キューバ	88.9	40.0	45.0	‥	‥	‥
エルサルヴァドル	12.6	12.6	100.0	‥	‥	‥
グヮテマラ	2.2	2.2	100.0	‥	‥	‥
メキシコ	58.5	58.5	100.0	3.3	3.3	100.0
パナマ	15.1	11.4	75.6	‥	‥	‥
ペルー	87.2	87.2	100.0	1.2	1.2	100.0
ウルグヮイ	52.9	52.9	100.0	‥	‥	‥
ラテン・アメリカ	1,024.7[1]	704.4	68.6	292.2[1]	265.1	90.8
中 国	5.5	5.5	100.0	‥	‥	‥
カナダ	405.8	‥	‥	608.5	‥	‥
総 計	2,835.6[1]	1,050.7	37.1	1,070.8[1]	349.4	32.6

注：1) 未償還総額は不履行に陥らなかった諸国の借手の証券を含む．
原資料：Bulletin No. 85 of the International Institute of Finance, 6 April 1936, pp. 12-13.
出所：Royal Institute of International Affairs, *The Problem of International Investment*, 1937,

た[15]．同年8月，ついにチリ政府は海外送金を規制する為替管理を導入し，対外債務の利払いと減債基金の割賦償還を停止した．こうして氷が一旦割れると，デフォルトは他のラテンアメリカ債務国に次々と広がっていった．その後，

の利払不履行（1935年末）

地方団体			民間会社			合計		
未償還額	うち利子滞納		未償還額	うち利子滞納		未償還額	うち利子滞納	
100万ドル	100万ドル	%	100万ドル	100万ドル	%	100万ドル	100万ドル	%
..	..	..	..	..	..	16.9	16.9	100.0
6.9	1.1	16.0	1.2	..	..	26.8	1.1	4.1
33.1	..	..	13.3	1.0	7.5	148.8	1.0	0.7
72.8	72.2	99.9	578.9	576.2	99.9	886.9	883.6	99.9
..	..	..	..	..	..	26.9	26.9	100.0
31.3	31.3	100.0	19.1	19.1	100.0	56.9	56.9	100.0
..	..	..	..	..	..	10.9	10.9	100.0
..	..	..	..	..	..	75.0	75.0	100.0
..	..	..	86.7	86.7	100.0	86.7	86.7	100.0
..	..	..	10.0	10.0	100.0	63.5	63.5	100.0
265.9 [1]	104.5	39.3	946.9 [1]	592.8	73.2	2,376.1 [1]	1,222.5	51.5
22.6	7.4	32.8	..	..	..	351.2	88.8	25.3
..	..	..	..	..	..	59.4	59.4	100.0
61.1	61.1	100.0	2.6	..	..	349.2	325.1	93.2
20.5	20.5	100.0	112.1	112.1	100.0	308.0	308.0	100.0
22.1	22.1	100.0	22.7	22.7	100.0	156.1	156.1	100.0
..	..	..	..	..	..	8.8	8.8	100.0
..	..	..	35.0	35.0	100.0	123.8	75.0	60.6
..	..	..	..	..	..	12.6	12.6	100.0
..	..	..	..	..	..	2.2	2.2	100.0
..	..	..	233.8	233.8	100.0	205.5	205.5	100.0
0.4	..	..	3.1	3.1	100.0	18.6	14.4	77.5
2.9	2.9	100.0	..	..	..	91.3	91.3	100.0
10.4	10.4	100.0	..	..	..	63.4	63.4	100.0
140.1 [1]	124.5	89.0	409.3 [1]	406.7	99.5	1,866.3 [3]	1,500.7	80.5
..	..	..	..	..	..	5.5	5.5	100.0
247.9	0.4	0.2	1,351.5	80.8	6.0	2,613.4	81.2	3.1
722.8 [1]	229.4	31.8	2,860.7 [1]	1,180.4	41.3	7,490.0 [1]	2,809.9	37.5

楊井克己・中西直行共訳『国際投資論』日本評論社，1970年，323ページ．

排外主義の圧力を受けるラテンアメリカ政府は米国との債務交渉を放棄して解決を長引かせることになった．

2 債務危機と英米のブロック政策

　貸付契約は通常，デフォルトに陥った外債に対し次の2つの方法で元本あるいは利子の損失に対し保証している．1つは，約定されているサービスを履行するために，特定の政府収入や資産を割り当てる保証条項を貸付契約に組み入れている．もう1つは，当該国政府に契約履行に対する誠実さと信頼性を誓約させることである．だが，世界的にデフォルトが発生すると，これらの保証は意味をなくしてしまっていることが明らかになった．なぜなら，砲艦外交の時代であった第1次大戦前なら，デフォルトの際には関税や国有企業といった政府資産の差し押さえが可能であったが，大戦後ウィルソン大統領が提唱した自由主義インターナショナリズムが時代の潮流になった段階では，軍事的威圧による資産差し押さえが不可能になったからである．その結果，外債保有者は債務者が権力をもつソブリン（主権国家）であるという困難な問題に直面することになった．そして，2大債権国英米は1930年代のデフォルトに対して全く異なる対応をした．

　イギリスではデフォルトに陥った外債の債務交渉は主に外債保有者協会（Corporation of Foreign Bondholders: CFBH）が取り扱っていた．CFBHは1868年に設立され，銀行やブローカーがその代表となっていた．だが，CFBHは30年代の債務危機の中で新たに投資信託協会，英国保険協会，イングランド銀行，そしてロンドン証券取引所からもそれぞれの代表を加えるようになった．CFBHは債務交渉の際に証券保有者の資産価値を最大化することを目標にしたが，彼らの交渉力の基礎はデフォルトに陥った債務国に対し新規外債発行を拒否する権限であった．しかし，ロンドン資本市場の新規外債発行能力が著しく低下した30年代にあっては，CFBHの交渉力は限られていた．

　デフォルトに陥ったポンド建て外債の債務交渉を劇的に進展させたのは，イギリス政府の介入であった．イギリス政府は米政府とは対照的に，債務交渉に積極的に介入し，また債務問題と貿易問題を関連づけたことから，両国の対ラテンアメリカ証券投資のデフォルト率に大きな差が生まれた．イギリス政府は，結果として世界経済を分断するのを承知の上で，スターリング・ブロックを形

成することによっ大恐慌に対応しようとした．イギリス政府はスターリング・ブロックに自治領や植民地だけでなく，北欧諸国やラテンアメリカをも加盟させようとした．スターリング・ブロックに加盟したラテンアメリカの代表はアルゼンチンであった．アルゼンチンを例に，イギリスのブロック政策が債務危機対策としてどのような意味をもっていたのかを検討する．

スターリング・ブロックとは，イギリスを中心国とし，ブロック加盟国との間で貿易（二国間特恵関税協定），決済（基軸通貨ポンドの使用），資本輸出（満期債の借換と債務サービスの維持）を結びつけ，非加盟国に対して排他的な経済圏を形成するものである．そしてスターリング・ブロック政策は，債権国イギリスにとって債務サービスによる資金流入こそが基軸通貨ポンドとイギリス経済を支える鍵であり，他方債務国にとって輸出の増加による外貨獲得こそが経済回復と債務サービス維持を可能にさせる鍵である，との認識に基づいていた[16]．

アルゼンチンは1933年5月ロカ=ランシマン（Roca-Runciman）協定をイギリスと結んだ．同協定は，アルゼンチンに対し世界最大の1次産品輸入国イギリスへの優先的アクセスおよび資本輸出（主に満期債の借換）を与える見返りに，アルゼンチンに以下の条件を約束させる内容であった．アルゼンチンは，①イギリス商品に対し特恵関税措置を与えること，②為替管理の下で貿易黒字からポンド建て債の債務サービスを優先させること，③対ポンド為替相場を固定し，対外準備をポンドで保有することであった[17]．

アルゼンチンなど1次産品輸出国は，1930年の悪名高い保護貿易立法ホーレー・スムート関税法の下で輸入を制限し，また対外証券投資を停止してしまった米国よりも，ブロックに加盟してイギリス市場へのアクセスを確保し，また満期債の借換に応じてくれるポンド建て外債の債務サービスを維持する方が有利だと考えるようになった．実際に，アルゼンチンの輸入貿易における英米のシェアを比較した表8-3をみると，アルゼンチンの輸入構造は大戦前には対英依存型であったのが，1920年代には対米依存型に変化し30年代に再び対英依存型に変化していることが確認できる．アルゼンチンの輸入貿易構造の変化

表 8-3 アルゼンチンの輸入貿易に
おける英米のシェア
(単位:%)

年	イギリス	アメリカ
1911-15	31.1	16.1
1916-20	24.4	33.7
1922-24	23.5	21.7
1926-30	19.1	24.4
1931-35	23.5	13.7

出所:R. Gravil & T. Rooth, "A Time of Acute Dependence: Argentina in the 1930s", *Journal of European Economic History*, Vol. 7, 1978, p. 373.

は資本輸入構造の変化と一致している.そしてアルゼンチンのデフォルト率は,ドル建て債が25.3%であったが,ポンド建て債に対しては0%であった.

他方,1930年代の米政府は,外債のデフォルトは民間問題であるとの見解から非介入の立場をとった.米政府は自国の外債保有者のため債務国に対し経済的制裁を発動することや救済策を講じたりすることを拒否しただけでなく,イギリス政府のように債務問題を貿易問題と関連させることも拒否した.反対に,ローズベルト政府は30年代の世界経済の分断と縮小の責任をイギリスや大陸ヨーロッパが途上国の貿易相手と結ぶ双務協定(イギリスは特恵関税協定,ドイツは双務バーター貿易協定)に求め,非難した.

ローズベルト政府は当初,1933年に設立した外債保有者保護委員会(Foreign Bondholders Protective Committee: FBPC)にデフォルトを起こした政府との債務交渉を委ねた.FBPCはイギリスのCFBHをモデルに1933年証券法に基づいて設立された準公的団体である.FBPCの交渉力の基礎は,CFBHと同様に,デフォルトに陥った債務国政府に対して新規外債発行を拒否する権限であった.しかし,近い将来ニューヨーク証券市場で新規外債発行だけでなく満期債の借換さえも期待できない状況の下では,FBPCの交渉力はイギリスのCFBH以下であった.

しかし,ローズベルト政府もやがてヨーロッパのブロック政策に対抗し,ビッグ・ビジネスの輸出促進のため,独自のアメリカ型ブロック政策を展開するようになった.政府はまず,これまでの共和党政府が展開した軍事介入を背景にしたラテンアメリカに対するドル外交を批判し,ハイチからアメリカ軍を撤退させ,善隣外交を推進することを公約した.次に政府は,1934年4月超保護主義的な30年のホーレー・スムート法を修正した互恵通商協定法を制定し

た．また同年7月，政府は輸出を促進する目的で輸出入銀行を設立し，ロシア以外のいかなる国に対しても公的貿易金融を供与できるようにした．こうして善隣外交，互恵通商協定，輸出入銀行からなる三位一体のドル・ブロック政策が形成された[18]．

ローズベルト政府は1935年末までに9ヵ国の政府と互恵通商条約を結んだ．そのうち5ヵ国がラテンアメリカ諸国であった．しかし，ドル・ブロックは，スターリング・ブロックに較べると，為替管理や輸入規制などにおいてはるかに緩やかな結束しか求めなかった．さらに，互恵通商条約は国務省が債務問題と貿易問題を結びつけることに反対したため有効な効果をもたず，また輸出入銀行も内部での経営方針の対立のため39年までは実質的な融資活動を展開できなかった[19]．そしてこの点が最も重要なのだが，米国はラテンアメリカと同じ1次産品輸出国であったため，国内市場を開放できなかっただけでなく海外市場でも激しく競争していた．それゆえ，ラテンアメリカ諸国はドル・ブロックよりもスターリング・ブロックに魅力を感じたのである．こうしてドル・ブロック政策は失敗した．ローズベルト政府が債務交渉に非介入の立場を公式に放棄するのは，ドイツで政権を獲得したヒットラーがヨーロッパで戦争を始めようとしただけでなく，ラテンアメリカへの影響を拡大するようになった30年代末以降のことである[20]．

3 米国の債務交渉とラテンアメリカ

1930年代の米国の債務交渉において債権国と債務国の両者が話し合って合意した解決というものがほとんどなかった．両者が交渉して合意に達したものが永久的な債務再調整である．30年代にはラテンアメリカのデフォルトになったドル建て外債の永久的債務再調整は成立しなかった．反対に，債務国ラテンアメリカからの一方的な提案がなされた．その1つは一時的な債務再調整の提案である．もう1つの提案は自国のデフォルト外債を市場価格で買い戻すことである．これらは債務国からの一方的な提案であり，交渉が行われないので債権国はそれを拒否することはできず，ただ受け入れる以外に方法はなかった．

まず，一時的な債務再調整案から検討しよう．「一時的」とは大恐慌期が終わって1次産品の国際商品市場が再建され，輸出増加が実現するまでの期間を意味する．債務国はその期間（2〜5年）の金利引き下げや部分的な債務サービス再開を提案したのである．また「部分的」とは，金利支払いや割賦償還金支払いが，最初の契約条件とは違って，一時的に引き下げられた金利での現金（債権国通貨）支払いや現金以外の方法で行われるという意味である．具体的には，以下のようなケースに分類できる一時的な債務再調整案であった[21]．

第1は部分的な現金支払いのケースである．

A. 引き下げられた金利が現金で支払われるもの．

例：アルゼンチンの Province of Mendoza 発行の金利7.5%で満期日1951年のドル建て外債は，33年6月1日〜37年12月1日までの期間だけ金利を4%に引き下げ，その利払いを現金で行う．

B. 一部は現金で支払われるが，残りは仮債券（scrip）で支払われるもの．

例：パナマ共和国発行の金利5%で満期日1963年のドル建て外債は，33〜35年の期間だけ金利の1/3を現金で利払いし，残りの2/3の金利は仮債券で支払う．

C. 一部は現金で支払われるが，残りは借換債（funding bonds）で，支払われるもの．

例：エルサルバドル政府が発行したドル建て外債は，32〜35年の期間だけ金利の一部を現金で支払い，残りを金利4%の利子延払い指図書（deferred interest certificates）で支払う．

第2は利払いが現金以外のもので支払われるケースである．

A. 利払いが借換債で支払われるもの．

例：コスタリカ共和国発行の金利7%で満期日1951年のドル建て外債，32年11月1日〜35年11月1日までの期間だけ利払いの代わりに金利が5%の借換債で支払う．

B. 利払いが仮債券で支払われるもの．

例：コロンビア共和国および Agricaltural Mortgage Bank of Colombia 発

行ドル建て外債は，34年1月15日〜35年1月1日までの期間だけ利払いを仮債券で支払う．

　上記のような1930年代初めの一時的な債務再調整案は，債務国からの一方的な提案であったにもかかわらず，一時的な期間が過ぎると放棄されてしまった．大恐慌が深化して国際経済環境がさらに悪化したため，債務国が債務サービスを停止するか，あるいはさらに削減してしまったからである[22]．

　次に，もう1つの提案すなわちデフォルト外債の市場価格での買戻し案を検討しよう．この提案はFBPCとの間で激しい論争となった．なぜなら，外国為替を債務サービスにではなく外債買戻しに振り向けることは，外債契約の形式・内容共に違反するからである．買戻し案は外国為替に余裕があることを意味する．もし余裕があるならば，外国為替は債務サービスに用いられるべきであり，満期日以外の外債償還は認められない，とFBPCは主張した[23]．投資家の観点から重要なことは，債務者にとって買戻しが魅力的だと思える市場価格は，発行時に提供された収益率と比較すると失望させられるような低い収益率だという点にあった．1930年代中ごろには，ラテンアメリカのデフォルト外債の市場価格は額面の約25％に下落していた（1ドルにつき25セント）[24]．反対に，債務者の観点からすれば，額面価格と市場価格との差額が債務帳消し（write off）になることを意味した．

　表8-4はラテンアメリカ5ヵ国の政府及び政府保証のドル建て外債が，デフォルト期間中にどのような価格でどれくらいの金額が買い戻されたのかを表したものである．同表によると，ボリビアは1ドルにつき平均16セントの価格で300万ドル（デフォルト債の5％）を買い戻した．チリは1ドルにつき平均59セントの価格で4,600万ドル（デフォルト債の18％）を買い戻した．コロンビアは1ドルにつき平均22セントの価格で1,400万ドル（デフォルト債の22％）を買い戻した．ペルーは1ドルにつき平均21セントの価格で2,700万ドル（デフォルト債の31％）を買い戻した．しかし，アルゼンチンだけはデフォルト債の買戻しを行わなかった[25]．

　ラテンアメリカ債務危機は，1930年代末になってようやく永久的な債務再

表 8-4 ラテンアメリカのデフォルトに陥ったドル建て外債の市場での買戻し

(単位：100万ドル)

	外債の発行価格（受取った元本）	発行年（金利：Baa＋プレミアム）	デフォルトの総額（デフォルト年：最終合意年）	デフォルト期間の買戻し額（平均価格：$1）	デフォルト債に対する買戻しの比率
アルゼンチン 発行数：10	政府債 $290 ($269)	1923-28年 (6.16%：-4)			
ボリビア 発行数：4	政府債 $68	1917-28年 (7.55%：+304)	$59 (1931;1969年)	$3 (16セント)	5%
チリ 発行数：12	合計 $275 政府債 $185 政府保証債 $90 ($255)	1922-30年 (6.58%：+159)	$261 (1931;1948年)	$46 (59セント)	18%
コロンビア 発行数：6	合計 $76 政府債 $60 政府保証債 $16 ($69)	1926-28年 (6.55%：+94)	$64 (1932;1941年)	$14 (22セント)	22% 政府債 $15 政府保障債 53%
ペルー 発行数：4	合計 $92 政府債 $90 政府保証債 $2 ($79)	1927-28年 (6.77%：+129)	$88 (1931;1953年)	$27 (21セント)	31% 1931-46年に 14% 1947-52年に 17%

注：金利は発行された元本にウェイトされた発行日から満期日までの平均利回り．
　　Baaプレミアムは発行年の米国Baa格付け企業を上回る平均プレミアムをベイシス・ポイントで示した．
原資料：Foreign Bondholders Protective Council, *Annual Report,* various issues.
出所：E. Jorgensen and J. Sachs, "Default and Rengotiation of Latin American Foreign Bonds in the Interwar Period", *NBER Working Paper,* No. 2636, June 1988, p. 20.

調整案について債権国と債務国の両者間で交渉されるようになり，解決への道を歩み始めた．その背景には2つの要因があった．1つは，前述したように，ナチス・ドイツの影響がラテンアメリカにも拡大し始めたことを契機に，ローズベルト政府が債務危機に対し非介入の立場を撤回し，積極的介入に転じたことである．輸出入銀行もデフォルト問題を解決したラテンアメリカ債務国に公的信用を供与できる体制を整えた．もう1つは，ラテンアメリカ債務国の輸出が第2次大戦勃発とともに急増し，外貨準備を増大させたので，債務サービス維持能力も回復したことである．スキルズ（M.E. Skilles）は米国とラテンアメリカ債務国との間で合意された永久的な債務再調整案について次のように説明している．

「デフォルトの大部分は 1940 年代に解決された．残りのデフォルトも 1950 年代末までにはほとんどが合意に達していた．債務救済の程度は債務者間で大きく異なっていたけれども，すべてのケースで債務者が直面している債務サービスの削減について合意に達した．この合意は，金利の大幅な引き下げ，未払いの金利と元本の一部放棄，そして合意日から 20～45 年に減債基金の割賦償還を延長することを含むものであった．加えて，2 つのケースで債務元本の削減があった．一般には，この合意はオリジナル債券と交換に発行される新規債券を通じて具体化された．新規発行債券は以前よりも低い金利と長期の減債基金割賦償還スケジュールをもっていた」[26]．

表 8-5 はラテンアメリカのデフォルトになったドル建て外債が，いつそしてどのような条件で永久的な債務再調整案に合意したのかを表したものである．金利引き下げの基準は合意した時点での米財務省証券の金利に各国ソブリンの格付けに従ったリスク・プレミアム（2% 前後）を加えたものである．また債務元本の削減が認められたのはメキシコとブラジルの 2 国であった．但し，メキシコ外債は大恐慌ではなく革命により 1914 年にデフォルトしたので例外である．そうすると，一番早く合意したのは 1937 年のウルグアイであり，7% の金利を 4% に引き下げ，減債基金割賦償還スケジュールが 40 年に延長されている．30 年代の合意は 37 年のウルグアイと 38 年のキューバの 2 ヵ国であった．40 年代の合意は 41 年のコロンビアとパナマ，44 年のブラジル，46 年のエルサルバドル，48 年のチリの 5 ヵ国であった．50 年代の合意は 53 年のペルー，54 年のコスタリカ，55 年のエクアドル，57 年のボリビアの 4 ヵ国であった．

また，ラテンアメリカ債務国は 1940 年代以降市場での自国債券の買戻しを積極的に行った．その理由として次の 2 点が指摘できる．1 つは，30 年代には外貨不足であったが，40 年代には第 2 次大戦による輸出回復がもたらした外貨準備増加があった．もう 1 つは，30 年代のデフォルト期には外債保有者の反対があったが，永久的な債務再調整案が合意に達してからは問題にならなくなったことである．

表8-5 デフォルトに陥ったラテンアメリカのドル建て外債の債務交渉[1]

	デフォルトの年	債務交渉が合意した年	合意の内容（金利）		満期日（合意後の年数）
			最初の金利	合意後の金利	
ボリビア	1931	1957	7.5	3.0 [2]	35
ブラジル	1931/32	1944	6.5	3.75	35 [3]
チリ	1931/32	1948	6.0	3.0 [4]	45
コロンビア	1931/33	1941	6.0	3.0	30
コスタリカ	1932	1954	7.0	3.0 [4]	20
キューバ	1933	1938	5.5	4.5	40
エクアドル	1929	1955	4.0	2.5	35
エルサルバドル	1932/33	1946	7.5	3.75	30
メキシコ	1914	1942	5.0	0.9 [5]	21-26
パナマ	1933/38	1941	5.5	3.5	35
ペルー	1932	1953	6.8	3.0	45
ウルグアイ	1932/34	1937	7.0	4.0	40

注：1) 中央政府債だけの資料．
2) 金利は，合意後最初の2年間は1％に引き下げ，次の2年間は2％に引き下げ，その後は3％にする．
3) 2つのタイプがある．オプションAでは，ブラジル連邦政府債の金利は3.125％～3.5％に引き下げられ，他のすべての債権の金利は1.875％～2.5％に下げられた．オプションBでは，金利は3.75％の単一金利で支払われるが，連邦債の名目価値は20％だけ削減され，他のすべての債権の名目価値は州政府や自治体の債務サービスの責任を肩代わりする．
4) 金利は合意後の最初の1年は1.05％に引き下げられ，2年目に2％に引き下げられ，そして3年目以降は3％にする．
5) 金利は額面価値の23％と0.1％の間に引き下げる．

原資料：Foreign Bondholders Protective Council, *Annual Reports,* various issues.
出所：M.E. Skiles, "Latin American International Loan Defaults in the 1930s: Lessons for the 1980?", Federal Reserve Bank of New York, *Research Paper,* No. 8812, April 1988, p. 30.

こうしてラテンアメリカのドル建て外債の残高は1940年以降急速に減少した．その残高は40年の17億ドルから50年の9億ドル，そして57年の6億ドルへと減少した．また外債のデフォルト率も40年の73.1％から50年の25.2％，そして57年の13.5％へと低下した[27]．こうして50年代にはラテンアメリカ債務危機は解決されたのである．

IV　む　す　び

1930年代のラテンアメリカ債務危機は4半世紀もの債務交渉を経て50年代末にようやく解決された．30年代債務危機と米国の債務交渉の分析から次の3

点を指摘することができる．第1は，大恐慌と第2次世界大戦という大事件があったにしても，解決までにあまりにも長い時間が必要とされたことである．債務国は，海外資金調達が債券金融の形態であった時代には，一方的に債務サービスを停止することが容易であることを発見したが，債権国との永久的な債務再調整案に合意するには長く苦しい時間が必要なことを学んだ．その間，デフォルト国は国際関係から遮断され，経済発展を阻害されたことを考慮すると，高いコストを支払わされたことになる．

第2は，債権国米国では政府が債務交渉において積極的な役割を果たそうとはしなかったことである．その理由は，デフォルトによってリスクを負担した外債保有者が米国商業銀行ではなく100万人近くの個人であったことから，米政府に不介入政策を採用させたことにある．他方，1980年代の債務危機は対外債権保有者が商業銀行であったことから，米国の金融システム全体に危機を波及させる可能性があったため，政府に介入政策を採用させた．対外債権の形態が債券か銀行貸付かによってリスク負担が異なる．債券の場合，保有者が多数のためリスクは広く浅く分散される．だが，銀行貸付の場合は，保有者が少数の大銀行のため，リスクは集中する．その結果発生するシステミック・リスクを政府は放置できないことから介入するのである．

第3は，たとえ早期に債務交渉を解決したとしても，債務国は国際資本市場へのアクセスを再び獲得できるといった展望がもてなかったことである．また，第2次大戦中はもとより大戦後の国際金融は，民間資本ではなく公的資本しか利用できない状態であった．ニューヨーク外債市場は大戦後再開されたが，利用可能な外債発行者はカナダ，国際金融機関（世界銀行，米州開発銀行），イスラエル，他の先進諸国であり，ラテンアメリカや途上国は事実上利用できなかった．50年代までは，公的資本の中で，国際収支ファイナンスに利用可能な中長期資本は，米国輸出入銀行からのサプライヤーズ・クレジットだけであり，残りは軍事援助とODAであった．そして，これら公的資本は国際政治の手段でもあった．

第2次大戦後のこのような状況下では，唯一債務サービスを継続してきたア

ルゼンチンの信用度（creditworthiness）および国際資本市場へのアクセスが，デフォルトに陥った他のラテンアメリカ債務国とどのように違うのかは大きな問題にならなかった．つまり，デフォルトのコストの相対的比較が不可能であった．ラテンアメリカ諸国が本格的に国際資本市場に復帰するのは1960年代末以降，すなわちユーロ市場においてである．

注

1) B. Eichengreen & R. Portes, "Debt and Default in the 1930s: Causes and Consequences", *European Economic Review,* No. 30, 1986, p. 612.
2) E. Jorgensen & J. Sachs, "Default and Renegotiation of Latin American Foreign Bonds in the Interwar Period", *NBER Working Paper,* No. 2636, June 1988, p. 16.
3) P.H. Lindert, "Response to Debt Crisis: What Is Different about the 1980s?", in B. Eichengreen & P.H. Lindert (ed.), *The International Debt Crisis in Historical Perspective,* MIT Press, 1989, p. 229. Eichengreen & Portes, *op. cit.,* p. 612.
4) W.A. Lewis, *Economic Survey 1919-1939,* London, 1949, 石崎昭彦・森恒夫・馬場宏二共訳『世界経済論』新評論, 1969年, 71ページ.
5) Lindert, *op. cit.,* p. 229.
6) 資源トランスファー＝債務国への新規貸付（借換を含む）－債務サービス総額－債務国からの資本流出（資本逃避を含む）＝債務国の資本収支－債務サービス総額．資源トランスファー＞0ならば，債務国がネットで外国から資源を受け取っている．他方，資源トランスファー＜0ならば，債務国から債権国へネットで資源が流出している．P. Krugman & M. Obstfeld, *International Economics: Theory and Policy,* Harper Collins College Publishers, 1994, 石井菜穂子・浦田秀次郎・竹中平蔵・千田亮吉・松井均共訳『国際経済：理論と政策 第3版 II国際マクロ経済学』新世社, 1996年, 1000-1ページ.
7) 国際連合の資料でも，ラテンアメリカ国際収支の総計は1930年代についてはなく20年代と50年代以降しか手に入らない．25から29年の年平均でみたラテンアメリカ全体の貿易収支は7億ドルの黒字，投資所得収支は6.6億ドルの赤字，長期資本収支は2.3億ドルの黒字であった．資源トランスファーは4.3億ドルのネットの流出であった．49年の貿易収支は6.3億ドルの赤字，投資所得収支は6.0億ドルの赤字，長期資本収支は4.8億ドルの黒字であった．資源トランスファーは1.2億ドルの流出であった．United Nations, *Foreign Capital in Latin America,* Department of Economic and Social Affairs, 1955, p. 163. また，別の資料では，40年代初めのラテンアメリカ各国の貿易収支が推計されている．それによると，

貿易収支は第2次大戦後急速に改善し黒字幅を拡大し,外貨準備も増加している。H.C. Wallich, "The Future of Latin American Dollar Bonds", *The American Economic Review,* Vol. 33, June 1943, p. 323.
8) Wallich, *op. cit.,* p. 321.
9) C.P. Kindleberger, *The World in Depression 1929-1939,* 1973, 石崎昭彦・木村一朗訳『大不況の世界 1929-1939』東京大学出版会,1982年,79ページ。
10) R. Prebisch, "Economic Development of Latin America and its Problems", United Nations, Economic Commission for Latin America, No. 7, 1950, in S. Haggard (ed.), *The International Political Economy and the Developing Countries,* Volume I, An Elgar Reference Collection, 1995, p. 77. 金準備の減少が一番大きかったのはアルゼンチンであった。なぜなら,アルゼンチンはラテンアメリカ最大の債務国であっただけでなく,外債をデフォルトせずに債務サービスを維持した唯一の国であったので,他のラテンアメリカ債務国よりも多くの金・外貨を必要としたからである。Kindleberger, *op. cit.,* p. 79.
11) Royal Institute of International Affairs, *The Problem of International Investment,* Oxford U.P., 1937, 楊井克巳・中西直行共訳『国際投資論』日本評論社,1970年,337ページ。
12) *Ibid.,* 同上書訳,337-8ページ。
13) Jorgensen & Sachs, *op. cit.,* p. 17.
14) C. Marichal, *A Century of Debt Crisis in Latin America: From Independence to the Great Depression, 1820-1930,* Princeton U.P., 1989, pp. 202, 207.
15) M.E. Skiles, "Latin American International Loan Defaults in the 1930s: Lessons for the 1980s?", Federal Reserve Bank of New York, *Research Paper,* No. 8812, April 1988, pp. 18-9, 51.
16) J.T. Madden, M. Nadler, & H.C. Sauvain, *America's Experience As A Creditor Nation,* Prentice-Hall, 1937, p. 277.
17) D. Flex, "Alternative Outcomes of the Latin American Debt Crisis: Lesson from the Past", *Latin American Research Review,* Vol. 22, No. 2, 1987, pp. 27-8. フレックスはスターリング・ブロック成功の原因を,縮小された領域においてであるが,覇権国イギリスがキンドルバーガーの主張する,①緊急時の国際流動性供給,②景気調節的な対外投資,③外国に商品市場を開放する,といった3つの条件からなる「国際的な最後の貸し手」機能を果たしたことによるものと評価している。
また,R. Gravil & T. Rooth, "A Time of Acute Dependence: Argentina in the 1930s", *Journal of European Economic History,* Vol. 7, 1978 も参照されたい。
18) I. Lang, "The Conflict between America and British Commercial Policies prior to World War II", *Acta Historia Academiae Scientiarum Hungaricae,* Vol. 25, 1979, pp. 280, 284-5.
19) B. Eichengreen & R. Portes, "Settling Defaults in the Era of Bond Finance", *The*

World Bank Economic Review, Vol. 3, No. 2, 1989, p. 221.
20) Skiles, *op. cit.,* pp. 26-8.
21) Madden, Nadler, & Sauvain, *op. cit.,* pp. 298-9. また，東及び中央ヨーロッパのデフォルト債には，一部は現金で支払われるが，残りは外国の封鎖 (blocked) 通貨で支払うといった提案も行われた．
22) Skiles, *op. cit.,* p. 18.
23) Eichengreen & Portes (1989), *op. cit.,* pp. 226-7.
24) Jorgensen & Sachs, *op. cit.,* p. 19.
25) これはアルゼンチンが外債の買戻しをまったく行わなかったことを意味しない．アルゼンチンは1931～36年の期間に債務サービスを維持しているドル建て外債を1ドルにつき73セントの価格で未償還債の約15%を買い戻している．そしてその資金源は減債基金であった．*Ibid.,* p. 20.
26) Skiles, *op. cit.,* p. 29.
27) *Ibid.,* p. 35.

第9章　香港における日系銀行

I　序　　説

　香港が東アジアにおける主要な金融・貿易センターの1つであることは，異論のないことである．また香港は，中国に対する金融・貿易サービス供与のための関門でもある．それゆえに，香港は主要な地域的ビジネス・センターとなりつつある．これについての最も顕著な証拠は数百もの多国籍企業が香港に地域統括本部を置いているという事実である．
　1980年代には，日本の貿易黒字と日本資本の対外流出が急速に増大するにつれて，日本の銀行の国際化が本格的に始まり，これら銀行はロンドンとニューヨークに支店または子会社を設けた．しかし，1990年代には日本の銀行（以下では日系銀行）の国際化は，東アジア，特に香港に焦点を当てるようになった．それは次の2つの理由による．第1に，日系多国籍企業は膨大な直接投資を通じて東アジアに生産と貿易のネットワークを作り上げた．すなわち，日系銀行は法人顧客に追随して東アジアに進出したのである．第2に，日系銀行は香港の国際金融市場においてのユーロ通貨業務活動を増大させた．
　本章の目的は，香港における日系銀行の活動の全体像を示すことである．第2節は，東アジアにおける日系多国籍企業の生産・貿易ネットワークの概要と香港における日系銀行のこれら多国籍企業との取引の概要を示す．第3節は，香港のユーロ・ダラー，ユーロ円市場における日系銀行の活動の要約を示す．第4節は，若干の結論を示す．本稿は，1996年10月から1997年3月の期間に在香港の20行以上の日系銀行に対して私が行ったこれら銀行の業務活動に

ついてのインタヴューの結果である．

II 日系銀行の企業顧客に追随しての香港進出

1 東アジアにおける生産と貿易のネットワーク

　過去10年間に東アジアは世界経済における最もダイナミックな地域になった．1985年のプラザ合意以後，日本円は1985年の1米ドル＝250円から1987年には1米ドル＝120円に価値が上昇した．この時に，新興工業国NIEsは，輸出主導の高度成長に成功したのであるが，それには2つの理由がある．第1は，円の急激な相場上昇のためにNIEs（Newly Industrialising Economies）の対米輸出が日本を犠牲として増大したことである．第2は，日本からNIEsへの直接投資（Foreign Direct Investment: FDI）が，急速に増大したことである．それは，日本の労働コストが世界最高の水準に到達したためである．為替相場の変化のために，日本の製造業の単位あたり労働コストは，米ドル建てでは67％も上昇した．それゆえに日本の多くの企業はFDIを通じて生産立地をNIEsの低労賃諸国に移転し，自国内に労働集約的活動を保持しつづけることを止めた．日本のFDIは，技術と経営手法の移転をもたらし，これら諸国の輸出を増大させた．

　1980年代央からNIEsにおいて経常収支の黒字があらわれ始めた．しかし，NIEsの通貨がドルに対して上昇し始めたのは，黒字経済への転化のために米国からの圧力がかかってきた1980年代末になってからである．その結果として，NIEs自身がASEAN諸国と中国へのFDIを始めた．それは労働集約的製造業と資源集約的1次産業においての競争的優位をえるためであった．表9-1が示すごとく，近年においては香港とシンガポールからのFDIの高水準と，台湾と韓国からのFDIの急速な成長のためにNIEsからのFDIは，FDI全体の中で次第に重要な割合を占めるようになった．NIEs全体としては，その数字は日本と米国を上回り，東アジアにおける最大のグループになっている．

　1985年におけるプラザ合意の後にも日本の対東アジアFDIのブームがあっ

表 9-1 受入国のデータによる対東アジア FDI の源泉，1986-92 年

投資国・地域	投資額		投資受入国の受入額の投資国別シェア（%）				
	金額($b.)	シェア(%)	中国	インドネシア	マレーシア	フィリピン	タイ
香　港	21.7	34.3	62.8	7.6	3.1	10.4	17.1
韓　国	1.4	2.2	0.4	5.7	5.5	3.3	0.6
シンガポール	2.6	4.1	1.3	3.8	6.8	1.5	9.5
台　湾	6.4	10.1	6.4	8.0	22.3	2.7	8.2
NIEs 計	32.1	50.7	70.9	25.1	37.7	17.9	35.4
ASEAN	1.1	1.7	0.8	0.5	5.4	0.5	0.5
日　本	11.7	18.4	10.2	17.6	22.2	26.4	35.6
米　国	6.9	10.9	8.0	6.8	10.8	36.9	13.6
欧　州	6.5	10.3	4.4	16.1	19.6	11.7	11.0
豪　州	1.0	1.6	0.6	0.8	4.6	2.0	0.9
その他	3.9	6.4	1.6	2.0	0.0	0.0	0.3
合　計	$63.2b.	100.0	$29.8b.	$6.2b.	$13.8b.	$3.2b.	$10.1b.

出所：World Bank, *Managing Capital Flows in East Asia,* Washington, D.C., 1996, p. 28.

たが，その際には受入国は輸出品を生産するための場所と考えられていた．しかし，1990年に始まる現在のブームにおいては，日本の大企業は受入国それ自身を市場として考え始めている．特に1993年から95年にかけての日本円の相場上昇は東アジア全域の日本企業子会社にその製品のローカル・コンテントを増大させることを強制した．それは，日本から部品を調達するためのコストが上昇したからである．つまり，東アジアにおける日系大企業の戦略は輸出用商品の生産から，各国市場の地元顧客のニーズに適合する商品の生産にシフトしつつある．その典型的な例は，機械工業と家電産業における生産・貿易ネットワークの形成であり，それは東アジア（特にASEAN）市場の拡大を見越したものであった．

自動車産業を例として取り上げよう．ある自動車メーカーは，東アジアでの生産活動をサポートするために，そこに組織的な供給ネットワークを作る必要があった．そのメーカーは，フィリピンにエンジン・プラントを作った．そこでは，エンジニアとエンジン組み立て技術を利用できたからである．自動車用空調装置はマレーシアで生産された．そこでは，政府が半導体をベースとした

ハイテク成長に力を入れていたからである．大型の金属部品の打ち抜きは，労働集約的作業であり，労賃コストが高いので，それには東アジアの多くの他地方よりは労賃コストの安いタイが選ばれた．このような分散の結果として，1996年には1,000以上の自動車部品会社がASEAN諸国にあり，うち231社は日系であった[1]．

同様なネットワークが香港と華南に作られつつある．馬渕モーター社は小型モーターの世界市場の50％以上を支配しているのであるが，香港に子会社を有し，広東省に5工場を有する．そしてこれらは，1996年における同社の全生産である11億ユニットの60％以上を生産していた．

このように，日系会社は東アジアの工業的再編成の過程において顕著な適応性を示した．この理由は，日系会社が東アジアにおける戦略目的を輸出から，現地における生産物の現地販売に変化させたことにある．このことはまた，東アジア諸国における所得増大によっても助けられた．これらすべての投資は主として銀行と総合商社から得られた海外投資についての戦略的情報を基として行われた．

1990年代初めからは，日本と東アジアの間の貿易構造にも劇的な変化が生じた．日本の対東アジア輸出の中で資本財と中間財の輸出が大きく増えたが，これは企業内貿易の増と最終的組み立てのための部品を供給する企業の間での生産過程の統合を示すものである．1991年には東アジアへの輸出は日本の輸出合計の30％以上になった．日本のアジアへの輸出は，日本の対米輸出を上回るようになった．1996年には日本の対アジア輸出は日本の輸出合計の42.4％に達し，日本の対米輸出はその27.4％であった．

このように，東アジアに対するFDIは，地域内貿易のフローの増と関連している．東アジア内での直接投資と貿易は大幅の増を示し，経済的相互依存の新たなネットワークを作り出しつつある．このことを明らかに示すものは，1993年以来，主要な再輸出港である香港とシンガポールが，世界の主要港の中でコンテナ貿易取扱量で第1位と第2位になったということである．このことは，香港とシンガポールの世界的海運中心地としての役割が増大しつつある

ことを反映する．日本とNIEs諸国のFDIは，東アジアにおける生産と貿易のネットワークの形成という結果をもたらした．特に，香港の最も重要な役割の1つは，華南における工場に原材料と部品を送り，製品を海外に輸出するという流通センターのそれになった．

2 第三国の投資と地域本部としての香港

過去10年間においてNIEs諸国の経済ダイナミズムは東アジア全体に伝播しASEAN諸国と中国もその中に含まれるに至った．注目すべきことは，東アジアに対するFDIのうちのますます多くのものが東アジア内の他の国々から供給されるようになったということである．当初は日本と米国がこの過程の中心であり，FDIの大部分の供給源であった．1995年末に香港に対する日本のFDIのストックは，143億米ドルで，東アジアで第2位であった．香港に対する日本の製造業のFDIのストックは24億米ドルであった．これは東アジア最大のものであった．その結果として香港には2,000社以上の日系子会社がある．

東アジアにおけるFDIが1980年代末になるとより多様化したことも注目される．NIEs諸国自身がFDIをする国になった．特に香港とシンガポールは東アジアに対するFDIの窓口として競争しつつある．ということは，香港とシンガポールにある日系子会社が東アジアにおける営業の中心にもなったということである．最近では，香港とシンガポールにある日系子会社のうち，彼ら自身の子会社を第三国で設立するために，資金を送金するものの数が増えつつある．香港とシンガポールはこの地域における地域本部になったのである[2]．

この種の新たなタイプの直接投資は第三国投資または再投資として知られている．そのことの意味は香港とシンガポールにおける日系子会社がFDIを供与し始めた，ということである．このことは1995年5月にジェトロ（Japan External Trade Organization）が行ったサーベイから明らかである．これは4つの国ないし地域，すなわち香港，タイ，マレーシア，シンガポールにある日系子会社の対第三国投資の調査である．

この調査からわれわれは次のことを見ることができる．東アジアにおける日

図 9-1 香港所在の日系企業子会社の対第三国投資

(単位：社数)

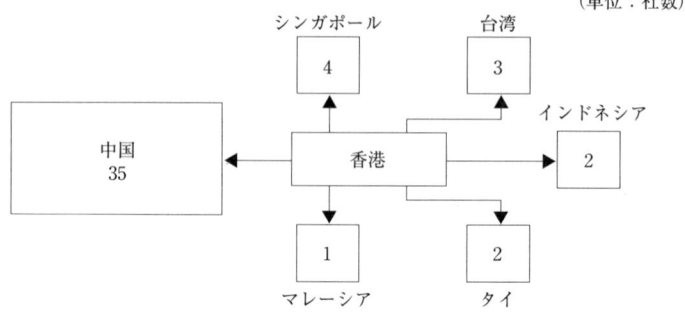

```
              シンガポール    台湾
                   4          3
                                    インドネシア
   中国  ←──  香港  ──→        2
    35
              マレーシア    タイ
                   1          2
```

出所：Prepared by JETRO.

図 9-2 シンガポール所在の日系企業子会社の対第三国投資

(単位：社数)

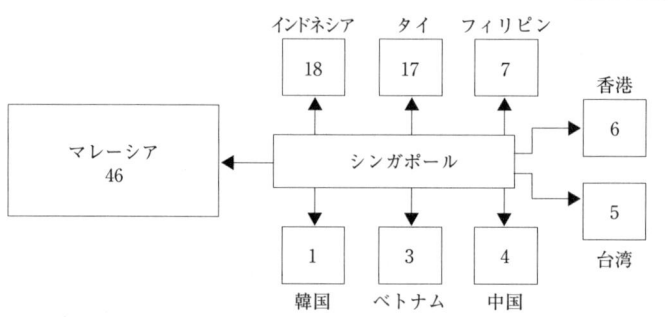

```
          インドネシア  タイ   フィリピン
               18      17        7       香港
                                           6
   マレーシア  ←──  シンガポール  ──→
      46                                   5
                                          台湾
               1       3        4
              韓国   ベトナム   中国
```

出所：Prepared by JETRO.

系子会社は第三国間投資において活発に動いているということである[3]．香港とシンガポールの子会社による第三国に対する投資が特に活発であった．図9-1と図9-2がこれを示している．回答した会社（573社）のうち18.7％がすでに対第三国投資を行っており，33.5％が将来はそうすることを考えていると回答した．香港では回答した日系子会社の46.8％（77社），シンガポールでは42.9％（133社），すなわち共に10社のうち4社以上が対第三国投資に積極的にかかわっている，と述べた．さらに，これら2地域の多くの子会社が将来は第三国に投資することを考慮していた．香港ではそれは35.1％であり，シンガポールでは45.9％であった．つまり上に示されたデータは，日本の大企業

第9章 香港における日系銀行　193

は香港とシンガポールを対第三国投資のための地域本部として利用しているということの劇的な証拠である．

1990年代初めから，香港は中国への門戸となっている．多くの日系企業が生産拠点を香港から広東省に移して，豊富な低賃金労働と低地価を利用している．これらの企業は香港をデザイン，部品調達，生産調整及び製品のマーケテ

図9-3　日本企業（製造業）子会社による投資合計のトレンド（地域別）

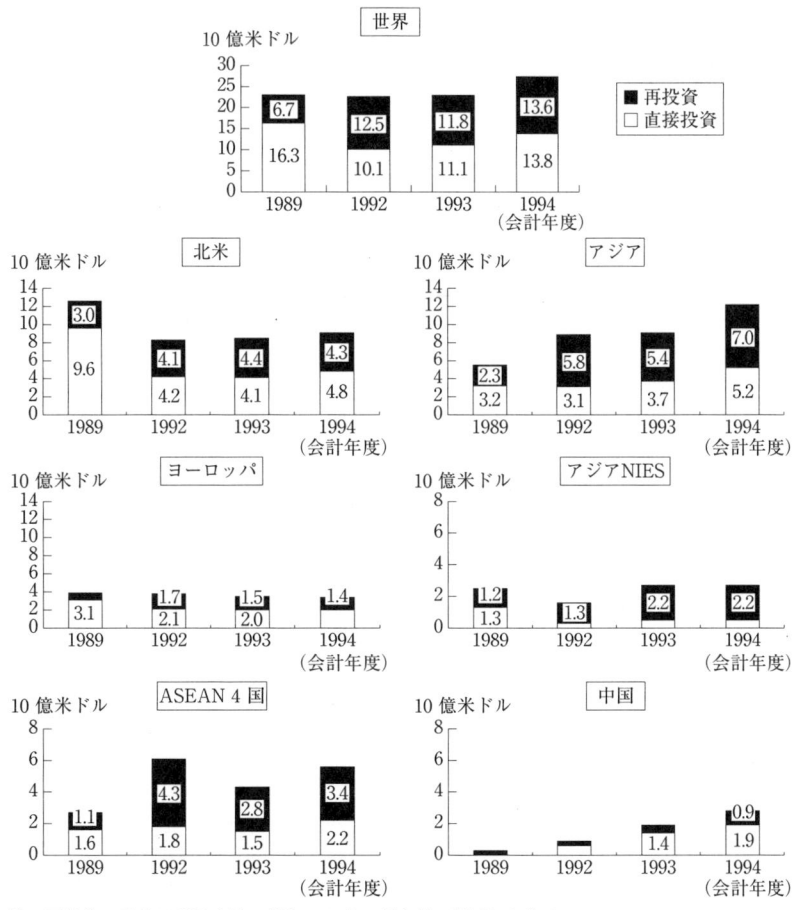

世界	1989	1992	1993	1994
再投資	6.7	12.5	11.8	13.6
直接投資	16.3	10.1	11.1	13.8

北米	1989	1992	1993	1994
再投資	3.0	4.1	4.4	4.3
直接投資	9.6	4.2	4.1	4.8

アジア	1989	1992	1993	1994
再投資	2.3	5.8	5.4	7.0
直接投資	3.2	3.1	3.7	5.2

ヨーロッパ	1989	1992	1993	1994
再投資		1.7	1.5	1.4
直接投資	3.1	2.1	2.0	

アジアNIES	1989	1992	1993	1994
再投資	1.2		2.2	2.2
直接投資	1.3	1.3		

ASEAN 4国	1989	1992	1993	1994
再投資	1.1	4.3	2.8	3.4
直接投資	1.6	1.8	1.5	2.2

中国	1989	1992	1993	1994
再投資				0.9
直接投資			1.4	1.9

注：再投資＝現地日系子会社の投資－日本の親会社の調達した資金
出所：Overseas Business Activities of Japanese Companies, No. 25, MITI.

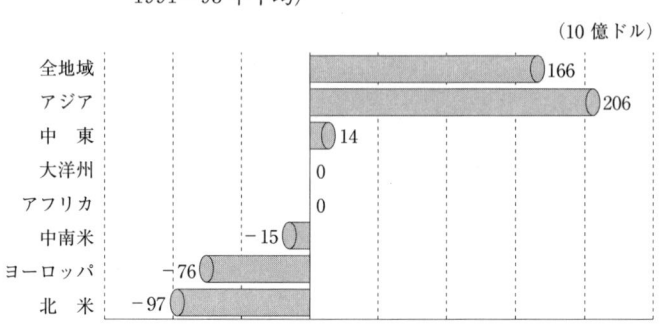

図 9-4 日本の海外製造業の税引後利益（地域別子会社.1991〜93 年平均）

(10 億ドル)

- 全地域　166
- アジア　206
- 中東　14
- 大洋州　0
- アフリカ　0
- 中南米　−15
- ヨーロッパ　−76
- 北米　−97

出所：*MITI, Basic Survey of Japan Business Activities Abroad.*

ィングと船積みのような業務の本部として利用している．これに加えて，日系企業は香港における中国系企業との提携関係を強化して，中国本土における操業を円滑にしようと努力している．その結果として，1996 年には 122 社の日系企業が香港を地域本部として利用し，同地域の傘下企業の営業を親会社との頻繁な連絡の必要なしにコントロールしている．338 社の日系企業が香港に支店を有しているが，これらの支店は親会社のために東アジアの他の国々での活動を指揮している[4]．

　近年においてはアジア第三国に対する再投資のほうが増大しつつあり，今ではその規模は日本からの FDI を上回っている．図 9-3 はこのトレンドを示すものである．アジアは 1994 年に日本から 52 億米ドルを受け取り，70 億米ドルが再投資された．日本企業による投資総額は 1994 年に 122 億ドルになる．世界全体に対する再投資のうち，アジアはその大半（51.5％）を受け取った．これゆえに，日本企業の海外直接投資の中にはかなりの額の再投資が含まれていることに注意を払わなくてはならない．

　東アジアにおける第三国投資がこのように活発になったのはなぜであろうか？　それは次の 2 つの理由によって説明される．第 1 に，図 9-4 が示すごとく，日本の在外製造業子会社の税引後の利益をみると，在アジアの子会社のそれは最大であり，他方，北アメリカとヨーロッパの子会社は大きな損失を出し

たことである．それゆえに，東アジアの日系子会社は第三国投資について楽観的になっている．彼らは内部留保を含む多額の投資資金を持っているのである．第2に，香港とシンガポールの子会社は地域本部として働くだけでなく，当該地域の国際金融市場から直接に資金を調達することができることである．日系在外子会社は為替リスクを減らすために，親会社からの円建て借入を減らしたいと思っている．

3 日系銀行の法人顧客に追随しての香港進出

「日系銀行の法人顧客に追随しての香港進出」ということの意味は，日系銀行の国際化は，実物取引（貿易と直接投資）の後を追って生じたということである．1980年代中頃までは，香港の日系銀行は伝統的な金融サービスを供与するものであった．それは，貿易金融，外国為替，及び短期運転資金貸付（現地貸）から成り立っていた．これら商業貸付は，在外支店が現地顧客（日系企業の在外子会社）に貸付をするということであった．これら貸付の原資は，現地通貨建て預金または現地の貨幣市場からの借入金であった．

1980年代末から香港の日系銀行は香港の日系子会社への伝統的金融サービスと並んで新しい金融サービスの供与に積極的になった．これらの新たな金融サービスは長期投資のための貸付，ユーロ金融，及び顧問サービスである．日系銀行が積極的にこれらのサービスを追求するようになったのには2つの理由がある．第1に，メインバンク・システムの結果として日本の銀行が法人顧客に追随して香港に進出したことである．メインバンク・システムは日本においては企業と銀行の間に密接な関係が維持されるということを意味する[5]．

1980年代において日本の法人企業金融が証券化されたために大企業に対するメインバンク支配は弱化したとはいえ，また大企業は巨大化し，流動的になったとはいえ，銀行は大企業のより小さな子会社（国内・国外の）に対しては資本の重要な供給源として留まっている．日本の銀行は顧客の香港における子会社に対する伝統的金融サービス供与のために支店を開設しなければならなかった．第2の理由は日本の銀行の海外戦略がニューヨーク・ロンドンから東ア

ジアにシフトしていったことである．このシフトの意味するところは日本の銀行が今では香港において新しい金融サービスを供与しつつあるということである．すなわち，第1に，日本の銀行は香港とシンガポールの日系子会社に長期貸付を供与しなくてはならなかった．第2に，日本の銀行は企業が東アジアに工場を設立し，民間部門のインフラストラクチュア・プロジェクトの金融の取引に着手することを助けるために，シンジケート・ローンや顧問サービス業務を拡張することを望んでいた．

1990年代の初めから，日本の企業は東アジアにおける業務を確立し，それを拡張するために銀行との協議を求めてきた．その結果として香港とシンガポールの日系銀行は貴重な地元情報の供給源となり，また現地通貨建ての資金の供給源となった．特に，香港の日系銀行は伝統的銀行サービス，投資銀行業，通貨スワップのようなデリバティブ，シンジケート・ローンのような長期信用，およびキャッシュ・マネジメントと顧問サービスを含む各種の金融サービスを提供して，対第三国投資によって設立された日本企業の在中子会社を助けてきた．

周知のごとく，香港の銀行制度は3段の構成になっている．すなわち，免許銀行（商業銀行）licensed banks, 制限免許銀行（投資銀行）restricted licensed banks, 及び預金受入会社（金融会社）deposit-taking companies である．貸出についてみると，免許銀行のシェアは約95％になる．香港の銀行制度で最も重要な役割を果たしているのは免許銀行である．

香港における免許銀行の数は，1990年166行から1995年185行に増えた．所有国という観点から見ると，香港にある外国銀行の数は151行から169行に増えている．日系銀行の数は28行（免許銀行の17％）から46行（同24％）に増えている．香港で最大の数の免許銀行を所有するのは日本である．香港の所有する銀行は16行であり，これは行数で2番目である．中国は1995年に15行の免許銀行を営業させていたが，これは第3位ということになる．

香港の制限免許銀行の数は1990年46行から1995年63行に増えた．所有国別では外国系が43行から61行に増大した．日系制限免許銀行は11行から12

行に増えている．他方，預金受入会社の数は1990年191社から1995年132社に減っている．外国系は171社から115社に減った．しかし，日系預金受入会社は31社から37社に増えている[6]．

香港にある銀行の中で日系は最大のシェアを占めている．日系の免許銀行など（含預金受入会社）の行数は計95行になる．このほかに，1995年において日系銀行の駐在員事務所は27事務所に達していた．したがって，香港にお

表9-2 香港で使用されるための資金の貸付
（国籍別／通貨別）

(年末．10億香港ドル)

		1992	1993	1994	1995
日本	香港ドル	131	146	181	188
	F.C.*	83	86	111	109
	計	214	233	292	297
中国	香港ドル	147	164	197	232
	F.C.*	20	22	28	35
	計	167	186	225	267
米国	香港ドル	70	77	83	89
	F.C.*	19	25	26	30
	計	89	102	109	119
ヨーロッパ	香港ドル	118	139	165	180
	F.C.*	41	51	62	81
	計	159	190	228	260
その他	香港ドル	795	934	1,094	1,210
	F.C.*	205	245	296	343
	計	999	1,179	1,389	1,554

注：＊F.C.とは香港から見ての外貨のことである．
出所：*Monthly Statistical Bulletin*, Hong Kong Monetary Authority, various issues.

ける日系銀行の行数は122行ということになる．これは，ロンドンとニューヨークにおける数を上回る．1990年代初めにおいて香港は日系銀行の海外戦略にとって最重要の市場になったのである．これは，次の2つの要因の結果であった．表9-2は香港において使用されるための資金貸付の国別内訳を示すが，日系銀行による貸付は1992年における2,140億香港ドル（全体の21.4％）から，1995年には2,970億香港ドル（全体の19.1％）となった．日系銀行は香港に対する外国貸付の中で最大のシェアを占めていたのである．これは香港における日系銀行の重要性が増大しつつあることの明白な兆候である．

第2に，香港ドル建ての貸付を見ると，日系銀行貸付は1992年の1,310億香港ドル（全体の16.5％）から，1995年には1,880億香港ドル（同15.5％）へと増大した．この種の貸付の中で最大のシェアを占めていたのは中国系銀行である（18.5％から19.2％へ）．しかし，日系銀行は第2位をしめている．他方，外貨建て貸付を見ると，日系銀行貸付は1992年における830億香港ドル（全

表9-3 香港における顧客預金（国籍別／通貨別）

(年末. 10億香港ドル)

		1992	1993	1994	1995
日　本	香港ドル	29	42	45	47
	F.C.*	150	191	234	297
	計	179	233	279	344
中　国	香港ドル	172	213	287	331
	F.C.*	169	184	163	177
	計	341	397	450	508
米　国	香港ドル	38	42	40	46
	F.C.*	80	76	80	85
	計	118	119	120	131
ヨーロッパ	香港ドル	72	94	104	129
	F.C.*	129	108	137	136
	計	202	201	241	265
その他	香港ドル	684	858	1,016	1,171
	F.C.*	819	864	924	1,037
	計	1,503	1,723	1,942	2,209

注：＊F.C. とは香港から見ての外貨のことである．
出所：*Monthly Statistical Bulletin,* Hong Kong Monetary Authority, various issues.

体の40.4％）から，1995年には1,090億香港ドル（同31.8％）と増大した．この種の貸付の中で日系銀行は最大のシェアを占めている．

香港ドル建て貸付はほとんどが短期運転資本，すなわち企業間信用と在庫のファイナンスのために用いられている．企業間信用は香港での貸付のほとんど10％を占めているが，香港ドル建てと米ドル建てがほぼ半々である．香港ドル建て貸付の残りは，運転資本のために用いられている．

外貨建て（ほとんどは米ドル建て）貸付においては，日系銀行が最大のシェアを占めている．そこで，外貨建て貸付の一部は対第三国投資に用いられていることになる．さらに，外貨建て貸付と香港ドル建て貸付の一部は中国内の日系子会社との間の貿易の金融にも用いられている．これは，これら会社が中国内では十分な銀行信用を得られないからであり，また香港における日系銀行を利用する方が便利だからでもある．

日系銀行が供与する香港内で使用するための資金の貸付には，香港ドル建て預金受入または香港ドル建てインターバンク借入が必要である．表9-3は通貨・国籍別の香港における顧客預金の内訳を示している．中国系銀行を除く外国系銀行が非銀行顧客から香港ドル建て預金を受け入れるのには限界がある．1995年に日系銀行は全体で470億ドルの香港ドル建て預金を受け入れていたが，これは香港内で使用されるための香港ドル建て資金の貸付に対して25％にしか相当しなかった．日系銀行全体で，香港ドル建てインターバンク市場か

表9-4 インターバンク取引の借り手別マーケット・シェア (1994年9月)

	総取引		純貸付	
	預金とスワップ (%)	為替スワップ (%)	預金とスワップ (HK$Mn)	為替スワップ (HK$Mn)
香 港	13.2	8.7	15,125	3,119
中 国	20.4	5.5	7,698	2,067
英 国	7.9	8.3	1,827	1,652
日 本	18.1	31.0	−5,588	4,470
米 国	14.4	28.7	−8,461	−2,584
そ の 他	25.9	17.7	−17,339	−1,436
計	100.0	100.0	−21,863	7,288

出所："Hong Kong Dollar Interbank Market", in *Money and Banking in Hong Kong,* HKMA, 1995, p. 97.

ら1,410億香港ドルの純借入をしなくてはならなかった．しかしながら，香港における日系銀行は2つのグループから成り立っていることに注意しなくてはならない．すなわち支店網を有する小売銀行，たとえば東京三菱銀行，と1店の営業免許しかもたないもの，たとえばさくら銀行，である．1店営業免許の銀行にとっては香港ドル建てインターバンク資金が，香港ドル資金の主たる源泉であった．

他方，1995年において日系銀行は外貨建て預金によって2,970億香港ドルを調達することができた．香港におけるすべての外国系銀行の中で，日系銀行は外貨建て預金の最大の取り手である．日系銀行の外貨建て預金は香港で使用される外貨建て貸付に対して272％になっていた．日系銀行は外貨（ほとんど米ドル）を為替スワップによって香港ドルに転換できるので，彼らは香港ドル建てインターバンク市場で1,820億香港ドルの純出し手になっている．表9-4がこの状況を示している．日系銀行は香港ドル建てインターバンク取引で預金placementsとスワップの純借り手になっているのに，外国為替スワップでは純貸し手になっている．このように香港ドル建てインターバンク市場を用いることによって，日系銀行全体として香港ドル資金の不足と米ドルの余剰を調整することができたのである．

III 国際金融センターとしての香港における日系銀行の活動

1 香港のシンジケート・ローン市場における日系銀行

香港は，東アジアにおける地域的金融センターかつ情報収集センターになっている．そこでの日系銀行，伝統的金融サービスからシンジケート・ローン，マーチャント・バンキング，通貨スワップのようなデリバティブ・サービス，そしてリース業の金融及び企業吸収・合併のサポートに至る広い範囲のサービスを提供しなくてはならない．伝統的全融サービスは以前には日本企業の子会社に供与されていたが，新たな金融サービスは非日系企業に対して供与されている．その結果として日系銀行の非日系顧客の数は増大しつつある．

『エコノミスト』誌（1996年9月14日）によると，日本の銀行の対アジア貸付の約40％が日系企業の在アジア子会社に対するものであった．つまり，日本の銀行の対アジア貸付の半分以上が非日系顧客に対するものであった．これら貸付の大部分はユーロ通貨貸付である．それは他国に所在する顧客への直接のクロス・ボーダー貸付である．香港におけるユーロ通貨貸付は，ユーロ・ダラー市場への貸付とユーロ円市場への貸付から成り立っている．

香港とシンガポールは東アジアにおける2つの主要なユーロ通貨市場であるとみなされている．シンガポールは俗に「資金調達センター」と呼ばれ，香港は「貸付センター」と呼ばれている．ということは，香港はシンガポール（及びロンドン）からユーロ・ダラーを借り入れてシンジケート・ローンを組むということである．香港の国際金融市場としての特徴の1つは，東アジアに対するシンジケート・ローンの貸付センターとしての役割である．『エイシア・マネー』誌（1995年）によると，東アジアの借り手のための国際シンジケート・ローンの80％以上が香港で組成されている．シンジケート・ローンのセンターとしての香港の支配的力は，主として東アジアにおける最も高度で自由な資本市場であることの結果である．これに比べると，シンガポールと東京のシンジケート・ローン市場は，規制が厳しく，未発達である．まずユーロ・ダ

ラー市場とシンジケート・ローン市場を論じ，ついでユーロ円市場について論ずることにしよう．

ここ10年間における国際資本市場での1つの重要な要因は，債券と株式の国際発行の著しい増大であった．特に1980年代末から銀行と非銀行による開発途上国への資本フローのパターンにおいて根本的な変化があった．この変化は部分的にはラテンアメリカ諸国の経済状況の改善を反映していた．しかし，東アジアにおいては同様のトレンドは見られない．東アジア諸国は一般にシンジケート・ローンを慎重に用い，一部の国の債務比率は高くなっていたが，これら市場へのアクセスを維持していた．1990年代初めにおいては，シンジケート・ローンの利用が若干減少しはしたが，それは東アジア諸国においては金融の重要な源泉であり続けた．

伝統的に東アジアの企業は資金調達のためには銀行借入と自己資本に依存し，債券発行の際に要求されるディスクロージャーを嫌ってきた．その上にアジアでは年金基金や保険基金のような固定利率の投資資金が少なかった．表9-5を見ると南米諸国に比べてこの傾向が明らかになる．東アジアへのシンジケート・ローンは1992年の100億米ドルから1995年には208億米ドルへと増大したが，1996年には183億米ドルになった．他方，南米へのシンジケート・ローンは低い水準のままであった．

日本の銀行が彼らの東アジアでの業務を伸ばそうと望むのはつぎの2つの理由からである．第1に，非日系企業のビジネス・プランの展開を助け，また民間部門のインフラストラクチュア・プロジェクトに金融をつけるための取引を発展させることである．特に，東アジアにおけるプロジェクト・ファイナンスは，近い将来において最も急速に成長する市場の1つであると期待されている．世界銀行の予測によると，東アジア経済が，この地域の急速な経済成長に対応するためには，1995〜2004年の間にインフラストラクチュアに1.2兆米ドルから1.5兆米ドルを支出することが必要となるであろう．中国がこれらの中で最大のものであり，東アジアのインフラストラクチュア投資所要額合計の51%を必要とすると推定されている．韓国が第2位で，18%を要すると推定され

表9-5 エマージング・マーケットによる
国際資本市場からの借入

(10億ドル)

	1992	1993	1994	1995	1996
南米					
債　券	5.3	15.5	10.1	14.6	31.8
ロ　ー　ン	0.8	1.8	1.0	3.4	3.8
株　式	1.3	3.0	2.8	2.1	3.2
付：					
ECPおよびEMTNプログラム[2]	2.2	3.4	3.6	8.7	6.0
ユーロ・ノート純発行[3]	1.0	2.9	4.2	8.7	12.0
東アジア					
債　券	2.5	14.4	19.9	9.3	21.4
ロ　ー　ン	10.0	13.8	17.3	20.8	18.3
株　式	2.1	4.3	6.6	6.8	9.6
付：					
ECPおよびEMTNプログラム[2]	1.2	1.6	2.4	2.8	5.6
ユーロ・ノート純発行[1]	—	0.1	0.8	2.2	7.0
中東欧					
債　券	—	0.2	0.2	0.2	1.7
ロ　ー　ン	—	0.1	0.2	0.7	1.6
株　式	—	—	—	—	0.2
付：					
ECPおよびEMTNプログラム	—	—	—	—	—
ユーロ・ノート純発行[1]	—	—	—	—	—

(1) 1996年1月～9月の数字．OECD/DAFによる．
(2) ECP = Euro Commercial Paper, EMTN = Euro Medium-Term Note
(3) これに関して，チェコは1995年にOECDに加盟し，ハンガリー，韓国，ポーランドは1996年に加盟したことに注意しなくてはならない．その結果，これらの国は今では国際借入についての統計では"OECD地域"の中に含まれている．
出所：*Financial Market Trends*, No. 66, March 1997, p. 41.

る．インドネシアが第3位で11%を必要とするとされる．東アジアの諸政府は資金不足なので，発電，通信，高速道路などのインフラストラクチュアへの民間投資を奨励している．

　この種のプロジェクトの金融には巨額で長期の投資資金が必要であるのに，その元利払は当該プロジェクトからのキャッシュ・フローに頼ることになる．それゆえに，この種のプロジェクトは海外からのシンジケート・ローンに依存することになる．香港はインフラストラクチュア・プロジェクトの金融にとっ

て最も活発な市場である．1890年代の末までは，HSBCを除くなら，米国とヨーロッパの銀行で東アジアでのプロジェクト・ファイナンスを組織する用意があるものは少数に過ぎなかった．1990年代初めから日本の銀行がこの市場に積極的に参入してきた．

　東アジアにおける日系銀行の現在の戦略の中心はインフラストラクチュア・プロジェクトの金融顧問として働き，金融を付けるためにシンジケートの手配をすることである[7]．この分野での活動を拡大することによって，日系銀行は東アジアの政府及び企業との関係を強め，海外業務の収益性を改善しようと望んでいる．インフラストラクチュア・プロジェクトの顧問として働くことにより，その助言が有用であれば，銀行は数十万ドルのコミッションを稼ぐことができる．シンジケート・ローンの組織者としての銀行は，シンジケート組成の成功の報酬として，ローン総額の約 0.75％のコミッションを受け取る．

　さらにまた，国際シンジケート・ローン市場での利子率スプレッドはロンドンにおけるよりも香港の方が高い．例えば，英国またはヨーロッパの企業で，格付けがシングルAのものは，1996年にLIBOR（ロンドン・インターバンク・オファード・レート）プラス20bt〔bt＝basis point＝0.01％〕から25btを支払っていた．しかし，同程度の香港の会社は，70から75btを支払わなくてはならなかった．この理由の1つは，東アジアの借り手に供与されるシンジケート・ローンの多くが新投資のための資金調達に利用されるということである[8]．これは先進国には当てはまらないことである．国際シンジケート・ローン市場における資金調達の大部分は，借換え，バックアップ・ファシリティーズ及びM&A関連の金融のためのものである．先進国の借り手に供与されるシンジケート・ローンは，過去10年間ほぼ全体の80％のシェアで留まっていた．国際シンジケート・ローン市場におけるプロジェクト・ファイナンス関連のものの中では，アジアと太平洋地域が1996年に最大の借り手になった．そして，総計 760億米ドルの353件の取引が行われた．特に，香港は194億米ドルの取引を行ったが，これは香港の中国への返還を見込んでの建設ブームがあったので驚くべきことではない．そして，香港は米国以外では最も活発な市場であっ

表9-6 アジアにおけるシンジケート・ローンの組成銀行のトップ10

	組成銀行	US$million	件数
1	Citicorp	2,788.91	69
2	Société Générale	2,230.00	79
3	Sanwa Bank	2,041.62	112
4	HSBC group	2,030.85	64
5	Sumitomo Bank	2,019.94	112
6	Deutsche Morgan Grenfell	1,943.62	62
7	ABN-AMRO Bank	1,725.97	93
8	Dai-Ichi Kangyo Bank	1,635.76	110
9	UBS	1,603.47	23
10	Chase Manhattan Bank	1,587.29	56

注：日本，オーストラリア，ニュージーランドへのローンは含まない．
出所：*Euromoney Asiaware, January – October 1996.*
ASIA MONEY, Dec. 1996/Japan 1997, p. 83.

た．第2位の借り手は北米であるが，126件，511億ドルの取引であった．特に，米国は計467億米ドルのプロジェクト・ファイナンス金融取引契約をした．第3位はヨーロッパであり，92件，343億米ドルであった[9]．その結果として，プロジェクト・ファイナンスを手掛ける用意のある銀行数は増大しつつあり，競争は激化しつつある．

最近では日本の銀行はシンジケート・ローン組成において実力があることを実証しつつある．表9-6は1996年1～10月における東アジアのシンジケート・ローンのランキング表である．組成したローンの規模でのトップ10行のうち3行は日系銀行である．トップ20行のうち7行は日系銀行である．このように，日本の銀行は東アジアのシンジケート・ローン市場で中心的役割を果たしつつある．

2　香港ユーロ円市場における日系銀行

1980年代の間に香港のオフショア市場をめぐる外的環境は劇的に変化した．それには2つの理由がある．第1に中国の高度経済成長である．中国の発展をまかなうための資金に対する需要が香港から中国内の非銀行顧客へのローンの増に導いた．第2に，日本の銀行のユーロ円取引が1984年に自由化された．そして日本のオフショア市場（JOM）が1986年に設立された．

しかしながら，1979年までは，ユーロ・ダラー・インパクト・ローンの供与が許されていたのは在日外銀のみであった．1979年からは日系銀行もユーロ・ダラー・インパクト・ローンを供与することが可能になった．1980年の

修正外国為替法のもとでは,すべてのタイプのインパクト・ローンが原則として「自由化」された.しかしユーロ円のインパクト・ローンは大蔵省のガイドラインによって事実上禁止されていた.このガイドラインは1984年に日米委員会の勧告により廃止された.さらに,1986年に同委員会の勧告にもとづいて,JOMが作られた.JOMはシンガポールのオフショア市場と同じものであるが,それは外—外取引市場として知られている.この時期から日本の銀行はユーロ円取引を自由に行えるようになった.

表9-7 JOMにおける資産と負債(通貨別内訳)
(非居住者:10億米ドル)

年 月	合 計	うち外貨建て	うち日本円建て
資産			
1986.12	93.7	73.3	20.4
88.12	414.2	223.7	190.4
89.12	607.6	293.3	314.2
90.12	605.0	331.6	273.4
91.12	633.8	257.7	376.2
92.12	624.7	231.4	393.3
93.12	661.6	213.7	448.0
94.12	726.2	225.9	500.4
95.12	928.7	238.1	690.5
負債			
1986.12	92.8	73.3	19.5
88.12	412.5	240.2	172.3
89.12	541.0	300.4	240.7
90.12	536.2	333.6	202.7
91.12	517.9	275.7	242.2
92.12	460.0	263.4	196.7
93.12	446.8	246.7	200.0
94.12	465.8	261.7	204.1
95.12	531.4	228.1	303.3

出所:*GAITAMENENKAN, KOKUSAIKINYU*, various isues.

経済力と金融力が巨大なので,JOMは1986年の設立から2年以内にシンガポールと香港を追い越した.表9-7が示すごとく,JOMにおけるユーロ円取引は,年々増大した.JOMにおけるユーロ円資産は,1988年末の1,904億米ドル(全通貨建て資産の42%)から1991年末には3,762億米ドル(59%),1995年末には6,906億米ドル(74%)に増えた.JOMにおけるユーロ円負債は1988年1,723億米ドル(42%),1991年2,422億米ドル,1995年3,033億米ドル(57%)と増えている.

このように,JOMにおけるほとんどすべてのユーロ通貨取引はユーロ円である.ユーロ・ダラー市場としてのJOMは香港とシンガポールよりも小規模である.しかし,そうは言っても,その成長は目覚しいものであった.

香港とシンガポールは共に1986年以来,JOMのユーロ通貨取引における

パートナーになってきている．しかし，メインのパートナーは香港であり，シンガポールではない．香港はJOMとともにユーロ通貨取引，特にユーロ円取引の成長が目覚ましかった．その理由は2つあり，香港のオフショア市場はシンガポールのそれよりも自由であることと，日本の銀行の在日本店と香港子会社とが同じタイム・ゾーンに位置することとである．

ユーロ円取引は，2つのタイプを含む．1つは，非銀行顧客へのユーロ円インパクト・ローンである．例えば東京のX銀行がJOM勘定から資金（ユーロ円）を借りて，その香港支店に資金を貸し付ける．香港支店は本店から得た資金をX銀行の在日顧客に貸し付ける．東京から香港への資金の移転は上記の方法だけでなく，店舗間勘定を通してもできる．日本の銀行の顧客は円建てローンについては，貸出枠の制限を受けていた．これは，日銀の窓口指導のためであって，それは国内顧客に対する貸付を制限するものであった．日本の銀行は香港支店を使ってこの規制を回避していたのである．それはまた，日本の銀行が国内取引では行うことができなかったスプレッド・バンキングを可能にもした．

いまひとつのタイプのものは，JOM資金の国内インターバンク市場への転換である．例えば，日本の銀行YがJOMから資金を取り入れたとしよう．Y銀行はこの資金をJOMを通じて自行の香港支店に貸し付ける．同時に，本店または日本のZ銀行が自行の香港支店から同じ額を借り入れる．こうしてJOM資金が，2つの銀行の間を行き来することによって国内で貸付可能な資金に転換される．香港支店のバランスは日本の本店との取引を通じて貸借対照表の両側で同じ金額だけ増大させられる．この取引では，日本の銀行は国内のインターバンク市場におけるよりも高い金利での貸付が可能になり，また国内インターバンク市場におけるよりも低い金利で借り入れることができる．

両方のタイプの共通点は，ユーロ円が表面上は香港の銀行によって貸し付けられるが，実質的には日本の銀行によって貸し付けられるということである．すなわち日本の銀行の香港支店は金融仲介機関として重要な役割を果たすのである．結局のところ，日系銀行香港支店への，またそれからの現実の資金移転

は必要ではないのである．それゆえに，ユーロ円インターバンク取引は「帳簿取引」になり，「日本の国内規制を回避するための抜け道」となったのである．

表 9-8 は国籍別・通貨別の香港の対外債務と債権を示している．香港ドルと外貨の両方を含む取引総量としては，香港外の銀行への債務が香港外の銀行に対する債権を一貫して上回っている．すなわち，ネットでは，香港の銀行はその活動を金融するために香港外の銀行から借入をしなくてはならなかった．香港ドル建て取引については，以前は香港の銀行は香港外の銀行に対してネットの債権者であったが，1988 年以来香港の銀行は海外，主として大陸中国とシンガポールから香港ドルを借り入れなくてはならなくなった．外貨取引については，香港の銀行は香港外からのネットの借り手であり，純借入額は急速に増大してきた．これらの外貨建て純借入の大部分は，日本の銀行（JOM）からの借入である．

国籍別では，香港の銀行のシンガポール，英国及び米国との取引は，JOM が設立された 1986 年以来急激にそのシェアを下げている．大陸中国系と日系銀行が支配的な取引相手になってきた．これらの銀行は香港の銀行の海外銀行との取引において大部分のシェアをしめている．大陸中国系銀行は香港ドル建て取引では支配的であり，日系銀行は〔香港からみての〕外貨建て（ほとんどがユーロ円）取引において優位である．

ユーロ円インパクト・ローンは日本の非銀行顧客に対する外貨建て（ほとんどが日本円建て）債権である．中長期のユーロ円インパクト・ローンが 1989 年に自由化されたために，日本の非銀行顧客に対する外貨建て債権は 1989 年の 3,639 億 2,700 万香港ドル（全体の 58.4％）から，1990 年には 7,583 億 7,300 万香港ドル（全体の 72.2％）へと急増した．ユーロ円インパクト・ローンは絶対額でもシェアにおいても 1995 年まで増大し，同年には，1 兆 8,689 億 7,400 万香港ドル（80.6％）になった．

その上に，われわれは JOM 資金の国内インターバンク市場資金への転換は対日債務をもつ銀行に対する外貨建て（ほとんど日本円）債権であるとみなすことができる．この種の外貨建ての対銀行債権は 1990 年に 1 兆 6,534 億 300

表 9-8 対外負債と

	香港外の銀行に対する債務		香港外の銀行に対する債権	
	香港ドル	F.C.*	香港ドル	F.C.*
1989 年				
計	83,091 (100)	2,339,621 (100)	23,656 (100)	2,188,354 (100)
日本	308 (0.4)	1,481,927 (63.3)	1,315 (5.6)	1,356,555 (64.0)
中国	46,859 (56.4)	32,267 (1.4)	10,238 (43.3)	32,517 (1.5)
シンガポール	13,041 (15.7)	207,993 (8.9)	2,948 (12.5)	166,371 (7.9)
英国	4,153 (5.0)	206,196 (8.8)	3,024 (12.8)	138,394 (6.5)
米国	1,293 (1.6)	93,531 (4.0)	911 (3.9)	79,612 (3.8)
1990 年				
計	98,864 (100)	3,044,564 (100)	38,239 (100)	2,516,765 (100)
日本	767 (0.8)	2,014,023 (66.2)	1,635 (4.3)	1,653,403 (67.7)
中国	55,068 (55.7)	61,471 (2.0)	22,206 (58.1)	48,180 (1.9)
シンガポール	19,803 (20.0)	213,925 (7.0)	5,759 (15.1)	209,673 (8.3)
英国	4,450 (4.5)	221,250 (7.3)	3,261 (8.5)	136,297 (5.4)
米国	975 (1.0)	98,815 (3.2)	224 (0.6)	94,874 (3.8)
1991 年				
計	126,576 (100)	3,234,122 (100)	45,124 (100)	2,398,355 (100)
日本	1,082 (0.9)	2,213,928 (68.5)	1,717 (3.8)	1,475,283 (61.5)
中国	79,716 (63.0)	60,258 (1.9)	29,166 (64.6)	75,034 (3.1)
シンガポール	14,106 (11.1)	208,330 (6.4)	5,988 (13.3)	170,700 (7.1)
英国	4,869 (3.8)	221,981 (6.9)	1,606 (3.6)	141,470 (5.9)
米国	795 (0.6)	87,507 (2.7)	363 (0.8)	101,451 (4.2)
1992 年				
計	125,451 (100)	3,187,861 (100)	64,489 (100)	2,252,295 (100)
日本	1,274 (1.0)	2,191,277 (68.7)	16,046 (24.9)	1,303,585 (57.9)
中国	74,570 (59.4)	76,754 (2.4)	32,123 (49.8)	80,849 (3.6)
シンガポール	15,362 (12.2)	230,790 (7.2)	6,205 (9.6)	168,154 (7.5)
英国	6,996 (5.6)	186,349 (5.8)	4,321 (6.7)	141,731 (6.3)
米国	1,036 (0.8)	87,496 (2.7)	177 (0.3)	111,464 (4.9)
1993 年				
計	129,350 (100)	3,259,522 (100)	95,875 (100)	2,107,103 (100)
日本	5,695 (4.4)	2,209,187 (67.8)	34,207 (35.7)	1,141,229 (54.2)
中国	67,142 (51.9)	87,814 (2.7)	37,093 (38.7)	101,432 (4.8)
シンガポール	20,619 (15.9)	249,536 (7.7)	6,410 (6.7)	163,972 (7.8)
英国	10,746 (8.3)	184,400 (5.7)	8,121 (8.5)	152,455 (7.2)
米国	2,226 (1.7)	90,412 (2.8)	208 (0.2)	94,634 (4.5)

第 9 章　香港における日系銀行　209

資産

(10 億香港ドル，%)

香港外の非銀行顧客に対する債務		香港外の非銀行顧客に対する債権	
香港ドル	F.C.*	香港ドル	F.C.*
N.A.	N.A.	12,756(100)	623,461(100)
N.A.	N.A.	364(2.9)	363,927(58.4)
N.A.	N.A.	2,637(20.7)	45,963(7.4)
N.A.	N.A.	367(2.9)	2,272(0.4)
N.A.	N.A.	1,712(13.4)	9,789(1.6)
N.A.	N.A.	160(1.3)	15,661(2.5)
N.A.	N.A.	14,963(100)	1,050,372(100)
N.A.	N.A.	366(2.4)	758,373(72.2)
N.A.	N.A.	1,964(13.1)	48,456(4.6)
N.A.	N.A.	410(2.7)	4,085(0.4)
N.A.	N.A.	1,722(11.5)	9,374(0.9)
N.A.	N.A.	218(1.5)	18,254(1.7)
15,989(100)	218,420(100)	15,336(100)	1,450,737(100)
2,578(16.1)	21,939(10.0)	61(0.4)	1,105,004(76.2)
343(2.1)	3,979(1.8)	1,833(12.0)	45,578(3.1)
1,286(8.0)	28,635(13.1)	1,140(7.4)	2,927(0.2)
2,059(12.9)	26,324(12.1)	1,298(8.5)	12,431(0.9)
722(4.5)	7,192(3.3)	230(1.5)	27,253(1.9)
16,098(100)	262,366(100)	18,648(100)	1,591,208(100)
288(1.8)	19,213(7.3)	261(1.4)	1,232,315(77.4)
920(5.7)	5,591(2.1)	2,822(15.1)	53,123(3.3)
1,882(11.7)	28,795(11.0)	890(4.8)	2,564(0.2)
2,748(17.1)	18,460(7.0)	2,284(12.2)	10,746(0.7)
1,270(7.9)	6,815(2.6)	228(1.2)	24,485(1.5)
20,040(100)	280,740(100)	20,900(100)	1,778,357(100)
652(3.3)	14,680(5.2)	584(2.8)	1,406,983(79.1)
645(3.2)	5,923(2.1)	2,732(13.1)	53,600(3.0)
2,326(11.6)	23,804(8.5)	1,019(4.9)	2,967(0.2)
2,454(12.2)	17,591(6.2)	3,234(15.5)	10,457(0.6)
2,018(10.1)	7,994(2.8)	506(2.4)	26,123(1.5)

	香港外の銀行に対する債務		香港外の銀行に対する債権	
	香港ドル	F.C.*	香港ドル	F.C.*
1994年				
計	173,987(100)	3,940,823(100)	140,133(100)	2,626,220(100)
日本	2,926(1.7)	2,686,278(68.2)	50,680(36.2)	1,483,226(56.5)
中国	99,408(57.1)	126,368(3.2)	47,597(34.0)	129,012(4.9)
シンガポール	19,488(11.2)	255,655(6.5)	19,892(14.2)	210,367(8.0)
英国	12,132(7.0)	257,782(6.5)	9,070(6.5)	161,243(6.1)
米国	2,988(1.7)	84,927(2.2)	367(0.3)	98,676(3.8)
1995年				
計	201,416(100)	4,091,524(100)	117,795(100)	2,605,068(100)
日本	2,711(1.3)	2,784,527(68.1)	4,521(3.8)	1,285,712(49.4)
中国	110,867(55.0)	105,553(2.6)	52,230(44.3)	171,635(6.6)
シンガポール	20,434(10.1)	271,332(6.6)	28,567(24.3)	242,164(9.3)
英国	11,710(5.8)	279,786(6.8)	16,399(13.9)	164,489(6.3)
米国	2,048(1.0)	93,371(2.3)	355(0.3)	137,194(5.3)
1996年				
計	234,944(100)	3,723,899(100)	187,563(100)	2,246,765(100)
日本	3,083(1.3)	2,302,721(61.8)	10,344(5.5)	909,814(40.5)
中国	123,651(52.6)	162,844(4.4)	65,610(35.0)	221,821(9.9)
シンガポール	32,129(13.7)	263,221(7.1)	40,869(21.8)	232,823(10.4)
英国	16,120(6.9)	310,620(8.3)	41,489(22.1)	139,693(6.2)
米国	3,009(1.3)	109,866(3.0)	1,451(0.8)	103,477(4.6)

注：＊F.C.＝外貨
出所：*Monthly Statistical Bulletin,* Hong Kong Monetary Authority, various issues.

万香港ドル（全体の67.5％）であった．これがピークであった．後にこれらは絶対額でもシェアでも年々減少し，1996年には，9,098億1,400万香港ドル（40.5％）になった．

IV 結　論

東アジアにおける日系銀行の日本外への貸付は1990年代の初めから急増しつつある．1996年末にこの種の貸付の合計は，国際決済銀行によると，1,160億米ドルに達した．1992年末には720億ドルだった．これは年15％の増であるが，この間に日系銀行の対米貸付と日本における貸付は横ばいであり，対

香港外の非銀行顧客に対する債務		香港外の非銀行顧客に対する債権	
香港ドル	F.C.*	香港ドル	F.C.*
26,840(100)	364,350(100)	22,571(100)	1,968,430(100)
704(2.6)	20,801(5.7)	181(0.8)	1,563,374(79.4)
1,371(5.1)	6,476(1.8)	1,895(8.4)	59,744(0.3)
2,477(9.2)	28,461(7.8)	869(3.9)	3,136(0.2)
4,257(15.9)	26,642(7.3)	4,055(18.0)	8,768(0.4)
2,399(8.9)	10,664(2.9)	771(3.4)	43,572(2.2)
34,245(100)	469,769(100)	27,665(100)	2,318,401(100)
694(2.0)	26,284(5.6)	331(1.2)	1,868,974(80.6)
2,822(8.2)	6,494(1.4)	2,439(8.8)	62,575(2.7)
2,840(8.2)	30,746(6.5)	904(3.3)	3,063(0.1)
3,609(9.0)	25,316(5.4)	2,623(9.5)	13,904(0.6)
2,583(7.5)	15,906(3.4)	1,072(3.9)	35,798(1.5)
41,185(100)	485,718(100)	38,281(100)	2,235,680(100)
836(2.0)	25,946(5.3)	196(0.5)	1,766,222(79.0)
3,008(7.3)	8,624(1.8)	3,357(8.8)	67,257(3.0)
4,281(10.4)	32,992(6.8)	2,061(5.4)	4,641(0.2)
4,536(11.0)	23,979(4.9)	3,931(10.3)	13,255(0.6)
3,256(7.9)	13,648(2.8)	996(2.6)	38,786(1.7)

ヨーロッパでは減少しつつあった．この貸付は全体としては日本からの貸付ではなく，東アジアにおける日系銀行支店による貸付であった．特に，在香港支店は，この地域における貸付で最大のシェアを占めていた．

　日系銀行はメインバンク制をうまく利用し，低利貸付の戦略によって東アジアにおける貸付を伸ばしてきた．しかし，これら2つの条件は消滅しつつある．メインバンク制は，日本だけでなく，海外でも崩壊しつつある．米系と欧州系の銀行は通貨スワップと包括的キャッシュ・マネジメントのような高度の金融商品を東アジアの日系企業に積極的に販売しつつある．それなのに，単純な貸付からより複雑で技術的に高度な銀行業へという世界的傾向の中で日系銀行は米系，欧州系のライバルに遅れをとりつつある．それゆえに，東アジアの日系

企業は彼らのニーズによりよく応える銀行と取引をしようとしている．日系銀行はより低利の貸付でこれに対抗するほかなくなっている．

1996年11月に橋本竜太郎首相は「ビッグ・バン」プログラムという日本の金融規制緩和プランを公表した．このプランは取引コスト引き下げを目的としたものであり，2001年までに金融機関が新商品とサービスを提供する自由をより大きくすることを目指すものであった．この変化によって競争を増大させ，世界の金融センターの中での東京の地位を高めることを意図していた．日本の「ビッグ・バン」プログラム導入前には日本の銀行の顧客は円建て貸付について枠を設けられており，この規制を回避するために日系銀行の香港支店を利用しなくてはならないことがしばしばであった．「ビッグ・バン」は国内取引のみならずクロス・ボーダー取引とクロス・カレンシー金融取引をも完全に自由化するものであるので，ユーロ円インパクト・ローンは消滅し，ユーロ円インターバンク取引に香港を利用する必要はなくなるであろう．

他方，東京市場が真の国際金融センターになるならば，円の国際化は進展し，香港はアジア円市場の中心としての役割を演ずることになろう．そして香港における銀行はユーロ円建てシンジケート・ローンとユーロ・ドル建てシンジケート・ローンを組成することになろう．これに加えて，1997年5月のタイ・バーツ危機以後，東アジア諸国の一部は，ドルとリンクした通貨から変動相場の通貨に移行しつつある．東アジアにおける米ドルとのリンクはアジアのドル市場を支える重要な条件の1つであった．しかしアジアにおける変動通貨国の数が増えるならば，円の国際的使用は米ドルを犠牲にして増えることになろう．なぜならば為替リスクは同じでも，米国より日本の方が金利が安いからである．同時に香港における日系銀行の役割も根本的変化を受けることになろう．

注
1) 日本経済新聞，1997年4月27日．
2) 「香港はまた外国の支配する企業が東南アジア並びに中国に投資するための跳

躍台にもなった．このことの1つの兆候は多数の企業が香港をアジアにおける業務のための運営本部にしたという事実である．」L. Low, E.D. Ramstetter, and H. Wai-chung Yeung, "Accounting for outward direct investment from Hong Kong and Singapore: who controls what?", *NBER Working Paper*, No. 5858, Dec. 1996, p. 8.
3) JETRO, *JETRO White Paper on Foreign Direct Investment,* 1996, p. 20.
4) *The Nikkei Weekly,* May 26, 1997.
5) 日本企業の金融のパターンと慣習は非常に異なっているように見える．特に米国との差が著しい．日本の銀行は銀行と企業の間の長期的関係を強化するために，貸付金とともに株式を保有することがある．さらに，株式と貸付金を同時に保有すれば，特に金融的困難が生じた際の方針の選択についての株主と貸し手との間のコンフリクトが生ずる余地を小さくすることは明らかである．メインバンク制の意味は銀行と企業の間の情報共有関係が密接であるということにある．また，メインバンク制の特徴は特定の企業についてのモニタリングを特定の銀行，すなわちメインバンクにゆだねるというところにある．このモニタリングを委ねられた銀行は貸付について最大のシェアを持つばかりでなく，その企業の大株主でもある．貸付金のシェアが十分に大きいということは，銀行がそのモニタリング経費について十分な報酬を得ることを保証する手段である．
6) Hong Kong Monetary Authority, *1995 Annual Report,* Hong Kong.
7) Nick Cashmore, "Margines fall as banks compete for market share", *Asia Money,* Dec. 1996/Jan. 1997, p. 77.
8) *The Nikkei Weekly,* May 12, 1997.
9) *Financial Times,* May 23, 1997.

(西村閑也訳)

初出一覧

第1章 「ドル本位制」の基本構造―為替媒介通貨論―／『甲南経済学論集』第34巻第1号, 1993年6月（『「ドル本位制」下のマルクと円』日本経済評論社, 1994年所収）

第2章 「ドル本位制」と国際資金循環の不安定性／『経済学研究』（九州大学経済学会）第66巻第4号, 1999年12月

第3章 国際通貨システムの構造変化／『国際経済』（国際経済学会）第51号, 2000年6月

第4章 「ドル本位制」と通貨危機―システム民営化の限界―／『土地制度史学』（土地制度史学会）別冊, 1999年9月

第5章 「ドル本位制」と金（原題：「ドル本位制」の基本構造―国際通貨と金の関連を中心に―）／『信用理論研究』（信用理論研究学会）第14号, 1996年5月

第6章 オフショア金融センターと国際金融システムの不安定性／『世界経済評論』（世界経済研究協会）2000年8月号

第7章 1920年代米国の対ラテンアメリカ証券投資―戦間期の国際資本移動とラテンアメリカ債務危機（上）―／『甲南経済学論集』第41巻第1号, 2000年6月

第8章 1930年代ラテンアメリカ債務危機と米国の債務交渉―戦間期の国際資本移動とラテンアメリカ債務危機（下）―／『甲南経済学論集』第41巻第1号, 2000年6月

第9章 香港における日系銀行（原題：Japanese Banking in Hongkong）／*Konan Journal of Social Sciences,* Vol. 6, 1997.

編者あとがき

　本書の内容は大きく3つに分けることができる．第1章～第5章は，現存する「ドル本位制」の本質を分析しつつ，その抱える諸問題を明らかにする．第6章と第9章はオフショア・フィナンシャル・センターの現状の紹介と分析である．第7章と第8章は戦間期のラテンアメリカ債務危機を取り上げ，現代との比較を試みている．

　山本は，1971年8月15日の金・ドル交換停止以後の国際通貨体制は，何らかの国際協定による法的裏付けを持たないにもかかわらず，IMF体制下と同じように米ドルが諸国通貨の価値の事実上の基準となっている，という．それはドル本位制ではあるが，法的裏付けのないノンシステムであるが故に，かっこ付きの「ドル本位制」というべきであるとする．米ドルが金・ドル交換停止以後も基軸通貨としての地位を保有し続けているのは，IMF体制からの慣性によるところもあるが，主たる理由は米ドルの為替市場が最も広く，最も深く，したがって取引コストの最も低い通貨であるためである．このために米ドルは銀行間市場で取引媒介通貨として，ほぼ独占的な地位を占めている．為替銀行が顧客の需要に応じて外貨を売買し，たとえば韓国ウォンの買持ち，香港ドルの売持ちになったときに，為替リスクをなくすためにウォンを香港ドル対貨で売ろうとしても，出会いがなかなか取れない上に，コストが高くつく．それよりはウォンを米ドル対貨で売り，米ドルで香港ドルを買うほうが，コストが低いからである．

　しかし，山本は「ドル本位制」が，その終焉に次第に近づきつつあるのではないか，という大胆な予測をたてている．それは次の3つの理由による．1. 米国の対外債務の累積，2. ユーロの発足，3. 発展途上国の通貨のドル・ペッグの放棄，である．

第2次大戦後，米国の国際収支は以前には考えられなかったような劇的な変化を見せている．その貿易収支は19世紀末から1960年代まで大幅の黒字であったが，1970年に最初の赤字を記録して以来，ほとんど連年赤字を出し，しかもその赤字幅は1980年代からきわめて大きくなっている．これに伴って米国の経常国際収支も1977年以来赤字基調になり，その赤字の対GDP比は，次のように次第に大きくなっている．

〔単位：10億ドル，%〕

年	経常収支赤字	GDP	経常収支赤字/GDP
1980	83.5	3,684	3.11
1985	154.7	3,974	3.89
1990	99.3	5,423	1.83
1995	113.6	7,401	1.53
2000	444.6	9,873	4.50
2001	417.3	10,206	4.09

(出所) 日銀国際局『国際比較統計』但し，2000年と2001年については，FRED Ⓡ-An Economic Time-Series Database (Federal Reserve Bank of St. Louis. 以下の表も同じ)

1990～99年の米国経済成長率の年平均は3.03%であるので，対GDP比4%以上もの経常収支赤字の継続は，対外債務の放散的累積を招きかねないことである．

IMF体制下では米国は大幅の経常収支黒字を持ち，その黒字を大きく上回る対外援助と対外貸付をして，その保有する金準備を減少させて，ついに金・ドル交換停止に追い込まれたのであった．しかし，その後は状況は逆転する．経常収支の赤字化に対応して資本収支は黒字化したが，1990年代には外国資本流入が経常収支赤字を大きく上回り，米国の対外投資，特に対途上国投資が大きく増えたのである．最近3年間の米国の対外資本取引の状況は次のようである．

〔単位：10億ドル〕

年	資本流入（ネット）	民間資本流出（ネット）	流入超	経常収支赤字
1999	813.7	448.5	365.2	319.0
2000	1,024.2	529.7	494.5	444.6
2001	895.4	434.0	461.4	417.3

このような大量の外資取り入れにより，米国の対外投資収益収支は1998年から赤字となった．最近3年間を取ると，それは次のようである．

〔単位：10億ドル〕

年	外国所有在米資産に対する支払 (a)	米国所有在外資産からの受取 (b)	収支 (b)−(a)
1999	291.6	283.1	−8.5
2000	360.2	350.6	−9.6
2001	305.2	291.3	−13.9

1980年代央にも米国の対外借入は大きく増え，その際にクルークマンは，米国の対外借入が当時のペースで進むならやがてドルの暴落は必至である，としてサステナビリティー論を展開した．当時と同じような状況が現出しているのである．山本はこれによって米ドルの基軸通貨としての機能に支障が生ずるであろう，という．しかも，1980年代と違って，ユーロという強力な対抗通貨が現れてきている．中長期的には，米ドルとユーロとの間の協力と対抗の関係を含む複数基軸通貨体制の出現は必然的である，という．

さらに，1990年代の途上国への大量の資金流入は，途上国通貨のドル・ペッグを可能としてきた．ということは，米国の対途上国投資の一部は，途上国のドル準備増となって現れ，資金の米国への還流をもたらすことになる．ところが，この種の投機的資本の動きは事の本質上，極めて不安定である．キャリー・トレイドのような低金利通貨の借入と高金利通貨への投資を組み合わせる方式は，為替相場の動向によってはすぐに逆転させられる．この種の資金移動の不安定性は，途上国からの資本逃避とあいまって，途上国通貨の暴落を引き起こし，通貨危機を激発する．1997年のアジア通貨危機をはじめとし，最近ではアルゼンティンの国家破産に至る一連の途上国危機は，現代における国際資本移動の不安定性を如実に示すものであった．その中で，途上国通貨のドル・ペッグは相次いで外され，米国への資金の還流のルートも閉ざされようとしている．

この途上国への資本移動の際には，米国を経由する資金だけではなく，日欧の機関投資家が，オフショア・センターを経由して流す資金が大きくなってき

たのが最近の特徴である．第6章と第8章がこの動きを分析するが，特に第8章は山本が香港大学に客員研究員として在住していた1996-7年に現地の日系銀行支店・子会社においてインタヴューを行って，現地調査をした仕事の成果であり，日本の中国・東南アジアへの直接投資の金融について，これら金融機関がいかなる役割を果たしていたのかを示す貴重な実態調査である．

　山本栄治は，国際金融史の研究者として，彼のキャリアをはじめた．山本の最初の著書は，1988年有斐閣出版の『基軸通貨の交替とドル—「ドル本位制」研究序説』である．それゆえに山本は，直近の事象についての分析の際に，絶えず第1次大戦前の国際金本位制下の事態，戦間期の出来事との対比を行っている．歴史研究者としての山本の仕事の一端を示すのが本書の第7章，第8章である．そこで山本は，現在における先進国過剰資本の途上国への大量の流入とその逆転が，途上国通貨危機を誘発し，世界的な体制不安定性を増幅していることを念頭におきつつ，1920年代米国の対南米投資の激増と，30年代大不況の中でその反動として生じた南米諸国のデフォールトの実態を分析する．第1次大戦中に累計10,800百万ドルの貿易収支黒字を出して，戦前の債務大国から債権大国になった米国はその国内余剰資本を対外投資に向け，対外投資残は1919年の6,456百万ドル〔内証券投資2,576百万〕から1931年の15,675百万〔内証券投資7,834百万〕と伸ばし，証券投資だけ取ると，それは3倍になっていた．うち，対ラテンアメリカ証券投資は418百万→1,572百万と4倍弱になった．しかし大不況はこれら諸国の輸出する1次産品の量の激減と価格の暴落をもたらし，そのデット・サービス比率は，チリ82％，アルゼンティン30％と高まり，南米諸国の対外債務の大半がデフォールトにおちいった．山本は，このような先進国側の投機的資本輸出が途上国経済の側での不健全な投機を引き起こし，結果的に世界の通貨体制全体を不安定なものにしたという．

　山本の主張は豊富なデータによって裏づけられており，極めて説得的であるが，編者は，必ずしも全面的には同調し得ない．変動為替相場制の下での基軸通貨国である米国は，その対外債務元利サービスを自国通貨である米ドルで行うことができ，外国保有の米ドルについて資産決済を要求されないからである．

そのような状況で米ドルが基軸通貨の地位から駆逐されるということは考えにくい．ありうることは米ドルの為替相場の乱高下である．そして，その乱高下にもかかわらず，米ドルの基軸通貨としての地位は揺らがなかったというのが，過去30年の経験である．但し，そのために国際貿易などの取引が攪乱される恐れはある．ワイダー・バンド，トービン・タクス，何らかの資産決済の導入などの国際取り決めによって為替相場の乱高下を抑制し，米ドルの国際価値基準としての地位を再確認することになるかもしれない．すなわち，「ドル本位制」からドル本位制への進化である．また，ユーロは，発足したばかりであり，その将来はなお不透明であるが，仮にそれが米ドルと肩を並べうるような有力な通貨に成長すれば，それはそれで別の問題が生ずる恐れがあるであろう．史上，複数基軸通貨体制が存在したのは両大戦間の一時期だけであるが，それはホットマネーの移動による極度の不安定性によって特徴付けられた時代であった．複数の基軸通貨が存在すれば，民間だけでなく諸国の通貨当局も保有する外貨準備の構成を為替相場の将来の動きについての予測に基づいて変化させなくてはならなくなる．これはしばしばバンドワゴン的動きとなって，為替市場の大混乱を発生させる恐れがあるであろう．複数基軸通貨体制は，本質的に不安定なものであることが認識されなくてはならない．

　山本栄治教授は2000年7月18日に突然に死を選ばれた．甲南大学学生部長として多忙な中にも張り切った生活の中で何が山本君にそのような選択をとらせたのかは，遺書が残されなかったので不明である．持病の椎間板ヘルニアで悩まれていたことのほかに，友人と信じていた人物とのトラブル〔第7章補注参照〕が生じたことなどが考えられるが，すべては霧の中である．
　山本君は私の主催する国際金融史研究会の有力なメンバーであり，ともすると過去の歴史に目を向けがちな私の関心を現代にひきつけてくれたかけがえのない友人であった．山本君が逝去されたことを私は心から悲しく思っている．今回，日本経済評論社のご協力によって，山本君の最後の著作が刊行できたことは，編者の私の深く感謝するところであるが，本書の刊行について，刊行呼

びかけ人となってくださった方が 53 名に上ったことも，感謝にたえないことである．すでに上記で述べたことであるが，本書は現在の国際通貨体制についての興味ある全体像を提示し，明快な分析を与えている．本書は，学界に対する大きな貢献であることを私は確信している．故山本栄治君の冥福を祈りつつ，この文章を終えることにしたい．

2002 年 3 月 18 日

法政大学名誉教授
ケンブリッジ大学クレア・
ホール・ライフ・メンバー

西 村 閑 也

著者略歴

山本栄治(やまもとえいじ)

1949年大阪生まれ．77年大阪市立大学大学院経済学研究科博士後期課程単位取得満期退学．福岡大学商学部教授を経て91年甲南大学経済学部教授．博士(商学)．2000年没．主著に『基軸通貨の交替とドル―「ドル本位制」研究序説―』有斐閣，1988年，『「ドル本位制」下のマルクと円』日本経済評論社，1994年，『国際通貨システム』岩波書店，1997年，ほか．

編者：西村閑也(にしむらしずや)

1929年生まれ．法政大学名誉教授．

国際通貨と国際資金循環

2002年4月25日　第1刷発行

定価(本体4500円+税)

著　者	山　本　栄　治
発行者	栗　原　哲　也
発行所	株式会社 日本経済評論社

〒101-0051　東京都千代田区神田神保町3-2
電話 03-3230-1661　FAX 03-3265-2993
E-mail：nikkeihyo@ma4.justnet.ne.jp
URL：http://www.nikkeihyo.co.jp

装幀・渡辺美知子　　　　　　　　　文昇堂・美行製本

乱丁本落丁本はお取替えいたします．　　　Printed in Japan

© YAMAMOTO Michie, 2002
ISBN4-8188-1417-2

本書の全部または一部を無断で複写複製（コピー）することは，著作権法上での例外を除き，禁じられています．本書からの複写を希望される場合は，小社にご連絡ください．

| 上川孝夫・新岡智・増田正人編
通貨危機の政治経済学
—21世紀システムの展望—
A5判 427頁 4700円 | 欧州にはじまりメキシコ、アジア、ロシアと続く90年代の通貨危機を、大国の為替・通貨政策、国際通貨システムと関連させながら分析。今後の課題を提示する。 |

| 野下保利著
貨幣的経済分析の現代的展開
—非ケインズ型管理通貨制度を求めて—
1333-8 C3033 A5判 424頁 5600円 | 戦後の貨幣的経済分析の研究を、理論と歴史的実証的分析を統合する視角から、金融市場とマクロ経済との現代的関連について新たな理論的展開を行う。 |

| 伊藤正直・靎見誠良・浅井良夫編著
金融危機と革新
—歴史から現代へ—
1261-7 C3033 A5判 420頁 4200円 | 金融危機をめぐる制度と政策と市場の交錯を、国際比較の視点も含みつつ歴史的に検討し、危機の克服とシステム革新がどのように図られてきたかを提示。 |

| 小寺武四郎著
1990年代の金融と経済
1297-8 C3033 A5判 144頁 2800円 | バブル崩壊後の十年は「失われた十年」とも称されるが、金融ビッグバンの到来、金融機関の不良債権処理の遅れなど混乱する日本の経済社会の中で中央銀行=日本銀行の役割を再検討する。 |

| 平勝廣著
最終決済なき国際通貨制度
—「通貨の商品化」と変動為替相場制の帰結—
1303-6 C3033 A5判 308頁 4200円 | 変動相場制への移行とそのもとでの金融のグローバル化は「通貨の商品化」をもたらし、通貨を根本的に変質させた。最終決済なき国際通貨制度と市場経済のゆくえはどうなる？ |

| 岩田健治著
欧州の金融統合
—EECから域内市場完成まで—
0838-5 C3033 A5判 270頁 3800円 | いまヨーロッパ資本主義はどうなっているのか。80年代以降の金融統合を、単なる「統合論」ではなくEC国民経済形成の一環として過去にさかのぼって分析。 |

| 荒巻健二著
アジア通貨危機とIMF
1096-7 C3033 A5判 250頁 2800円 | アジア危機の原因は各国の構造問題にあったのか、それともグローバル化した金融市場の不安定性の現われだったのか。IMF、米国と日本の対応の違いを検証する。 |

| 村上直久著
ユーロの挑戦
—世界への衝撃—
1030-4 C0033 四六判 320頁 2000円 | 欧州に統合通貨が登場した。第一陣参加国は仏・独・伊・ベネルクス三国など11カ国。ユーロによって国際通貨体制はどう変わるか。ドルとユーロの狭間で円はどうなるか。 |

| 深町郁彌編
ドル本位制の研究
0664-1 C3033 A5判 519頁 7500円 | 変動相場制下の基軸通貨ドルの地位と機能はどのように侵食されてきたか。スネイク制下のマルクによってドルは衰退しているのか。歴史的視点をもって取り組む気鋭の18論文。 |

| 山本栄治著
「ドル本位制」下のマルクと円
—三極通貨体制の構造—
0757-5 C3033 A5判 288頁 3500円 | マルクや円の国際化によって「ドル本位制」が侵食されはじめ、一極通貨体制から三極通貨体制へと移行しつつある構造変化を、為替媒介通貨機能に焦点をあて分析する。 |